汉语学习手边册丛书

汉英对照
汉语惯用语学习手册
A HANDBOOK OF CHINESE LOCUTION

苏向丽　编著

北京大学出版社
PEKING UNIVERSITY PRESS

图书在版编目(CIP)数据

汉语惯用语学习手册/苏向丽编著.—北京:北京大学出版社,2007.6
(汉语学习手边册丛书)
ISBN 978-7-301-12014-9

Ⅰ.汉… Ⅱ.苏… Ⅲ.汉语—社会习惯语—手册 Ⅳ.H136.4-62

中国版本图书馆CIP数据核字(2007)第046482号

书　　　　名:	汉语惯用语学习手册
著作责任者:	苏向丽　编著
责 任 编 辑:	沈　岚
标 准 书 号:	ISBN 978-7-301-12014-9/H・1759
出 版 发 行:	北京大学出版社
地　　　　址:	北京市海淀区成府路205号　100871
网　　　　址:	http://www.pup.cn
电 子 邮 箱:	zpup@pup.pku.edu.cn
电　　　　话:	邮购部 62752015　发行部 62750672　编辑部 62752028
	出版部 62754962
印 　刷　 者:	北京大学印刷厂
经 ・销 ・者:	新华书店
	650毫米×980毫米　16开本　20印张　270千字
	2007年6月第1版　2010年11月第2次印刷
定　　　　价:	30.00元(附1张CD)

未经许可,不得以任何方式复制或抄袭本书之部分或全部内容。
版权所有,侵权必究　举报电话: 010－62752024
　　　　　　　　　　电子邮箱: fd@pup.pku.edu.cn

前言

汉语惯用语以其通俗形象、简明生动的特色在汉语词汇中占有重要的一席。以汉语为母语的中国人可以随时随地、轻轻松松、不假思索且恰到好处地运用这些词语,而对以汉语为第二语言的外国人来说却是一个难点。他们认识惯用语的每一个字,可放在一起却不知所云,或者只知其一,不知其二,更不知道在什么情况下使用。如何使他们掌握并能够灵活运用汉语惯用语呢?首先我们要了解一下惯用语的特点。

惯用语是一种具有固定结构形式和完整意义内容、带有口语色彩的固定短语。从结构上来说,最常见的惯用语是三音节的短语,结构以动宾结构和偏正结构为多,在结构上具有稳定性的同时还具有灵活性,如,"钻空子"可以说"钻了法律的空子"、"钻了一次空子","炒鱿鱼"可以说"炒了他的鱿鱼";从语义上来说,惯用语的意义多是字面意义的比喻和引申,如,"泼冷水"不是说"把冷水泼出去",而是指"打击人的积极性或让人清醒";从语体上来说,由于惯用语多来自群众,形成于民间,因此口语色彩浓厚,既简明生动又通俗有趣,具有鲜明的修辞效果。如果在口语表达中能适时恰当地运用惯用语会增强汉语的表达能力和感染力,反之,用之不当则会在交际中发生语用失误而适得其反。

为了便于惯用语的教学和学习,使汉语学习者尽可能多地掌握和运用惯用语,本书精选了300条典型的惯用语作为核心词语,在这300条核心惯用语的基础上进行多角度有度辐射,以扩大学生的视野。编写体例如下:

1. 词目的选取:本书选取具有典型性特征的惯用语300条,以三音节为主,每个词目都标注汉语拼音,并给出英语解释或对应的英语惯用语。

2. 词目的排序:按汉语拼音音序排列。

3. 词目的释义:对所收录的惯用语词目均作简要的释义,尽可能提供词目的原义、本义和转义(主要是比喻义、引申义、借代义)。

4. 核心惯用语的有度辐射:这一部分主要体现在核心惯用语的近义词语、反义词语、相关词语及链接上,这些词语并非都是严格意义上的惯用语,但相对而言较为口语而常用,有的是核心惯用语的变式,共近900条词语。通过这种有度辐射,可以使学生举一反三,联想记忆,增加词汇量。(书后附词语索引包括核心惯用语和近义、反义、相关词语及链接)

5. 示例部分:惯用语的示例以情景对话为主,每条惯用语一般设有两个例子,如果惯用语的义项较多,则根据义项给出相应的例子。示例一般突出其口语色彩,不引书证。

6. 提示部分:这一部分是对以上内容的补充说明和提示。惯用语教学和学习的难点主要在于区别字面意义和实际意义的不同,因此惯用语对语境的依赖较强。惯用语的结构特点也使惯用语较难掌握,基于此提示部分根据每个惯用语的特点给出了相应的语用环境、情感色彩、常用搭配或说法等等。

7. 相关链接部分:这一部分对核心惯用语从文化知识、相关词语等多角度予以延伸。汉语惯用语作为一种有特色的语言形式,反映的是汉语的一种思维方式,同时也体现出汉民族的文化传统和时代特征,具有丰富的文化内涵。相关链接的目的是为了增强趣味性、知识性和文化性,同时也可以在核心惯用语的基础上增加学生的阅读量和词汇量。

8. 练习部分:为使学生更牢固地掌握惯用语,每20个核心惯用语之后都配有相应的练习,通过连线、填空、阅读理解、阅读选择等多种形式的习题,从不同角度检验学生对惯用语的掌握程度。最后听力理解部分参考 HSK 的试题通过单句问答或对话问答的形式综合测试学生对惯用语的听力理解水平。(书后附有答案)

在对外汉语教学中,惯用语的教学和学习是一个难点,也是一个重点。本书编写的目的之一就是想通过这种方式使以汉语为第二语言的学习者通过掌握一定数量的惯用语,建立起自己的"惯用语词库"，并能够灵活运用这些鲜活的词语。本书较为适合中高级汉语水平学习者使用。作为选修课程，教师也可根据实际情况灵活掌握。教师在教学中可注重学生的实际运用能力，并针对学生在运用中出现的错误予以即时纠正和解释。

　　本书在编写过程中一直得到王德春先生和北京大学出版社沈岚编辑的鼓励和支持，而张志毅先生也在百忙之中给我提供参考书籍，审阅初稿，为我指点迷津。在第六届全国汉语词汇学学术研讨会上，王泽鹏、中文楚雄、李如龙、李红印、李志江、李智初、余桂林、张双棣、张绍麒、张博、周光庆、唐子恒（按姓氏笔画排序）等诸位专家给本书提出了宝贵意见，让我受益匪浅。编写这样一本学习手册，仅仅是一种尝试，虽以多年的教学经验为基础，但限于本人的学养和水平，难免有缺点和疏漏，不当之处恳请读者批评指正。谨向对我不吝赐教的老师们，致以由衷的谢意！

编者
2007 年

目 录

前　言	(1)
1　矮半截儿	(1)
2　爱面子	(1)
3　白费蜡	(2)
4　白日梦	(3)
5　白脸儿狼	(4)
6　摆架子	(4)
7　板上钉钉	(5)
8　半边天	(6)
9　半吊子	(7)
10　半瓶醋	(7)
11　绊脚石	(8)
12　帮倒忙	(9)
13　包打听	(9)
14　保护伞	(10)
15　抱粗腿	(11)
16　抱佛脚	(11)
17　爆冷门儿	(12)
18　背包袱	(13)
19　背黑锅	(14)
20　变色龙	(15)
练习一	(16)
21　擦边球	(19)
22　擦屁股	(19)
23　插杠子	(20)
24　长舌妇	(20)
25　唱白脸	(21)
26　唱对台戏	(22)
27　唱高调	(23)
28　唱空城计	(24)
29　唱主角	(25)
30　炒鱿鱼	(25)
31　成气候	(26)
32　吃闭门羹	(27)
33　吃豆腐	(28)
34　吃干醋	(28)
35　吃干饭	(29)
36　吃后悔药	(30)
37　吃回头草	(30)
38　吃老本	(31)
39　吃软饭	(32)
40　吃哑巴亏	(32)
练习二	(33)
41　丑小鸭	(36)
42　出风头	(37)
43　出难题	(37)

44	出气筒	(38)	74	耳根子软	(60)
45	出洋相	(38)	75	放暗箭	(61)
46	穿小鞋	(39)	76	发高烧	(62)
47	传声筒	(39)	77	发酒疯	(62)
48	吹牛皮	(40)	78	翻跟头	(63)
49	打保票	(41)	79	翻老账	(64)
50	打抱不平	(41)	80	放鸽子	(65)
51	打成一片	(42)	练习四		(66)
52	打官腔	(42)	81	干瞪眼	(69)
53	打光棍儿	(43)	82	跟屁虫	(69)
54	打马虎眼	(44)	83	狗皮膏药	(70)
55	打旗号	(45)	84	狗腿子	(70)
56	打入冷宫	(45)	85	鬼点子	(71)
57	打水漂儿	(46)	86	旱鸭子	(72)
58	打算盘	(46)	87	好好先生	(72)
59	打天下	(47)	88	喝墨水儿	(73)
60	打游击	(47)	89	喝西北风	(74)
练习三		(48)	90	和事佬	(74)
61	大锅饭	(51)	91	红眼病	(75)
62	戴高帽儿	(52)	92	后遗症	(76)
63	戴绿帽子	(52)	93	狐狸精	(76)
64	单相思	(53)	94	护犊子	(77)
65	挡箭牌	(54)	95	花架子	(78)
66	倒胃口	(54)	96	话匣子	(78)
67	倒插门	(55)	97	黄牌警告	(79)
68	顶梁柱	(56)	98	回老家	(80)
69	定心丸儿	(56)	99	活见鬼	(81)
70	东道主	(57)	100	和稀泥	(81)
71	兜圈子	(58)	练习五		(82)
72	鳄鱼的眼泪	(58)	101	寄生虫	(85)
73	耳边风	(59)	102	夹生饭	(85)

103	假面具	(86)		133	老鼻子	(107)
104	见世面	(86)		134	老搭档	(107)
105	将军肚	(87)		135	老大难	(108)
106	交白卷儿	(88)		136	老掉牙	(108)
107	交际花	(89)		137	老封建	(109)
108	揭不开锅	(89)		138	老狐狸	(109)
109	揭老底儿	(90)		139	老皇历	(110)
110	揪辫子	(90)		140	老黄牛	(111)
111	局外人	(91)		练习七		(112)
112	开场白	(92)		141	老来俏	(115)
113	开倒车	(92)		142	老泰山	(115)
114	开房间	(93)		143	老顽固	(116)
115	开绿灯	(93)		144	老学究	(116)
116	开门红	(94)		145	老眼光	(117)
117	开山祖	(94)		146	老一套	(117)
118	开小差儿	(95)		147	老油条	(118)
119	开小灶	(95)		148	连轴转	(118)
120	开夜车	(96)		149	两面派	(119)
练习六		(97)		150	撂挑子	(119)
121	揩油水儿	(100)		151	吝啬鬼	(120)
122	侃大山	(101)		152	留尾巴	(121)
123	靠边儿站	(101)		153	留一手儿	(121)
124	瞌睡虫	(102)		154	流水账	(122)
125	空头支票	(102)		155	露马脚	(122)
126	扣帽子	(103)		156	露尾巴	(123)
127	哭鼻子	(104)		157	露一手儿	(124)
128	拉关系	(104)		158	乱弹琴	(125)
129	拉下水	(105)		159	落水狗	(125)
130	拉一把	(105)		160	落汤鸡	(125)
131	拦路虎	(106)		练习八		(126)
132	捞油水	(106)		161	马大哈	(129)

162	马后炮	(129)	192	牵红线	(153)
163	马拉松	(130)	193	墙头草	(154)
164	骂大街	(131)	194	敲边鼓	(154)
165	卖关子	(131)	195	敲警钟	(155)
166	满堂彩	(132)	196	敲门砖	(156)
167	满堂灌	(133)	197	敲竹杠	(156)
168	满堂红	(134)	198	翘尾巴	(157)
169	没头苍蝇	(134)	199	清一色	(158)
170	门外汉	(135)	200	秋老虎	(158)
171	蒙在鼓里	(136)	练习十		(159)
172	迷魂汤	(136)	201	人来疯	(162)
173	命根子	(137)	202	塞红包	(162)
174	摸底细	(137)	203	三只手	(163)
175	磨洋工	(138)	204	杀风景	(164)
176	磨嘴皮子	(138)	205	伤脑筋	(164)
177	莫须有	(139)	206	上台面	(165)
178	母老虎	(139)	207	上贼船	(165)
179	拿手戏	(140)	208	烧高香	(166)
180	牛郎织女	(140)	209	势利眼	(166)
练习九		(142)	210	受夹板气	(167)
181	怕死鬼	(145)	211	书呆子	(167)
182	拍马屁	(145)	212	竖大拇指	(168)
183	攀高枝儿	(146)	213	耍把戏	(168)
184	跑龙套	(147)	214	耍笔杆子	(169)
185	碰钉子	(148)	215	耍贫嘴	(169)
186	泼冷水	(148)	216	甩手掌柜	(170)
187	泼脏水	(149)	217	死对头	(171)
188	破天荒	(150)	218	死脑筋	(171)
189	菩萨心肠	(151)	219	随大流	(172)
190	气管炎	(151)	220	随份子	(173)
191	千里马	(152)	练习十一		(174)

221	掏腰包	(177)		251	小插曲	(199)
222	桃花运	(177)		252	小道消息	(200)
223	套近乎	(178)		253	小动作	(200)
224	踢皮球	(178)		254	小肚鸡肠	(201)
225	替罪羊	(179)		255	小儿科	(201)
226	跳火坑	(180)		256	小辣椒	(202)
227	捅娄子	(180)		257	小气鬼	(202)
228	土包子	(181)		258	笑面虎	(203)
229	土皇帝	(182)		259	绣花枕头	(204)
230	退堂鼓	(182)		260	寻短见	(204)
231	拖油瓶	(183)		练习十三		(205)
232	挖墙角	(184)		261	眼中钉	(208)
233	万金油	(184)		262	摇钱树	(208)
234	王婆卖瓜	(185)		263	咬耳朵	(209)
235	忘年交	(185)		264	一把手	(209)
236	窝里斗	(186)		265	一场空	(210)
237	窝囊废	(187)		266	一锤子买卖	(211)
238	乌纱帽	(187)		267	一刀切	(211)
239	乌鸦嘴	(188)		268	一锅端	(212)
240	无底洞	(189)		269	一锅粥	(212)
练习十二		(190)		270	一盘散沙	(213)
241	西洋镜	(193)		271	一条龙	(214)
242	瞎指挥	(193)		272	一头雾水	(214)
243	下马威	(194)		273	一窝蜂	(215)
244	下坡路	(195)		274	一五一十	(215)
245	下台阶	(195)		275	一言堂	(216)
246	献殷勤	(196)		276	硬骨头	(217)
247	香饽饽	(197)		277	硬碰硬	(217)
248	象牙塔	(197)		278	硬着头皮	(218)
249	小报告	(198)		279	有板有眼	(219)
250	小菜一碟	(199)		280	有色眼镜	(219)

练习十四	(220)	299 做手脚	(233)
281 占便宜	(223)	300 做文章	(234)
282 占上风	(223)	练习十五	(235)
283 找岔子	(224)	听力理解练习一	(238)
284 枕头风	(224)	听力理解练习二	(242)
285 纸老虎	(225)	听力理解练习三	(246)
286 重头戏	(226)	听力理解练习四	(250)
287 逐客令	(226)	听力理解练习五	(254)
288 主心骨	(227)	听力理解录音文本一	(258)
289 装洋蒜	(227)	听力理解录音文本二	(262)
290 捉迷藏	(228)	听力理解录音文本三	(267)
291 走过场	(228)	听力理解录音文本四	(271)
292 走红运	(229)	听力理解录音文本五	(275)
293 走捷径	(230)	参考答案	(279)
294 走马灯	(231)	词语索引(核心惯用语	
295 钻空子	(231)	和近义、反义、相关词	
296 钻牛角尖儿	(232)	语及链接)	(289)
297 钻死胡同	(232)	参考文献	(306)
298 坐冷板凳	(233)		

1 矮半截儿 ǎi bànjiér [half a body shorter; be low in grade]

[释义] 比喻身份、地位、水平等方面差得远。
[近义词语] 矮一头；矮一截；矮三分
[反义词语] 高人一头；高人一等
[示例]
　　例1：A：李华为什么总是没有自信？
　　　　B：因为他学习成绩不好，所以总觉得自己比其他同学矮半截儿似的。
　　例2：A：王磊生了个女儿以后就总觉得自己比别人矮了三分。
　　　　B：他年纪轻轻的，怎么这么重男轻女？现在男女不都一样嘛！

[提示] 用于自己时多说明没有自信。常用于比较句。含有贬义，有轻蔑、鄙视意味。
可以说"比……矮半截儿"、"不比……矮半截儿"、"谁也不比谁矮半截儿"等。

2 爱面子 ài miànzi [be sensitive about one's reputation; be concerned about one's face-saving]

[释义] 怕损害自己的体面，被人看不起。
[近义词语] 爱脸面；要面子；脸皮薄
[反义词语] 丢面子；没面子
[相关词语] 打肿脸充胖子
[示例]
　　例1：A：他这个人太爱面子了，明明没有钱还争着请客。

B:他这种爱脸面的人就喜欢打肿脸充胖子。

例2:A:昨晚同事让我去喝酒,我不想去,可是又觉得不好意思。

B:你这人就是太要面子了,脸皮薄,其实你不去也没什么。

[提示] 常用于说某人爱虚荣、爱体面,有虚荣心,也用于某人说话、做事过于考虑情面而自讨苦吃,还可用来劝人不要太顾及情面。含有贬义,有讥讽意味。

可以说"太爱面子了"、"爱什么面子"、"用不着爱面子"、"爱面子的人"等。

[相关链接] 中国人的面子

一般中国人都比较爱面子,因此产生了很多与"面子"有关的词语,如:爱面子、要面子、留面子、给面子、讲面子、丢面子、有面子、顾面子、没面子、碍面子、面子问题、面子上过得去、面子上过不去等等。因为"面子"很重要,所以很多人为了"面子"讲排场、摆阔气、装门面、吹牛皮,摆大谱儿,最终"死要面子活受罪",做了很多"打肿脸充胖子"的事情。当然,爱面子是一种自尊心的表现,但是什么事情都要讲究个度,过犹不及,过分地"要面子"会使自己更加痛苦,这种行为的背后其实是爱慕虚荣、缺乏自信的表现。

3 白费蜡 báifèi là [waste;for nothing;fruitless effort]

[释义] 白白浪费蜡烛。源于歇后语"瞎子点灯——白费蜡"。比喻做了很多努力,白辛苦、白费了力气,可是没有效果。

[近义词语] 白费口舌;白费劲

[示例]

例1:A:这件事我劝了他好长时间,可他说还是想不通,脑子就是转不过弯来。

B:你和他这样的人说话,简直是瞎子点灯——白费蜡。

白日梦 | 3

例2：A：我给他解释了半天他还是不懂，真急死我了。
B：他不懂技术，你和他说这些专业问题，那不是白费口舌嘛！

[提示] 常用来说没有必要做的事或说的话。含幽默、诙谐意味。
可以说"和……白费蜡"、"跟……费什么蜡啊"、"真是白费蜡"、"白费蜡的事情"、"费了半天蜡"等。

4　白日梦 báirì mèng [daydream; castle in the air]

[释义] 比喻根本不可能实现的幻想。
[近义词语] 做白日梦；白日做梦
[示例]

例1：A：听说李大伟想追求咱们的班花。
B：他这不是在做白日梦吗？也不看看自己长什么样！

例2：A：如果我爸爸是个大富翁该多好啊！
B：你就不要白日做梦，说梦话了，醒醒吧！

[提示] 常用于说某人的想法不现实。含幽默、诙谐意味。
可以说"做白日梦"、"别做白日梦了"、"做了一场白日梦"、"都是白日梦"、"白日做梦"等。

[相关链接] **说梦话；除非太阳从西边出来**

"说梦话"指睡梦中说的话，比喻说那些不实际、不能实现的话，可以说"大白天说梦话"。如：你说你三天就能把托福的单词全都背下来，你这不是说梦话吗？/ 你说这项工作你一个人能完成，你可别大白天说梦话了。

"除非太阳从西边出来"表示不可能发生的事情，有时候也说"太阳从西边出来了"，表示少见的、难得的事情。如：A：听说王玲和李大伟要结婚了。B：他俩结婚？不可能，你打死我也不信，他们两家关系那么差，除非太阳从西边出来，他们的父母才同意他们结婚。A：你还别不信，太阳就是从西边出来了，你看这是喜帖。

5 白脸儿狼 bái liǎnr láng [white face wolf: ungratefulness]

[释义] 脸上长着白毛的狼。比喻忘恩负义的人。
[近义词语] 白眼儿狼 [本指怒目而视的恶狼]
[示例]
例1：我当初真是瞎了眼，没看出来他竟然是这么个白脸儿狼。
例2：A：你说咱那外孙子是不是个白眼儿狼，养他那么大，工作之后就没来看过咱们。
B：外甥就是外甥，养来养去还是别人家的人啊！

[提示] 一般用于无情无义的人，含有贬义。如果老人对外孙称"白眼儿狼"，则在亲昵中含有责怪之意。
可以说"这个白脸/眼儿狼"、"真是个白脸/眼儿狼"、"养了个白脸/眼儿狼"等。

[相关链接] 东郭先生和狼
从前，善良的姓东郭的先生带着一袋书出门，在路上遇到了一只被猎人追赶的狼。狼请求东郭先生救它，东郭先生很害怕，但是因为可怜它，就让它躲进书袋子里来。猎人追上来问东郭先生是否看见狼的时候，东郭先生说没有。等猎人走后，他把狼放了出来，结果狼却说它饿了，要把东郭先生吃掉。东郭先生既生气又害怕，正在这时，一个农夫过来了，他们就请农夫评评理。农夫听了他们的事情之后不信，就请狼再次钻进书袋子里去，狼刚钻进去，他就把书袋子的口扎紧并用锄头把狼打死了。最后他告诫东郭先生对坏蛋千万不能讲仁慈。

6 摆架子 bǎi jiàzi [to act the lord; put on airs]

[释义] 指自高自大，为显示自己身份而装腔作势。
[近义词语] 拿架子；摆架势
[反义词语] 放下架子；没有架子
[示例]
例1：A：王部长这个人怎么样？
B：王部长平易近人，从不摆部长的官架子。

例2：A：其他演员都到位了，只有扮演主角的刘晓云没来。

　　　　B：她只不过才刚刚走红，就开始拿起明星的架子来了。

[提示] 常用来说明某人自以为是，故意显示自己了不起的样子。含有贬义，有骄傲意味。

可以说"摆……的架子"、"摆起……的架子"、"摆摆……的架子"、"摆明星/主任/……的架子"、"摆官架子"、"摆臭架子"、"从不摆架子"、"摆什么架子"等。

[相关链接] **摆谱子** [try to appear rich and elegant]；**撑门面** [to keep up appearances]

"**摆谱子**"，也可以说"摆谱儿"、"摆样子"、"摆阔"。多表示做事注重形式、讲排场、比阔气，或在别人面前做出很了不起的样子。可以说"摆这个谱儿"、"别摆谱了"、"不摆那个谱儿"、"摆摆谱儿"、"摆什么谱儿啊"等。如：A：我们的婚礼一定要办得风风光光的。B：咱没有钱就不要摆这个谱了，婚礼简单点儿吧。

"**撑门面**"，也说"装门面"、"摆门面"、"撑场面"等。"门面"比喻外表、表面。"撑门面"一般指维持表面的排场。常用来指保持高等或中等阶级社会地位的风度、架子或门面，有时也指明明已经没有那个实力了，却硬要维持这个面子，尤其指面临衰败的情况。可以说"给/替/为……撑门面"、"靠……撑门面"、"撑着这个门面"、"撑得/不起门面"、"硬撑门面"、"死撑门面"等。如：A：看，公司的新车！B：公司近两年不太景气，可还买这么豪华的车，纯粹是为了撑门面。

7 板上钉钉 bǎnshàng dìng dīng [hammer a nail into a board: finally determined]

[释义] 在板上钉钉子。比喻事情已经决定不可能再改变。

[近义词语] 铁板钉钉

[示例]

例1：A：你们公司谁说了算？

　　　　　B：当然是总经理了，什么事情只要他一决定，那就板上钉钉了。

例2：A：我听说公司要派你出国了。
　　　B：还不一定呢！
　　　A：老板亲口告诉我的，那还不是铁板钉钉的事情？

[提示]常用于形容说话算数，态度坚决，语气比较肯定、实在。
　　　可以说"已经板上钉钉了"、"板上钉钉的……"等。

8 半边天 bànbiāntiān [half of the sky: women of the new society]

[释义]天空的一半。借指妇女或妻子。

[相关词语]女人能顶/撑半边天

[示例]

例1：A：你们这边的女老师可真厉害，一个个都很有能力。
　　　B：那是，妇女能顶半边天嘛！

例2：A：有些工作我担心女的干不好。
　　　B：你可别瞧不起人家半边天。

[提示]人们用"半边天"形容妇女的巨大力量能顶起半边天，因此用"半边天"借指新社会的妇女，现在多用于强调或称赞女人的作用大，含有褒义。借指妻子时含有幽默、诙谐意味。

[相关链接]中国女性的地位

　　　传统社会，中国女性的活动主要被限制在家庭中，"男主外，女主内"体现了传统社会对男女的不同分工。人们对女性的要求是让她们做"贤妻良母"，在家里"相夫教子"。随着社会的发展，传统女性大门不出，二门不迈的现象已经不见了，女性的社会地位也越来越高了，甚至走上各级领导岗位。"女人能顶半边天"这句话就充分肯定了女性的地位,这也是对女性的一种尊重。现代女性纷纷走出家庭,在社会上发挥着越来越重要的作用,"半边天"的说法也渐渐流行开来了。很多杂志、电视台还以"半边天"为栏目专门介绍女性的社会和家庭活动。

9 半吊子 bàndiàozi [smatter]

[释义] 旧时一千个铜钱串在一起叫一吊,半吊为五百,不能满串。①比喻不通情理、说话随便、举止不沉稳的人。②比喻知识不丰富或技艺不熟练的人。③比喻做得不认真或有始无终的事物。

[近义词语] 半拉子

[示例]

例1：A:他电脑学得怎么样?
　　　B:在电脑方面,他也就是个半吊子。

例2：A:听说你们公司负责的那个工程出了问题了,停工了。
　　　B:可不是,那个工程投资很多,可是由于质量不过关,现在成了个半拉子工程。

[提示] 含有贬义。可以说"这个半吊子"、"真是个半吊子"、"半吊子工程(半拉子工程)"等。

10 半瓶醋 bànpíngcù [half a bottle of vinegar: a half-educated person]

[释义] 瓶子里装了一半醋。比喻对某种知识或技术只掌握了一点儿的人,但却自以为是。

[近义词语] 半瓶子醋;半瓶子;半桶水;半吊子

[示例]

例1：A:你看,他对这个问题谈得这么多,一定研究得很透。
　　　B:你别光听他夸夸其谈,其实他只是个半瓶醋。

例2：A：他自以为出过国，留过学，就总在我们面前摆谱子。
B：我看他是半桶水，留学也没学出什么东西来。

[提示] 用于自己时表示谦虚，用于别人时表示看不起，含有贬义。
可以说在"他是个半瓶子醋"、"这个半瓶子醋"、"真是个半瓶子醋"等。

[相关链接] 二把刀
"二把刀"本是对厨师的副手的戏称，比喻对某知识或技艺不精通或一知半解或技术上凑凑合合的人。说别人时表示看不起，说自己时表示谦虚。如：A：李涛对汽车是不是挺内行的？B：你别看他挺能吹的，其实他对这一行也只是个二把刀。/ A：小李，听说你懂装修设计，帮帮我设计设计我的新家吧。B：我对装修设计也是一知半解，是个二把刀。

11 绊脚石 bànjiǎoshí [stumbling block；obstacle]

[释义] 行走时绊脚的石头。比喻阻碍前进的人或物。

[示例]
例1：A：我们决定的事情他总是出来反对。
B：得想个办法踢开这个绊脚石。
例2：A：爸爸，这次我考了我们班的第一名。
B：考得很好，但是不要骄傲，骄傲会成为你前进的绊脚石。

[提示] 可以说"踢开这块绊脚石"、"前进的绊脚石"、"真是个绊脚石"等。

[相关链接] 扯后腿 [hold sb. back；to be a drag on sb]
"扯后腿"，也说"拖后腿"、"拖尾巴"、"拉后腿"、"扯腿"、"拉腿"等。比喻利用亲密的关系和感情牵制别人正当的行动。常用于说阻碍人前进、发展。可以说"扯……的后腿"、"扯了/过/着……的后腿"、"你的后腿我不会扯的"等。如：A：现在一定要解决好交通问题，不然交通问题

就会扯了经济发展的后腿。B:对啊,要想富先修路嘛!/A:我们公司打算派我去外地工作一年。可是我不放心你和孩子。B:我和孩子你放心,工作第一,我们不会扯你的后腿的。

12 帮倒忙 bāng dàománg [be more of a hindrance than a help]

[释义] 因帮忙不得法,反而给人家添麻烦。

[示例]

例1:A:妈,我帮你做菜吧!
B:你别过来捣乱了,你只会给我帮倒忙。

例2:A:你看你把我的东西都弄坏了。
B:我本来想帮你收拾收拾,结果是好心办坏事,帮了大倒忙。

[提示] 常用于责怪跟着瞎忙活,好心办了坏事儿。含有贬义,有抱怨意味。
可以说"帮了个/不少/很多倒忙"、"给……帮倒忙"等。"越帮越忙"是幽默的说法。

[相关链接] 打下手

"打下手",也说"搭下手"、"搭把手"等。指担任助手,从旁协助。可以说"打了/过下手"、"打打下手"、"给/替/为/帮……打下手"等。如:A:你快来搭把手,我拿不了!B:你怎么又买了这多东西?/A:房间太大了,我一个人忙不过来,你帮我打下手吧。B:我早给你说找保洁公司来干,你不听。

13 包打听 bāodǎtīng [a well-informed person]

[释义] 旧时指侦探。比喻好打听消息或知道消息多的人。

[示例]

例1:A:他的信息怎么这么灵通?
B:你不知道吗?他是我们这里有名的包打听?

例2：A：我很喜欢那个女孩，可是不知道她有没有男朋友。

B：这件事你就交给我这个消息通吧，两天后给你消息。

[提示] 经常指那些喜欢打探各种消息、秘密的人，含有贬义。也指消息特别灵通的人，不含贬义。

[相关链接] 消息通；顺风耳；百事通 [jack of all trades; Mr Know-it-all]

"消息通"指消息灵通的人。如：他是我们这里的消息通，什么事儿问他准没错。"顺风耳"旧小说中能听到很远的声音的人，常和"千里眼"搭配。"千里眼"指能看到很远的东西的人。"顺风耳，千里眼"一起用比喻消息灵通的人。如：A：特大新闻，我告诉你们，咱们总经理和李秘书昨晚去五星级宾馆包房间了。B：你又不是千里眼，你怎么知道的？A：这事儿能瞒得了我顺风耳，我的消息绝对可靠。"百事通"，也说"万事通"，指什么事都知道，比喻好像什么事都懂，无所不知的人。对自以为是的人含有夸张讽刺的意味，对真正有学识的人表示赞许。如：小刘什么事都喜欢指手画脚的，好像自己是个百事通似的。/ A：这座建筑是什么年代的？B：你最好去问问我们的万事通——王教授吧，他可是我们这儿无所不知的大人物。

14 保护伞 bǎohùsǎn [umbrella]

[释义] 比喻可以起保护作用的有势力的人。

[示例]

例1：A：小王怎么总是迟到？

B：主任是他姐夫，有主任当保护伞他还怕谁？

例2：A：他在学校做了这么多违反纪律的事怎么还没被开除？

B：他爸爸是副校长，要是没有他爸爸这层保护伞，他肯定早被开除了。

[提示] 常用于利用职权或其他条件庇护别人的人。含有贬

义,有幽默、诙谐意味。

可以说"有保护伞"、"给……当保护伞"、"撑/打起保护伞"、"靠着这把/层保护伞"等。

[相关链接] 保护神;避风港;后台;后台老板;靠山

"**保护神**"比喻能保护自己的人。如:哥哥是我的保护神。"**避风港**"比喻可以躲避危险的地方。如:家是我们的避风港。/他总是把我这儿当成他的避风港,一遇到麻烦就来找我。"**后台**",也说"**后台老板**",指舞台后面的地方,比喻在背后操纵、支持的人或集团。如:A:他的后台很硬,你不要得罪他。B:我不管他的后台老板是谁,我都要按原则办事。"**靠山**"有依靠的力量,通常指有地位或有某种实力的人。如:他背后肯定有靠山,否则他当不上这个厅长。

15 抱粗腿 bào cūtuǐ [to attach oneself to bigwigs; to latch on to the rich and powerful]

[释义] 指奉承巴结、依靠有势力有地位的人。

[近义词语] 抱大腿

[示例]

例1:A:听说他是领导的大红人。
　　　B:他很会抱粗腿,所以领导很信任他。

例2:A:我在公司一点儿也吃不开。
　　　B:谁让你那么清高呢!你看人家小刘,会抱大腿,和经理关系好得不得了。

[提示] 常用于某人为了某种目的或得到好处巴结有权势的人。含有贬义,有嘲讽意味。

可以说"抱……的粗/大腿"、"很会抱大腿"、"紧抱住……的大腿不放"、"抱上/紧/住/着……的大腿"、"没抱过粗/大腿"等。

16 抱佛脚 bào fójiǎo [clasp Buddha's feet: profess devotion only when in trouble; to make a hasty last-minute effort]

[释义] 源于谚语"平时不烧香,急来抱佛脚"。比喻平时没准备,临时慌忙应付。

[示例]
例1：A：我明天要考试,今天晚上我得开夜车。
B：你每次都是(临时)抱佛脚!
例2：A：主任说明天省里的检查团要来视察工作,让咱们把材料今天晚上整理出来。
B：每次检查团来都搞得这么紧张,平时不早做准备,总要临阵磨枪。

[提示] 常用于讽刺考试、检查前搞突击。含有嘲讽意。
可以说"抱上/起了佛脚"、"抱抱佛脚"、"不能临时抱佛脚"等。

[相关链接] 临时抱佛脚;临阵磨枪
"临时抱佛脚"：很久以前,一个死囚越狱逃跑了,官府发现之后派人四处搜捕。那个罪犯跑了一天一夜,又饥又渴,精疲力尽。追捕他的人越来越近了,他知道自己早晚被抓住,便跑到一座古寺里,寺里供奉着释迦牟尼像,佛像高大庄严。一见佛像,他心里就悔恨不已,痛恨自己没听佛祖的教诲,以致犯下了死罪,于是,便抱着佛像的脚大哭起来。他边哭边磕头,把头都磕破了。追捕他的人被他真诚的忏悔感动了,于是转告官府,请求宽恕他,官府便赦免了他的死罪。后来,随着信佛的人越来越多,这个故事演变成了一句俗语,用以形容一些人平时没有准备,临时慌忙应付的行为。

"临阵磨枪"指到阵前要作战时才磨枪,比喻事到临头才做准备,尤其是考试之前,常说"临阵磨枪,不快也光"。如：A：明天考试,今天晚上好好休息休息,别看书了。B：妈,这叫临阵磨枪,不快也光,现在看书效率才高呢!

17 **爆冷门儿** bào lěngménr [to produce an unexpected winner]

[释义] 指某方面突然出现意想不到的结果。
[近义词语] 出冷门儿

[示例]

　　例1：A：今年奥运会有什么大新闻？

　　　　B：中国在奥运会100米栏短跑中取得了冠军，爆了个大冷门儿。

　　例2：A：今年高考志愿报考的情况怎么样？

　　　　B：有好几个专业都出了冷门儿，以前招不满，今年爆满。

[提示]常用于一向不被关注的方面突然成为被关注的焦点，也指结果让人意想不到。如比赛中弱者出人意料地取得了好成绩等。

　　可以说"爆了个大冷门"、"大爆冷门"、"又爆了一个冷门"等。

[相关链接] 冷门儿；热门儿；冷门儿货；热门儿货；抢手货

　　"冷门儿"原指赌博中很少有人下注的一门，比喻很少有人从事的、不时兴的工作或事业等。反义词"热门儿"。如：A：我想报考师范院校的中文专业，你觉得怎么样？B：这个专业前几年还是个冷门儿专业，最近几年是比较热门儿的专业，你报吧！"冷门儿货"比喻产品不畅销。反义词"热门儿货"。特别畅销的商品也说"抢手货"。如：A：今年这种产品我们进不进？B：这种货不畅销，是冷门货。/这种产品刚上市的时候是冷门货，现在是热门货，已经被抢购一空了。/这款手机今年刚出来就成为抢手货。

18 背包袱 bēi bāofu [have a burden (weight) on one's mind]

[释义]比喻有沉重的思想、经济等方面的负担。

[反义词语]卸下包袱；甩包袱

[示例]

　　例1：A：王丽家好像生活挺困难的。

　　　　B：她丈夫得了绝症，全家也因此背上了很重的经济包袱。

例2：A：明天就要高考了，我心里很紧张。
　　　B：你不要在心理上背什么包袱，要卸下包袱，学会放松。

[提示] 常用于思想上、心理上或经济上有压力和负担。含有贬义，有幽默、诙谐意味。
可以说"背上包袱"、"背上/起……的包袱"、"背着/了/过……的包袱"、"不要背什么包袱"、"包袱背得太重"等。反义说法可以说"卸下包袱"、"放下包袱"、"甩开包袱"等。

[相关链接] 包袱
　　毛泽东在《学习与时局》中曾把思想负担比作思想包袱，后来"包袱"就用来泛指由于各种原因造成的负担和精神压力。现在人们的生活节奏越来越快，各种压力也越来越大，升学、求职、工作、竞争等各种"包袱"压在人们的背上让人累得喘不上气来。人们应该学会"卸下包袱"，学会放松，享受生活。"甩包袱"一般比喻把负担或事情推给别人。如：他把这个沉重的包袱甩给了我。

19 **背黑锅** bēi hēiguō [to carry on shoulder black pot：be unjustly blamed; to be made a scapegoat]

[释义] 黑锅代指罪名或坏名声。比喻代人受过、被人冤枉或落下坏名声。

[示例]
例1：A：我儿子总给我在外面惹麻烦，让我也抬不起头来。
　　　B：儿子名声不好，老子也跟着背黑锅。
例2：A：你怎么这么生气，发生什么事了？
　　　B：黄文总是让我替他背黑锅，气死我了，我一定要把实情告诉领导。

[提示] 常用于被人冤枉，有时也指跟着倒霉。含有贬义，有诙谐意味。

可以说"背上了黑锅""背过/了/着……的黑锅"、"替/让/跟/为……背黑锅"、"背了一辈子的黑锅"等等。

[相关链接] 背十字架 [to take the Latin Cross]

　　背十字架","十字架"是罗马帝国时代的一种刑具,把人的手脚钉在上面,使他慢慢致死。《新约全书》记载,耶稣就是被钉死在十字架上的,所以基督徒把十字架当作受苦、死难的象征或标志。比喻为了某种理想或目的遭受苦难和痛苦的折磨。可以说"背上/起这个十字架"、"背着/过/了十字架"、"这个十字架背不起"、"背着沉重的十字架"等。
　　如：A:他因为为敌国做间谍而被国人骂成叛徒,其实他是冤枉的。B:可是他却一直背着这个沉重的十字架走完了一生。

20 **变色龙** biànsèlóng [chameleon: a changeable or fickle person]

[释义] 一种动物,表皮下有多种色素块,很善于变换皮肤的颜色,以适应环境,保护自己。比喻善于伪装和变化的人。

[示例]

例1：A:他说他会支持我,投我一票的。
　　　B:他是一条变色龙,你绝不能轻信他的话。

例2：A:他总是变来变去的,一会儿站在我们这一边,一会儿又站到对方一边。
　　　B:我最讨厌他这样的变色龙了,立场一点儿也不坚定。

[提示] 常用于根据环境随时改变自己立场的人。含有贬义。可以说"是/当/做变色龙"、"变色龙的做法"、"像变色龙似的"等。

[相关链接] 契诃(hē)夫《变色龙》

　　19世纪俄国著名作家契诃夫以《变色龙》为题写了一篇小说后,"变色龙"就常用来比喻在政治上善于变化和伪装的人。小说中的主人公是个油滑善变的警官。一天,他在路上遇到了首饰匠,他的右手被一条白毛小猎狗给咬伤了,警官便主张立刻将它处死。可当他听旁边的人说这条狗好像是将军家的狗时,就又变脸说首饰匠的右手是被小钉子弄破的。等到将军家的厨师证明这不是将军家的狗时,他又要将狗弄死。可最后听说是将军哥哥家的狗时,他又满脸堆笑地让厨师将狗带走了。

练习一

一、连线(把下面每组中意思与惯用语相关的连接起来。)

第一组

1. 讲排场,摆架子。　　　　　　　　a. 板上钉钉
2. 比喻事情不改变。　　　　　　　　b. 绊脚石
3. 比喻忘恩负义的人。　　　　　　　c. 变色龙
4. 比喻阻碍前进的人或物。　　　　　d. 摆谱儿
5. 比喻善于伪装和变化的人。　　　　e. 白眼儿狼
6. 比喻代人受过,泛指受冤屈。　　　f. 背黑锅

第二组

1. 比喻有沉重的思想、经济负担。　　　　a. 矮半截儿
2. 指某方面突然出现意想不到的结果。　　b. 包打听
3. 比喻在背后操纵、支持的人或集团。　　c. 抱佛脚
4. 比喻身份、地位、水平等方面差得远。　d. 背包袱
5. 比喻平时没准备,临时慌忙应付。　　　e. 后台老板
6. 比喻好打听消息或知道消息多的人。　　f. 爆冷门儿

二、填空(下面每组中都有一系列词语,请根据每组句子中的意思填写正确的词语。)

矮半截儿	爱面子	摆(官)架子	板上钉钉	半边天
半瓶醋	绊脚石	帮倒忙	包打听	背包袱
背黑锅	变色龙	抱粗腿	抱佛脚	

1. 他这个人很(　　　),儿子没考上大学就觉得比别人(　　　)似的。

2. 你在单位是部长,在家里就是我老公,回家还(　　　),你累不

累啊?

3. 他们俩结婚是（　　）的事了。

4. 他对自己要求很高,总爱让自己（　　）,这样活着多累啊!

5. 这件事我自己可以处理好,他来帮我那是（　　）,现在成了我的（　　）。

6. 这种技术问题千万别问他,他是个（　　）。

7. 电视上有一个（　　）栏目,专门介绍女性生活的。

8. 这件事不是你做的,你不应该替别人（　　）。

9. 他很会（　　）,经常围着领导转,现在已经当上副经理了。

10. 什么事情你都应该早点儿做准备,省得临时（　　）。

三、阅读理解（下面每个句子中都有一个划线的词语,ABCD 四个答案是对这一划线词语的不同解释,请选择最接近该词语的一种解释。）

1. 事情是你做的,没有人替你背黑锅。
   A. 拿黑色的锅　　　　　B. 承担罪名
   C. 解释清楚　　　　　　D. 料理家务

2. 他的关系很广,是我们这里有名的包打听,没有他不知道的事情。
   A. 消息灵通　　　　　　B. 打包
   C. 帮助打听　　　　　　D. 打听

3. 这孩子把他养大了,没想到他竟变成了个白脸儿狼。
   A. 孩子是狼变的　　　　B. 孩子变成狼
   C. 狼的脸是白色的　　　D. 忘恩负义

4. 你可不要小瞧这些半边天,她们可是我们单位的骨干力量。
   A. 半天时间　　　　　　B. 女性
   C. 一半天空　　　　　　D. 天气不好

5. 在这个问题上他也是个二把刀,你就不要去请教他了。
   A. 半瓶醋　　　　　　　B. 内行
   C. 撒谎的人　　　　　　D. 二百五

四、阅读选择(请选择下面选项中正确的答案。)

1. 下面哪一项不表示故意显示自己的身份?(　　)
　　A. 爱面子　　　　　　B. 摆谱儿
　　C. 摆架子　　　　　　D. 撑门面

2. 下面哪一项表示思想压力大?(　　)
　　A. 保护伞　　　　　　B. 避风港
　　C. 背黑锅　　　　　　D. 背包袱

3. 下面哪一项表示事情出人意料?
　　A. 说梦话　　　　　　B. 热门儿
　　C. 太阳从西边出来　　D. 冷门儿

4. 下面哪一项专用来表示事情进行了一半,没完成?(　　)
　　A. 半瓶子醋　　　　　B. 二把刀
　　C. 半吊子　　　　　　D. 半拉子

5. 下面哪一项表示好像什么都懂的人?(　　)
　　A. 顺风耳　　　　　　B. 消息通
　　C. 包打听　　　　　　D. 百事通

21 擦边球 cābiānqiú [edge ball; touch ball]

［释义］打乒乓球时擦着球台边沿的球。比喻做事在规定的界限边缘而不违反规定。

［示例］
例1：A：你们这样做政策上能允许吗？
B：政策上没有明确规定，我们这是打一个"擦边球"。

例2：A：这样打"擦边球"是不是太冒险了？
B：可是没有比这更好的办法了。

［提示］常用于比喻抓住政策的某一方面，钻政策的空子，成功掌握可行与不可行的界限，以达到自己的目的。可以说"打擦边球"、"打了/过一个擦边球"、"打不了擦边球"、"这个擦边球打得好"、"打打擦边球"等。

22 擦屁股 cā pìgu [clear up a messy (left by sb)]

［释义］比喻替别人做没完成的事情或处理遗留的问题。

［示例］
例1：A：你在公司哪个部门工作？
B：我负责产品售后服务的，也就是专门替公司擦屁股的，哪里出了问题就去哪里。

例2：A：听说你弟弟又进派出所了。
B：他经常在外边打架惹事，每次都得我去替他擦屁股。

［提示］常用于处理别人丢下的难以处理的事情或做收尾工作、补救工作等，比如收拾烂摊子之类。含有贬义，有

诙谐、抱怨的意味。
可以说"跟在后面擦屁股"、"替/为/给他擦屁股"、"擦过屁股"、"擦不完的屁股"、"这个屁股我先帮你擦着"等。

23 插杠子 chā gàngzi [to interpose; take a hand in; poke one's nose into]

[释义] 比喻中途参与谈话或做事。
[示例]
例1：A：那个项目你们公司拿下来了吗？
B：这本来是板上钉钉的事儿了，没想到他们公司进来插了一杠子，给抢走了。

例2：A：你们两口子别再吵了！互相认个错就算了。
B：我们两口子的事你来插什么杠子？

[提示] 常指中途加入，给别人添乱子。含有贬义，有责备意味。
可以说"插上/进一杠子"、"插了/过杠子"、"插什么杠子"、"从中/半路插杠子"等。

[相关链接] 插一脚；插一手；插足
"插一脚"、"插一手"比喻参与某活动或某事，多指干涉，含有贬义，与"插杠子"用法相同。如：这件事和你没关，你何必插一脚呢？/本来她们关系就很紧张，你再插一手，这事情就更加复杂了。

"插足"也比喻参与某事，还常用于说"第三者插足"，特指第三者与已婚男女中的一方有关系。如：你插足这件事对你没有好处。/他们离婚的原因是由于有第三者插足。

24 长舌妇 chángshéfù [a gossipy woman; an (old) gossip]

[释义] 舌头长的女人。借指好说闲话，爱搬弄是非的女人。
[近义词语] 长舌头；大舌头；大嘴巴；老婆舌；嚼舌头；嚼舌根
[示例]
例1：A：他带女秘书出差的事情怎么这么快就被他老

婆知道了？

B：咱们公司有这么多长舌妇，还怕没人告密？

例2：A：咱们这里的女人太多了，女人多了就是麻烦。

B：可不是，尤其是那几个长舌妇，特别喜欢嚼舌根，经常无事生非！

[提示] 含有贬义，有厌恶意味。可以说"这个长舌妇"、"真是个长舌妇"、"当长舌妇"等。

[相关链接] 关于女性的多言

"长舌妇"出于《诗经·瞻卬（áng）》："妇有长舌，维厉之阶。"指君主听了姬妾不正确的话而引起政局动荡。"长舌"表示多言，"长舌妇"比喻喜欢多嘴多舌的妇女。可见很早人们就认为女性要比男性更善于言谈表达，但是在男人看来这种多言多语是是非的源头，他们认为淑女应该是沉默寡言的。汉语中有很多词语是讽刺和批评女性这种特点的，如用舌头、嘴巴形容女性爱传话，惹是非。

25 唱白脸 chàng báiliǎn [wear the white makeup of the villain on the stage: villainous character indicated by white make-up in old Beijing opera]

[释义] 在传统戏曲中勾画白色脸谱扮演反面角色。比喻在解决矛盾冲突的过程中充当严厉或令人讨厌的角色。（跟"唱红脸"相对）

[近义词语] 装白脸；演白脸

[反义词语] 唱红脸；唱黑脸

[示例]

例1：A：我们俩在教育孩子的时候，我唱白脸，她唱红脸。

B：我们家也是，所以现在孩子比较害怕我，什么事儿喜欢找她妈。

例2：A：我看对这件事两个院长的态度好像不一样。

B：他们俩是一个唱白脸，一个唱红脸，其实都不赞成这个计划。

[提示] 可以说"一个唱白脸,一个唱红脸"、"你唱唱白脸,她唱唱红脸"对比使用。

还可以说"唱白/红脸的"、"这个白脸由……来唱"、"这个白脸我唱不下去了"等。

[相关链接] 京剧脸谱

京剧脸谱是具有民族特色的一种特殊化妆法。每个历史人物或某一类型人物都有一种大概谱式,所以称为"脸谱"。京剧脸谱根据性格、性情或某种特殊类型的人物采用不同色彩和图形。红色脸谱表示忠勇士义烈,如关羽;黑色脸谱表示刚烈、正直、勇猛甚至鲁莽,如包拯、张飞;白色脸谱一般表示奸臣、坏人,如曹操。脸谱最初的作用是夸大剧中角色的五官部位,以表现剧中人的性格、心理和生理特征,为整个戏剧情节服务。发展到后来,脸谱由简到繁、由粗到细、由表及里、由浅到深,逐渐成为一种具有民族特色的、以人的面部为表现手段的图案艺术了。

26 唱对台戏 chàng duìtáixì [to act the opposite; to put on a rival show]

[释义] 两台戏对着唱争夺观众。比喻采取与对方相对的行动,来与对方竞争或反对、搞垮对方。

[示例]

例1:A:老师今天为什么批评刘洁?

B:他今天上课的时候总和老师唱对台戏,老师很生气。

例2:A:经理好像对李华的态度不太满意?

B:对啊,他明知道经理不同意这个计划还要坚持,分明是和经理唱对台戏嘛!

[提示] 常用于指和某人过不去,意见对立,对着干。含幽默、诙谐意味。

可以说"唱起/上/开了对台戏"、"唱了/过/着对台戏"、"和/跟……唱对台戏"、"这台戏要和他对着唱"、"唱了一场/出对台戏"等。

[相关链接] 唱对台；打对台；唱反调 [sing a different tune]；对着干

过去，两个戏班子为了抢生意，有时候会同一时间演同样的戏，称为"**唱对台**"，也说"**打对台**"。后用来比喻提出与对方相反的看法，或采取与对方相对的行动，来反对或搞垮对方。"**唱反调**"比喻发表完全对立的言论或故意和政策、规定相反。如：最近孩子大了，有逆反心理，总和他爸爸唱反调。/他和董事长唱反调，被炒鱿鱼了。"**对着干**"也比喻跟某人过不去，故意做相反或相对的事情。如：我让他往东，他偏往西，总是和我对着干。/我觉得你不应该和经理对着干，这样对你没有好处。

27 唱高调 chàng gāodiào [to affect a high moral tone; to give lip service]

[释义] 比喻说不切实际的漂亮话或者说得好听而不去做。

[示例]

例1：A：每次开会的时候张部长总是说得很动听。

B：他这个人就会唱高调，什么事都是雷声大，雨点小。

例2：A：我们一定要加快脚步发展经济。

B：你们不要再唱高调了，还是实实在在做些实事吧。

[提示] 常用于责备、讽刺那些只是说得好听，但是不干实事的人。他们发表的言论看似高明，其实是说大话或者空话，脱离实际。含有嘲讽、轻蔑意味。

可以说"唱起/上/开了高调"、"唱了/过/着高调"、"唱了一通高调"、"唱什么高调"、"就会唱高调"、"高调唱起来了"、"唱唱高调，说说大话"等。

[相关链接] 高姿态；摆高姿态

"**高姿态**"指发扬高尚风格，宽容不与人计较，肯吃亏的态度。常说"**摆高姿态**"。如：他总是在领导面前摆高姿态，所以被提拔为副院长了。/你说你要去西藏工作，你摆这个高姿态给谁看？其实很多人摆出这种高姿态来是故意做给别人看的，或者别人以为他这样做是表现自己或者讨好别人等。

28 唱空城计 chàng kōngchéngjì [perform The Stratagem of the Empty City: to present a bold front to conceal a weak defence]

[释义] 出自《三国志·蜀书·诸葛亮传》。①比喻用掩饰自己力量空虚的办法,骗过对方。②比喻某单位的人员全部不在或大部分不在。

[近义词语] 演空城计

[示例]
例1：A：看看他们做的广告就知道,这家公司实力雄厚。
B：你别看他们吹得好,其实是给大家演空城计,他们公司都快倒闭了。

例2：A：你的调动手续办完了吗？
B：我去办手续,可是办公室开着门,却不见人影,不知道他们在演什么空城计。

[提示] 常比喻表面强大,实际空虚,用来表示没有实力,吓唬人,或没有人,人手不够等。
可以说"唱起/开了空城计"、"唱了/过一出空城计"、"唱唱空城计"、"唱着空城计"等。

[相关链接]《三国志·蜀书·诸葛亮传·空城计》
　　诸葛亮是三国时期蜀国杰出的政治家、思想家、军事家。在中国,诸葛亮是智慧的象征,他的故事被广为流传,"空城计"是人们所熟知的故事之一。公元234年,诸葛亮派马谡将军为先锋带兵向北讨伐曹魏,连战连胜。马谡由于骄傲,轻视敌人,所以不听从诸葛亮的命令和安排,最后使街亭(地名)失守,蜀军被迫退回城中。魏军的主帅司马懿带领15万大兵来攻城,当时诸葛亮已经把部队都派出去攻打魏营了,城中只剩下少数老弱残兵。但是诸葛亮沉着镇定,让人大开城门,自己登上城楼弹琴,态度从容。司马懿怀疑城中有埋伏,于是下令退兵。这就是有名的"空城计"。

29 **唱主角** chàng zhǔjué [to play the leading role]

[释义] 在戏剧、影视剧中担任主演。比喻担负主要任务或在某方面起主导作用。

[近义词语] 唱主角儿；当主角

[示例]

例1：A：今天下午的会我必须参加吗？
B：当然了，下午的大会你还得唱主角呢！

例2：这次会议在你们单位举行，该轮到你们单位当主角了。

[提示] 唱主角的可以是人，也可以是单位团体。
可以说"由……来唱这个主角"、"这个主角谁来唱"、"唱了几次主角"、"唱不了主角"、"唱过了/着主角"等。

[相关链接] 唱独角戏

唱独角戏：也作"唱独脚戏"，常指戏剧中一个角色表演。现常比喻一个人独自做某件事，通常这件事需要多人来做。如：A：一个人在台上唱独角戏可不容易。B：有什么难的？不就是一个人在台上走一走，随便唱一唱嘛！/A：听说李明独自承担了这个工程项目。B：这个工程很复杂，他一个人唱独角戏恐怕不行吧。

30 **炒鱿鱼** chǎo yóuyú [stir-fry sleeve-fish; dismiss; give sb the chuck]

[释义] 一道菜的名字，鱿鱼一炒就会变成卷儿。比喻让人卷铺盖离开，表示辞退、解雇。

[示例]

例1：A：这几天我怎么没看见小李？
B：他因为工作经常迟到被老板炒鱿鱼了。

例2：A：听说咱们部门经理被炒鱿鱼了，是真的吗？
B：我也听说被炒了，好像因为他私自挪用公款炒股票。

[提示] 常用于因工作表现不好被老板辞退,有时候员工主动辞职也可以幽默地说"我炒了老板的鱿鱼"。含幽默、诙谐意味。

可以说"被炒鱿鱼了"、"让老板炒了鱿鱼"、"炒了他的鱿鱼"、"被炒过三次鱿鱼"等,也可以简单地说"被炒了"、"炒了他"。

[相关链接] 卷铺盖

"炒鱿鱼"现常被用来表示被辞退、解雇甚至开除。它来自于粤方言。以前,到广东或香港做工的外地人都是自带铺盖,如果被辞退,就只好卷起铺盖走人。被解雇的人一般很忌讳"解雇、辞退"这些说法,所以常用**卷铺盖**来代替被解雇。如:如果再干不好,明天你们就给我卷铺盖走人。后来人们发现炒鱿鱼时鱿鱼的样子和卷起的铺盖外形相像,就用"炒鱿鱼"代替了"卷铺盖"。在现今社会老板要轻易地炒别人的鱿鱼不那么简单和随便了,因为一个人工作的权利是受法律保护的。

31 成气候 chéng qìhou [can achieve anything; come to maturity]

[释义] 比喻形成一种趋势或有成就,有发展前途。

[近义词语] 成大器

[反义词语] 不成气候;没出息

[示例]

例1:A:通过几年的创业,你们公司现在是渐成气候了。
B:现在只是个开始,还要不断努力才行。

例2:A:这小孩儿对天文很感兴趣,喜欢观察、思考,大家都说他长大会成气候的。
B:希望是这样的!

[提示] 常用于对孩子前途的肯定或否定。多用于否定式。含有褒义。

可以说"成得/不了什么气候"、"成大气候"、"不成气候"、"能成气候"、"已经成气候了"等。

[相关链接] 成器；不成器

"成器"，比喻成为有用的人。常用否定式"不成器"，出自《礼记·学记》："玉不琢，不成器；人不学，不知道。"用于比喻不成材，没出息。如：父母都盼望孩子长大以后成器，有出息。／这个不成器的家伙，天天就知道喝酒、赌博。

32 吃闭门羹 chī bìméngēng [to close the door on sb.; to be denied entrance]

[释义] 被主人拒之门外，或主人不在门锁着，对上门的人来说叫"吃闭门羹"。

[示例]

例1：A：昨天我去你们家玩，可惜吃了个闭门羹！
B：哎呀！真抱歉，我昨天一天不在家。

例2：A：你不是去院长家送礼吗？怎么东西又拿回来了？
B：别提了，我去吃了个闭门羹，他们根本就没让我进去。

注：羹在古代是指羊肉制成的糊状食品。后来慢慢的素食也做羹。凡是将粮食、果品和蔬菜煮成有浓汁的食品，都可以称为羹，如我们吃过的粟米羹、莲子羹等，到如今人们连普通的浓汁食品也称为羹了。

[提示] 常用于比喻去某人家时遭到拒绝，或受其他冷遇。也指串门时主人不在家。含幽默、诙谐意。

可以说"吃了个闭门羹"、"吃了/过两次闭门羹"、"让他吃闭门羹"、"给我闭门羹吃"、"来了一个闭门羹"等。

[相关链接] 闭门羹

据唐代冯贽《云仙杂记》记载，唐朝有一位歌妓叫史凤，她长得如花似玉，而且琴、棋、书、画样样精通，于是年轻的男子纷纷来拜访她，希望与她成为朋友，但是一般人见不到她。因为她会客时有个条件：即客人必须先献上一首诗，她看中诗之后，才愿意与客人一见，然后才有可能谈到交朋友。如果客人不会作诗,或者献上的诗不被她看中,她就叫家里人在门口以一碗羹相待,婉言拒绝会客。时间长了,来访的客人们见了羹,便会主动告辞了。日后人们便把"闭门羹"作为拒绝的代名词流传下来。

33 吃豆腐 chī dòufu [to eat bean cheese: take liberties with]

[释义] 比喻戏弄女性,占女性的便宜或指拿某人开玩笑。

[近义词语] 占便宜;吃嫩豆腐

[示例]

例1:A:为什么女同事都不喜欢和他做搭档呢?
　　　B:他总是吃女同事的豆腐,女同事都很讨厌他,躲着他。

例2:A:你为什么打我?
　　　B:你吃我的豆腐,要流氓。

[提示] 常用于男性戏弄女性,有时也指拿人开玩笑或调侃。含幽默、戏谑意。
可以说"吃……的豆腐"、"偷吃……的豆腐"、"被/让/叫……吃了豆腐"等。

34 吃干醋 chī gāncù [eat vinegar: be jealous of a rival in love]

[释义] 比喻产生嫉妒情绪,特别是异性之间。

[近义词语] 吃醋;醋坛子;扳倒醋缸

[示例]

例1:A:他的女朋友特别爱吃干醋,不允许他和别的女孩子说话。
　　　B:那也太过分了。

例2:A:你不要总是和那些男的眉来眼去的好不好?
　　　B:你吃什么干醋啊?没想到你还是个醋坛子。

[提示] 常用于男女之间。吃醋的感觉让人感觉酸酸的,这种

感觉非常形象地表现了男女之间的一种情感。含幽默、诙谐意。

可以说"吃什么醋"、"吃……的醋"、"爱吃醋"、"吃的哪门子醋"等。

[相关链接] "吃醋"的来历

传说唐朝的皇帝李世民为了表彰大臣房玄龄（也有的说是魏徵）的功劳，就赏赐给他两名美女。房玄龄既不敢拒绝皇帝的赏赐，又害怕妻子知道会发脾气，只好告诉皇帝，他的妻子很厉害，肯定不会同意这件事的。于是，皇帝就请房夫人来到官中，命令她要么同意，要么就"赐饮自尽"（即喝皇帝给的毒酒自杀），二者只能选其一。没想到房夫人竟然拿起酒壶，二话没说就把酒喝了下去。其实程咬金（另一名大将）早已经让人把毒酒换成了醋，等房夫人喝下以后，他故意问："味道怎么样？"，房夫人回答："和吃醋差不多。"后来人们就用"吃醋"比喻男女之间因为情爱而产生的嫉妒心理。

35 吃干饭 chī gānfàn [to be a loafer; eat the bread of idleness]

[释义] 指光吃饭不做事，多用来比喻人无能或无用。

[示例]

例1：A：咱们公司有些人光拿钱不干活，吃干饭。
B：可不是，他们是靠关系进来的，后台硬，咱还不能得罪。

例2：A：你也老大不小的了，还不出去找个工作，还每天在家里吃闲饭。
B：你以为我乐意在家呆着白吃饭啊？可是哪有什么好工作啊？

[提示] 常用于指责某人白白吃饭或者享受着某种待遇。可以指没有工作的人，也可以指那种不劳而获或没有本事的人。含有指责、厌恶意。

可以说"吃干饭的"、"白吃饭"、"吃了/过/着干饭"、"吃了一年的干饭"、"吃不惯闲饭"等。

[相关链接] 吃白饭;吃白食;吃闲饭;吃现成饭

"吃白饭"①吃饭时光吃主食,不吃菜。②吃饭不付钱。③只吃饭不干活(多指没有工作),也指寄居别人家,靠别人生活。也说"吃白食"。如:他家里穷,买不起菜,所以只能每天吃白饭。/你不能总在我家里呆着吃白饭啊。"吃闲饭"只吃饭而不做事,也指没有工作,没有经济收入。如:两个孩子都工作了,都有收入,只有我这个老头子是吃闲饭的。"吃现成饭"指吃已经做好的饭,比喻自己不出力,享受别人的成果。如:现在很多独生女动手能力差,总吃现成饭。

36 吃后悔药 chī hòuhuǐyào [to eat the medicine for regret; to regret]

[释义] 吃治疗后悔的药。比喻事后后悔或反悔。
[示例]
  例1:A:当初我真不该提出和他分手。
    B:我当时提醒过你不要那么做,怎么样,后悔药难吃吧!
  例2:A:世界上没有卖后悔药的,已经这样了我也没办法。
    B:既然知道,以后就别再这么冲动做决定了。

[提示] 常用于说不必后悔,后悔也没有用,也表示后悔了。含诙谐意。
可以说"给……吃后悔药"、"后悔药难吃啊"、"哪有卖后悔药的"、"可惜没有后悔药可以吃啊"等。

37 吃回头草 chī huítóucǎo [to go back to eat in the meadow; regret]

[释义] 指畜牲在草地上走过去吃过一遍草,又回来再吃第二遍。比喻重新做已经做过或放弃的事情。
[近义词语] 走回头路
[示例]
  例1:A:小李辞职后混得不太好,要不你劝劝他,让他回公司干吧!
    B:他这个人固执得很,劝他回来是不可能的,他不会吃回头草的。

例2：A：你们两个别斗气了，你先去道个歉，两个人和好吧！

B：和好？没门！这次是真的分手了，好马不吃回头草，我一定再找个更好的。

[提示] 常用于否定"不吃回头草"，即有志气的人不做曾被自己抛弃的事，给人有骨气的联想。可以说"回头草不好吃"、"没吃过回头草"、"吃过/了回头草"等。

[相关链接] 恋爱的"三草"主义

　　大学生活是人生最浪漫的一段时间，恋爱是大学生活中最浪漫的事。大学校园里曾经流行过一段关于恋爱的"三草主义"，即**兔子不吃窝边草**；**好马不吃回头草**；**天涯何处无芳草**。所谓"**兔子不吃窝边草**"是说谈恋爱一定不要找身边的；所谓"**好马不吃回头草**"是说如果和所爱的人分手之后绝对不要后悔；所谓"**天涯何处无芳草**"则是安慰失恋的人，天底下的人很多，不要为失去的悲伤，总还会找到新的知音的。

38 吃老本 chī lǎoběn [to live off one's past achievements or gains]

[释义] 指消耗本金。比喻依靠已有的资历、功劳、本领过日子，不求进取和提高。

[近义词语] 吃老底儿

[示例]

例1：A：最近生意怎么样？

B：别提了，现在生意难做啊！这段时间就靠吃老本了。

例2：A：为什么学生都不选他的课？

B：他讲课总是吃老本，知识不更新，上课也没有新意。

[提示] 可以说"吃了/过/着……的老本"、"靠吃老本"、"吃不起/得老本"、"不能吃老本"、"吃老本的人"、"把老本

都吃完了"、"没老本可吃"等。

[相关链接] 赔老本儿;发横财;发大财

"赔老本儿"指做生意本钱、资金亏损,比喻投入了很多,却没有收到回报并且把老本也搭了进去。如:这批货赔老本也得卖,否则放在仓库里还要交保管费。/ 他这次做生意失败了,把老本儿都赔进去了。"发横财"指非法或侥幸获得的钱财,利用不正当的手段获得的钱。如:他趁着国家经济危机的时候发了一笔横财。"发大财"指赚到了很多钱。如:他今年做了一笔大生意,发了一笔大财。

39 吃软饭 chī ruǎnfàn [a man dependent on his wife or a rich woman]

[释义] 比喻男的靠女的养活。

[示例]

例1:A:你下岗了,在家里好好照顾照顾家也行,我养着你。
B:我也是个大男人,可不愿意吃你的软饭。

例2:A:现在很多男人喜欢找有钱的女人。
B:他们这是吃软饭。

[提示] 常用于说男的没有本事,依赖女的。含有贬义,有幽默、戏谑意。

可以说"靠吃软饭"、"吃软饭的男人"、"吃……的软饭"等。

[相关链接] 傍大款

"傍大款"一般指女子依附于有钱的男人。如果男的找了有钱的女人,可说"傍富婆"。常说"傍个大款"、"傍上/起了大款"、"傍傍大款"、"大款傍上了"等。如:A:你看人家刘丽现在有房有车,过得多舒服!B:她不就是傍上了个大款嘛!她嫁的那个人比她大二十岁呢!

40 吃哑巴亏 chī yǎbakuī [be cheated but unable to talk about it for one reason or another]

[释义] 比喻吃了亏上了当还无处申诉或不敢说,就像哑巴吃了亏说不出来。

[相关词语] 哑巴吃黄连——有苦说不出（歇后语）

[示例]

例1：A：老板欺负我，我怎么办？

B：告他去，咱不能吃这个哑巴亏。

例2：A：这个合同对你们很不公平，都怪你们没看清楚就签了合同。

B：谁说不是呢！我们现在是哑巴吃黄连——有苦说不出。

[提示] 可用于说别人，也可用于说自己，含有倒霉、没办法的意味。

可以说"吃过哑巴亏"、"吃了一次哑巴亏"、"吃了这个哑巴亏"等。

练习二

一、连线

第一组

1. 比喻肚子饿。　　　　　　　　a. 对着干
2. 比喻戏弄女性。　　　　　　　b. 炒鱿鱼
3. 比喻辞退、解雇。　　　　　　c. 唱空城计
4. 比喻有发展前途。　　　　　　d. 成气候
5. 比喻跟某人过不去。　　　　　e. 吃干醋
6. 比喻人无能或无用。　　　　　f. 吃干饭
7. 比喻产生嫉妒情绪。　　　　　g. 吃豆腐

第二组

1. 比喻男的靠女的养活。　　　　a. 唱对台戏
2. 比喻不能成为有用的人。　　　b. 唱主角
3. 比喻中途参与谈话或做事。　　c. 吃回头草
4. 比喻光说得好听而不去做。　　d. 唱高调
5. 比喻在某方面起主导作用。　　e. 吃软饭
6. 比喻采取与对方相对的行动。　f. 插杠子
7. 比喻重新做已经做过或放弃的事情。　g. 不成器

二、填空

吃回头草	成气候	擦屁股		唱白脸	唱对台戏
唱红脸	插杠子	吃(了个)闭门羹	吃干醋	炒鱿鱼
吃豆腐	唱空城计	擦边球		吃软饭	

1. 我昨天去找主任,可是又(　　)了,家里根本没人。
2. 这件事和你无关,你就不要进来(　　)了。
3. 他上班总是迟到,他早晚会被老板(　　)的。
4. 你做事怎么总这么马虎?每次出了事都得我给你(　　)。
5. 这孩子从小就聪明好学,长大以后肯定能(　　)。
6. 你天天和老板(　　),和他对着干,老板当然不会重用你了。
7. 什么?让我和他复婚?没门儿!好马不(　　)!
8. 在教育孩子方面,一般父亲(　　),母亲(　　)。
9. 我和爱人在一个单位工作,我只要一和别的女人说话,她就(　　)。
10. 老刘下岗后呆在家里(　　),天天就靠老婆那点儿工资过日子。

三、阅读理解

1. 她希望自己能<u>傍个大款</u>,过上有房有车的生活。
   A. 赚钱　　　　　　B. 有钱
   C. 找个有钱的人　　D. 依靠钱

2. 他是个有名的律师,因为善于在法律方面打擦边球,所以打赢了很多官司。
   A. 乒乓球打得很好　　B. 打的球擦了边
   C. 擦着法律的边　　　D. 擦球
3. 这些长舌妇每天就知道说三道四,这件事千万别告诉她们。
   A. 女的舌头比较长　　B. 舌头长的女人
   C. 说闲话的女人　　　D. 长舌头的妇人
4. 他今天又和总经理唱对台戏了,你说总经理能高兴吗?
   A. 一起唱戏　　　　　B. 他唱主角,经理唱配角
   C. 他们对着唱戏　　　D. 对着干
5. 今天这个会他要唱主角,他要是不来,我们这个戏没法唱了。
   A. 表演　　　　　　　B. 担任主角
   C. 唱独角戏　　　　　D. 唱配角

四、阅读选择

1. 下面哪一项不表示女人多言?(　　)
   A. 大嘴巴　　　　　　B. 半边天
   C. 嚼舌根　　　　　　D. 长舌妇
2. 下面哪一项表示嫉妒?(　　)
   A. 吃干醋　　　　　　B. 吃豆腐
   C. 吃干饭　　　　　　D. 吃回头草
3. 哪面那一项表示肚子饿,想吃饭?(　　)
   A. 吃软饭　　　　　　B. 唱空城计
   C. 炒鱿鱼　　　　　　D. 扳倒醋缸
4. 下面哪一项表示人的态度比较严厉?(　　)
   A. 唱白脸　　　　　　B. 唱红脸
   C. 唱反调　　　　　　D. 唱对台戏
5. 下面哪一项表示后悔的意思?(　　)
   A. 吃闭门羹　　　　　B. 吃后悔药
   C. 吃老本　　　　　　D. 吃哑巴亏

41 丑小鸭 chǒuxiǎoyā [ugly duckling]

[释义] 比喻不被关注的小孩子或年轻人，有时也指刚刚出现、不为人注意的事物。

[近义词语] 丑八怪；癞蛤蟆

[相关词语] 白雪公主；白马王子；白天鹅

[示例]

例1：A：他的这项发明几年前并没引起人们的注意。
B：可现在它已经由丑小鸭变成了白天鹅，备受瞩目。

例2：A：她小时候长得又黑又丑，别人都叫她丑小鸭。
B：可女大十八变，越变越好看，她现在已是人人羡慕的大明星了。

[提示] 常用于比喻长得丑的人或成大器之前被人瞧不起的人。也指起初不引人注意而后来成为非常重要的人或事物。

可以说"是一只丑小鸭"、"被认为是丑小鸭"、"叫/称……丑小鸭"等。

[相关链接] 灰姑娘

"丑小鸭"出自丹麦的《安徒生童话》：鸭妈妈孵出一只"小鸭"，它的兄弟姐妹都歧视它，嘲笑它又笨又丑，甚至把它赶出了家门。丑小鸭顶着种种嘲弄去寻找自己的理想世界。在孤独中渐渐长大之后，它变成了一只美丽的白天鹅。后用来形容小时候其貌不扬，长大后却美丽动人的人。"灰姑娘"出自德国的《格林童话》：有个心地善良的女孩，受到后母的虐待，天天干活，穿灰色的褂子和一双木屐，晚上睡在灶旁的灰里，人称"灰姑娘"。后来，灰姑娘得到白鸽、斑鸠和小鸟们的帮助，穿上了金丝衣裙和水晶舞鞋，出席了王宫舞会，被英俊的王子看中，成为未来的王后。现多以"灰姑娘"指善良美丽的未婚女子。

42　出风头 chū fēngtou [to attain eminence; publicity; to be in the limelight(spotlight)]

[释义] 指出头露面显示自己。

[示例]
例 1：A：没有安排王芳发言，她怎么上去了？
　　　B：她就是想出出风头呗！
例 2：A：今天的晚会李刚可出尽了风头。
　　　B：可不是，他的节目太逗了，笑得我肚子疼。

[提示] 常用于说那些过于表现自己的人，也指某人的行为受到关注。前者含有轻蔑意味。
　　　可以说"出出风头"、"出尽了风头"、"出够了风头"、"出风头的人"、"风头出尽了"、"别在这儿出风头了"等。

43　出难题 chū nántí [to give a difficult problem; embarrass; make things difficult]

[释义] 比喻故意制造出难以解决的事情难为人。

[示例]
例 1：A：有的老师考试喜欢出难题，好像故意和学生过不去。
　　　B：生活中这样的人也不少，总喜欢给人出点儿难题，故意难为别人。
例 2：A：张凯让我替他写论文，我答应了。
　　　B：你不要给自己出难题了，要是让老师知道了就糟了。

[提示] 常用于说给别人制造困难，为难人，有时也说自己给自己找麻烦。
　　　可以说"出了/过……难题"、"出了这么个难题"、"谁给你出的难题"、"难题出了一大堆"等。

44 出气筒 chūqìtǒng [a person against whom sb.'s anger is wrongly vented; punching bag]

[释义] 比喻没有任何原因被人当作发泄怨恨的对象。
[近义词语] 受气包
[相关词语] 开心丸儿;宽心丸儿;开心果
[示例]
例1：A：咱们主任今天开会怎么发这么大的火？
B：他上午刚被部长训了一顿，现在正拿我们这些人当出气筒呢！
例2：A：丈夫在公司不顺时，回家总拿我当出气筒。
B：可能他在公司工作压力比较大吧！

[提示] 含幽默、诙谐意。可以说"当出气筒"、"是出气筒"、"拿/把……当出气筒"等。

45 出洋相 chū yángxiàng [to make an exhibition of oneself; to act the ass(fool)]

[释义] 指出错、出丑，闹出笑话，丢面子。有时也指做出一副怪样子，让人笑，同"做鬼脸"。
[近义词语] 闹笑话
[示例]
例1：A：这个主持人说的英语怎么这么别扭？
B：他是故意在这里出洋相。
例2：A：你也给大家表演一个节目吧？
B：我可没有表演天分，你可别让我闹笑话了。

[提示] 可以说"出尽/够了洋相"、"出……的洋相"、"净出洋相"、"别出洋相了"、"出什么洋相啊"、"出出洋相"等。

46 **穿小鞋** chuān xiǎoxié [to give sb tight shoes to wear; to make things hard for sb; to make it hot for sb]

[释义] 比喻受人暗中刁难、约束或限制。

[近义词语] 扣帽子;戴帽子

[示例]

例1：A：他这个人如果谁得罪了他,他就给谁穿小鞋。
B：我已经领教过了,我已经被穿过两次小鞋了。

例2：A：你和他对着干,难道就不怕他给你穿小鞋吗?
B：我才不怕呢!

[提示] 常用于说某人利用职权对别人进行刁难或打击报复。含有贬义。

可以说"给……穿小鞋"、"穿上/起了小鞋"、"穿过/了/着小鞋"、"小鞋给……穿上了"等。

[相关链接] "穿小鞋"的故事

传说在北宋的时候,有一个名叫巧玉的姑娘,她的后母要将她嫁给一个又丑又哑的有钱人,巧玉坚决不愿意。后母也没有办法,但她暗暗想办法报复她。正好有一位媒婆,给巧玉介绍一位秀才,巧玉对秀才很满意。那时结婚男方要给女方准备鞋子,需要知道女方脚的大小,后母在背地里剪了一双很小的鞋样子,让媒婆带给了秀才家。巧玉出嫁那天,这双鞋怎么也穿不上,最后害得她上不了轿。她又羞,又恼,又急,一气之下便上吊自尽了。后来,人们便将这种背地里打击报复的行为或是利用权势让人难堪的做法,叫做"穿小鞋"。

47 **传声筒** chuánshēngtǒng [microphone; loud hailer; one's mouthpiece]

[释义] 话筒。比喻照着人家的话说,自己没有主见的人。

[示例]

例1：A：他是经理的传声筒,经理让他说什么他就说什么,让他干什么他就干什么。
B：秘书嘛,本来就是替经理跑腿的。

例2：A：王华把这些事情告诉李刚是为了让他当传声筒，告诉领导。
B：他能这么傻，给他当这个传声筒？

[提示] 常用于指全盘照搬别人的话，强调没主见。含幽默、诙谐意。

可以说"给人当传声筒"、"把/拿……当传声筒"、"当……的传声筒"、"起传声筒的作用"等。

[相关链接] 小喇叭/小广播

"小喇叭"、"小广播"比喻喜欢私下传播消息的人，而有时传播的消息常常是夸大的或不可靠的。如：A：我只把这个秘密告诉她一个人，怎么现在那么多人都知道了？B：她是个小广播，什么事情只要让她知道了，就等于让全校的人知道了。/A：是谁嘴这么长？这件事怎么这么快传出去了？B：肯定是咱们的小喇叭，这种事让她知道了她还能不宣传宣传？

48 吹牛皮 chuī niúpí [to boast; to act the braggadocio; to bat the breeze]

[释义] 牛皮：指牛皮筏子。比喻说大话，夸口。
[近义词语] 吹大牛；说大话；夸海口
[反义词语] 说实话；实话实说；实事求是
[示例]

例1：A：他这个人总爱吹牛皮、说大话。
B：可不，所以有时候他说实话大家也不信。

例2：A：他是个穷光蛋，却经常在朋友面前吹牛皮说自己是个大富翁。
B：他总是瞎吹，其实这是自欺欺人。

[提示] 可以说"吹起了牛皮"、"牛皮吹起来了"、"牛皮越吹越大了"、"爱吹牛皮"、"吹牛皮的人"等。还可以说"吹"、"吹牛"。

[相关链接]"吹牛皮"的来历

　　以前在黄河上游，一般的木船很难在水中行使。人们想出办法，用牛皮、羊皮制成袋子，用四五个皮袋组成一个筏子作为渡河工具。那时没有打气的工具，每次下水前，人们要用嘴把皮袋的气吹足。用完后，还要将皮袋的气放掉，把空皮筏背上岸来，再用再吹。吹牛皮筏的工作很累，吹牛皮的人一般都身强体壮，他们常年干这种活儿，所以肺活量很大，说话的声音也比一般人洪亮，所以他们就被称为"说大话"的人。后来，"吹牛皮"就变成了"说大话"的意思。说大话的人就叫"牛皮大王"、"牛皮匠"。如：他是我们班有名的牛皮大王，他的话我们只能相信一半。/他是个推销商，最擅长说大话，朋友都说他是"牛皮匠"。

49　打保票 dǎ bǎopiào [to guarantee; to give one's solemn word; to vouch for]

[释义] 立保证书或写凭据。保票是旧时为保证他人的行为和财力而写的字据。比喻有绝对的把握。

[近义词语] 打包票

[示例]

　　例1：A：小丽今天可能不来了吧！
　　　　B：我敢打保票，她肯定会来。
　　例2：A：他们俩又吵架了，又说要分手了。
　　　　B：我敢打包票，三天之内他们肯定又和好了。

[提示] 常用于好的方面，可为人做保证，也可为事情做保证。语气较为肯定。
　　可以说"为/替/给……打保票"、"为……打个保票"、"他已经打了/过保票"等。

50　打抱不平 dǎ bàobùpíng [to defend sb. against an injustice]

[释义] 帮助受欺压的人说话或采取某种行动。

[近义词语] 抱不平；抱打不平

[示例]

例1：A：你看过中国四大名著之一的《水浒传》吗？
B：看过，《水浒传》里的英雄们个个都是爱"打抱不平"的好汉。

例2：A：你怎么能欺负女孩子呢？
B：这事儿和你没什么关系，你抱什么不平啊？想英雄救美吗？

[提示] 常指某人遇到不公平的事，挺身而出，含有褒义。可以说"爱打抱不平"、"为/替/给……打抱不平"、"打过抱不平"、"打什么抱不平"等。

51 打成一片 dǎ chéng yī piàn [to be at one]

[释义] 合为一个整体。

[示例]

例1：A：刘恒这个小伙子在基层表现怎么样啊？
B：表现很不错，他能和群众打成一片，而且深受群众的喜爱。

例2：A：李处长这个人太傲慢了，不合群。
B：他不象张处长那样能和群众打成一片，平易近人。

[提示] 常用于指和周围的人感情融洽，关系密切。可以说"和/跟/与……打成一片"。

52 打官腔 dǎ guānqiāng [to stall with official jargon]

[释义] 旧时在官场中说互相应酬的话。现在多表示用官方的语言回避问候或用官场上的话来推委、指示、责难别人。

[近义词语] 摆官架子

[示例]
　　例1：A：老李自从当上主任之后就摆起官架子,说话也喜欢打官腔了。
　　　　B：可不是,人说变就变了。
　　例2：A：我以前去你们那儿办事的时候,很多人总是打着官腔说"我们研究研究"。
　　　　B：现在这种现象少多了。

[提示]常用于说官场上的不正之风。含有贬义。
　　可以说"打起/上了官腔"、"打打官腔"、"打着官腔说"、"给/跟/和……打官腔"等。

53 打光棍儿 dǎ guānggùnr [to remain a bachelor; to stay single; single man]

[释义]指成年男子过单身生活。
[近义词语]大龄男青年;单身汉;老光棍儿;光棍儿汉;单身贵族;王老五
[示例]
　　例1：A：你哥哥结婚了没有?
　　　　B：没呢! 现在还是光棍儿一根儿。
　　例2：A：他也不小了吧,怎么还打光棍儿呢?
　　　　B：他太挑剔了,不是嫌这个难看,就是嫌那个没气质。

[提示]常用于说到了结婚年龄却还没结婚的男人。含幽默、诙谐意。
　　可以说"打光棍儿的男人"、"打了半辈子光棍儿"、"光棍儿一根儿/条"等。

[相关链接]关于"单身"
　　俗话说"男大当婚,女大当嫁",男人、女人到了一定年龄就要谈婚论嫁。可是总有些人到了结婚的年龄由于种种原因还没找到自己的另

一半,或者找到了却又不能"有情人终成眷属"。对于这些大龄单身男女,人们在背后会称他们"大龄青年"、"光棍儿"、"单身汉"、"王老五"、"老姑娘"、"老处女"等,很有钱的单身男性还被戏称为"钻石王老五"。当然还有些人是不愿意走进婚姻的殿堂,认为婚姻是围城,他们更喜欢做快乐的单身汉,并自称为"单身贵族"等,他们抱着独身主义的态度享受这种单身生活,不过大多数人还是按照常规建立家庭。

54 打马虎眼 dǎ mǎhuyǎn [to pretend to be ignorant of sth. ; to act dumb]

[释义] 指做事不认真、敷衍了事。也指故意装糊涂来蒙骗人。

[示例]
例1:A:这次谈判对我们公司很重要,你们千万不能打马虎眼。
B:总经理,您就一百个放心吧,我们都做好了充分的准备。

例2:A:这件事我真的不知道,你就别问我了。
B:你别跟我打马虎眼了,这件事的经过你知道得一清二楚,别装了。

[提示] 常用于批评某人的态度不认真。含有责备之意。
可以说"跟/和……打马虎眼"、"打了一个马虎眼"、"打了半天马虎眼"等。

[相关链接] 睁一只眼,闭一只眼;打哈哈;钉是钉,铆是铆;一是一,二是二

"睁一只眼,闭一只眼"比喻假装没看见。如:她的事情咱们就睁一只眼,闭一只眼算了,别那么认真嘛!"**打哈哈**"表示为了敷衍,装模作样,也指开玩笑。如:面对记者有关中国女足主教练是否确定的提问,足协主任打哈哈说:"主教练是谁还没定呢。"/这件事你别给我打哈哈。"**钉是钉,铆是铆**"、"**一是一,二是二**"表示很认真地对待某事。如:我们工作归工作,朋友归朋友,这件事我们要钉是钉,铆是铆地调查清楚,不能打哈哈。/他这个人做事一是一,二是二的,不过有时也过于认真了。

55 打旗号 dǎ qíhào [to flaunt the banner of]

[释义] 古时打着标明军队名称或将领姓氏的旗子。比喻做一件事假借某人或某种名义。

[示例]

例1：A：他可真有本事，竟然能从银行贷出这么多钱来办公司！
B：他父亲是银行行长，他是打着父亲的旗号贷的款。

例2：A：他为什么被抓起来了？
B：他打着希望工程的旗号贪污了很多钱。

[提示] 常指借用名义做不好的事。含有贬义。
可以说"打着……的旗号"、"打出了……的旗号"、"打出/起/上……的旗号"、"旗号已经打出去了"等。

[相关链接] 幌子；打幌子；作幌子
"幌子"是旧时商店门外面放的标明卖什么商品的标志，"打幌子"、"作幌子"是比喻假借某种名义作另外的事情。如：强强打着上辅导班的幌子和妈妈要了500块钱。／他用上夜班作幌子出去赌博。

56 打入冷宫 dǎrù lěnggōng [to banish (a queen or concubine) to the cold palace; relegate to limbo; to leave sb in the cold]

[释义] 冷宫是失宠的后妃住的地方。比喻人或物被遭冷遇，弃之不用。

[示例]

例1：A：爸爸，这个电视剧里的皇后为什么被打入了冷宫？
B：因为皇帝有了新宠。

例2：A：新的董事会成立以后，领导层有什么变动？
B：变动很大，以前的很多经理被打入了冷宫。

[提示] 常指东西放到没人注意的地方或人不被重用。
可以说"打入了/过冷宫"、"被/让/叫……打入/进过冷宫"、"把……打入冷宫"等。

57 打水漂儿 dǎ shuǐpiāor [to play ducks and drakes; spend in vain]

[释义] 一种游戏,把小石片等沿水平方向用力投出,石片在水面上连续向前跳动。比喻付出了代价或花了钱而没有收获。

[示例]
例1:A:你借给他的钱,他还了吗?
　　　B:我看那些钱要打水漂儿了,因为他上个月出交通事故死了。
例2:A:你买的新手机好不好用?
　　　B:没用两天就坏了,看来花的钱打水漂儿了。

[提示] 常用于说白白给别人钱或东西收不回来了,含有无可奈何的意味。有时也指随便浪费了钱和物。
可以说"打了水漂"、"已经/早就/都/打了水漂"等。

58 打算盘 dǎ suànpán [to calculate on an abacus; be clever to looking after one's own interest]

[释义] 用算盘计算数字。比喻计算得失或筹划有利于自己的主意。

[相关词语] 打铁算盘;打小算盘

[示例]
例1:A:他这个人无论做什么事都是打自己的小算盘,生怕吃一点儿亏。
　　　B:他也太自私了,这种人真不配当领导。

例2：A：这件事你仔细考虑考虑，千万别打错了算盘。
B：我这么精明的人能打错算盘？你就放心好了。

[提示] 常指为个人利益考虑，也指为小集体考虑。
可以说"为/替/给……打算盘"、"打着……算盘"、"打过……的算盘"、"算盘打得很精"、"打了半天算盘"、"打如意算盘"、"打错算盘"、"打大算盘"、"小算盘打错了"等。

59 打天下 dǎ tiānxià [to seize state power; conquer the country; open up (a career)]

[释义] 通过斗争取得政权。比喻通过努力闯荡，创立事业。
[近义词语] 闯天下；闯事业；打江山
[示例]
例1：A：很多开国皇帝打下了天下，可是没过几代国家就灭亡了。
B：因为他们的后代只顾自己享乐，而不顾国家安危。
例2：A：他白手起家闯天下，现在已经是亿万富翁了，真让人羡慕！
B：别光看到人家的钱，你知道他当年创业的时候有多艰苦吗？

[提示] 可以说"为/替/给……打天下"、"打下了天下"、"……打的天下"、"这天下是……打的"等。

60 打游击 dǎ yóujī [to engage in guerrilla warfare; work (eat, sleep, etc.) at no fixed place]

[释义] 对敌人进行分散的、非常规的攻击。比喻从事不固定的工作、活动，或者工作没有固定地点。

[示例]

例1：A：那些摆摊的刚才还都在这儿呢，现在都跑哪儿去了？

B：你没看见税务局来人了吗，他们最擅长和这些人打游击了。

例2：A：你现在混得不错嘛，在北京扎根了，买了房子、汽车，还有自己的公司。

B：是啊，想想当年刚到北京那会儿到处打游击，现在真是好多了。

[提示] 含幽默、诙谐意。可以说"到处/整天打游击"、"打了一年的游击"、"打游击的生活"等。

[相关链接] 打一枪换一个地方

"打一枪换一个地方"比喻不断变换岗位。如：A：刘杰怎么老是联系不上他？你知道他在哪儿吗？B：他呀，打一枪换一个地方，都不知道换了多少工作了，谁知道他现在又在哪儿呢？

练习三

一、连线

第一组

1. 比喻说大话，夸口。   a. 宽心丸儿
2. 比喻有绝对的把握。   b. 出风头
3. 成年人过单身生活。   c. 传声筒
4. 表示出头露面显示自己。   d. 吹牛皮
5. 比喻宽慰别人的话。   e. 开心果
6. 比喻令人开心的人或事。   f. 打光棍儿
7. 比喻自己没有主见的人。   g. 打保票

第二组

1. 指出错、出丑,闹出笑话,丢面子。　　a. 打旗号
2. 比喻故意制造制造困难,为难人。　　b. 穿小鞋
3. 比喻被人当作发泄怨恨的对象。　　　c. 打天下
4. 比喻受人暗中刁难、约束或限制。　　d. 打抱不平
5. 指遇到不公平的事,挺身而出。　　　e. 出难题
6. 比喻假借某人或某种名义。　　　　　f. 出气筒
7. 比喻通过努力闯荡,创立事业。　　　g. 出洋相

二、填空

穿小鞋	出气筒	开心丸儿	出洋相	传声筒
出风头	打成一片	打保票	打抱不平	打官腔
打光棍儿	打游击	打旗号	打马虎眼	

1. 作为一个领导不能脱离群众,要和群众(　　)。
2. 他这个人绝对可靠,我敢替他(　　)。
3. 最近他当上了我们单位的处长,说话也(　　)了。
4. 这件事很重要,你给我认真点儿,别给我(　　)。
5. 他辞职以后一直没找到固定的工作,到处(　　)。
6. 他这个人喜欢(　　),而且喜欢为朋友的事情帮忙。
7. 他对他妈说不想结婚,要一辈子(　　)。他妈听了很生气。
8. 他这个人太坏了,总是在老板面前说我的坏话,给我(　　)。
9. 丈夫在工作中受了气,回家总是把我当成(　　)。
10. 他是我们班的(　　),经常讲一些笑话逗我们。

三、阅读理解

1. 你托他办的那件事没办成,你送的那些礼也<u>打水漂儿</u>了。

   A. 掉到水里了　　　B. 玩游戏
   C. 白送礼了　　　　D. 礼物随着水飘走了

2. 自从数码相机以后,以前的老式相机就被我打入冷宫了。
   A. 放到温度低的地方   B. 放到地下室
   C. 弃之不用   D. 弄坏了
3. 他打着开发新项目的旗号,把资金转移了。
   A. 因为要开发新项目   B. 打着开发新项目的幌子
   C. 新项目需要资金   D. 投资新项目
4. 大家都知道刘晓丽这个人比较爱出风头,所以大家让她代表班级表演节目。
   A. 有能力   B. 表现自己
   C. 唱歌好   D. 有才艺
5. 你怎么能在电视新闻节目中出这种洋相呢?等着吧,明天肯定你会变成头条新闻的。
   A. 闹出笑话   B. 做鬼脸
   C. 爱面子   D. 丢面子

四、阅读选择

1. 下面哪一项形容女孩子长得漂亮?(   )
   A. 蛤蟆   B. 白天鹅
   C. 丑八怪   D. 灰姑娘
2. 下面哪一项表示让人开心?(   )
   A. 出气筒   B. 受气包儿
   C. 开心果   D. 宽心丸儿
3. 下面哪一项表示没结婚的人?(   )
   A. 打光棍儿   B. 打游击
   C. 单身贵族   D. 王老五
4. 下面哪一项表示没主见?(   )
   A. 顺风耳   B. 消息通
   C. 传声筒   D. 出气筒
5. 下面哪一项表示做事态度认真?(   )
   A. 打哈哈   B. 睁一只眼,闭一只眼
   C. 打马虎   D. 一是一,二是二

61 大锅饭 dàguōfàn [big pot rice; same privileges everyone in the same institution enjoys; to eat from the common kitchen]

[释义] 指用大锅烧的供很多人吃的饭菜。比喻分配没有区别,同等待遇。

[示例]

例1：A：我们必须奖勤罚懒,按劳分配。
B：对,只有这样才能改变分配中吃大锅饭的现象。

例2：A：我们必须改革,不能再吃大锅饭了。
B：可不是,吃大锅饭不能调动人们的积极性。

[提示] 常说"吃大锅饭",意指不按劳分配。含幽默、诙谐意。可以说"吃大锅饭"、"打破大锅饭"、"吃大锅饭的做法不好"等。

[相关链接] 饭碗;铁饭碗;金/银饭碗;泥饭碗;瓷饭碗;砸饭碗

　　中国过去实行计划经济,很多人吃着大锅饭,端着铁饭碗,无论工作怎么样,最终都可以按时足额领取国家工资,久而久之,大家劳动的积极性就被限制了。随着计划经济向市场经济的转变,想吃大锅饭已经不容易了,人们必须凭自己的能力吃饭。"**饭碗**"常用来比喻工作。过去属于国家职工编制的工作,只有调动,没有失业,后来把这种现象称为铁饭碗。现在把稳定而收入高的行业的工作常称为"**铁饭碗**",也说"**金/银饭碗**",还有"**泥饭碗**"、"**瓷饭碗**"的说法,没了工作就说"丢了饭碗"、"砸了饭碗"等。此外还可以说"打破/丢掉/端着/捧着铁饭碗"等。如：我希望大学毕业后能找个铁饭碗的工作。/现在已经打破铁饭碗了。/他因为贪污公款砸了金饭碗。/你得好好干,千万别砸了自己的饭碗。

62 戴高帽儿 dài gāomàor [to flatter; to make compliment; to lay it on with a trowel]

[释义] 比喻对人说恭维话,奉承人。

[近义词语] 戴高帽子

[示例]

例1：A:小王对刘院长说他是他见过的最大公无私的人。
B:他可真会给领导戴高帽儿。

例2：A:李教授,您在这个领域可是权威啊!
B:别给我戴高帽子了,我只是研究着玩玩。

[提示] 常用于批评社会上恭维人的现象,也可用于回绝别人的恭维。含有贬义。
可以说"戴起了高帽儿"、"戴上一顶高帽儿"、"为/给……戴上高帽儿"、"乱戴高帽儿"、"戴了很多高帽儿"、"这高帽儿不用你给我戴"、"戴戴高帽儿"等。

[相关链接] 一百顶高帽儿

一个京官要去外地任职,老师告诫他说:"外地的官不好当,你要小心谨慎才行。"京官说:"老师放心,我准备了一百顶高帽子,逢人便送他一顶,这官就好当了。"老师听了很生气,训斥他说:"我们为官要清正,不能搞拍马屁、戴高帽那一套。"京官点头说:"像您这样不喜欢戴高帽的能有几个!"老师转怒为喜,说:"这话倒是不假!"京官心里说:"我这下只剩九十九顶高帽子了!"

63 戴绿帽子 dài lǜmàozi [the husband whose wife has another love outside marriage; to be a cuckold]

[释义] 戴上绿帽子。比喻妻子有外遇。

[近义词语] 戴绿头巾;当王八;当乌龟

[示例]

例1：A:他妻子生了个大胖小子,他高兴得不得了。
B:妻子给他戴上了绿帽子,他还不知道,孩子不是他的!

例2：A：听说他要和妻子离婚了，是真的？
　　　B：他妻子在外面有人了，谁喜欢被戴绿帽子啊？

[提示] 含有贬义。可以说"给丈夫戴了顶绿帽子"、"绿帽子戴上了"、"戴上绿帽子"等。

[相关链接] "戴绿帽子"的由来

关于"戴绿帽子"的传说有很多种，其中一说来自元朝。《元典章》规定：娼妓的家长和亲属中的男子裹青头巾。"青头巾"即"绿头巾"。当时蒙古没有娼妓，大草原上的男女只要愿意，马上就会天当被子地当床。等到蒙古军南下进了中原，他们看不惯中原人开设的妓院，于是元朝统治者就规定妓女穿紫衣，在妓院里做工的男人戴绿头巾，以示与常人的区别。明清继承了元制。延续至今，就诞生了中国男人最怕的一顶帽子——绿帽子。人们用"戴绿帽子"来形容妻子不守妇道，给自己的丈夫"绿帽子"戴。

64 单相思 dānxiāngsī [one-sided love; unrequired love]

[释义] 指男女之间仅一方对另一方产生爱恋。比喻一厢情愿的想法或做法。

[示例]
例1：A：小刘最近怎么这么瘦了？
　　　B：他最近得了单相思，他喜欢的张洁有男朋友。
例2：A：我们要是和他们公司合作一起来搞这个项目肯定有前途。
　　　B：那也要看看对方有没有兴趣，我们单相思有什么用？

[提示] 可以说"得了/害了单相思"、"单相思很难受"、"不要单相思"、"单相思的人"等。

[相关链接] 一头热；两厢情愿；相思病

《西厢记》中，崔夫人在情急之下应许女儿莺莺与张生为妻，后来反悔，莺莺和张生都得了相思病。"单相思"也说"单恋"。如：刘伟单恋着李小英，可李小英对他一点儿感觉也没有。"一头热"指单方面的热情或积极性,常用来说"单相思"。如:你喜欢她,可是她不喜欢你,光你一头热怎么行? / 关于合作的事情,对方好像不太感兴趣,光咱们一头热没有用。"**两厢情愿**"指双方都愿意,用在男女关系上指双方都喜欢对方。如:只要他们两个两厢情愿,你就不要干涉太多了。"**相思病**"是指两个相恋的人因为互相思念对方而得的病。如:晓兰的父母不同意她和现在的男朋友交往,把她关在家里,她现在不吃不喝,害了相思病。

65 挡箭牌 dǎngjiànpái [shield;protect;excuse]

[释义] 挡箭牌就是盾牌,古代用来防护身体、遮挡刀箭的武器。比喻推托或掩饰的借口。

[示例]
例1:A:我明天想对他进行个人专访,可他说明天有重要的会,没时间。
B:他每次都用"开会"做挡箭牌回绝记者的采访。
例2:A:他每天迟到都拿堵车做挡箭牌。
B:今天不会了,因为他已经被老板炒了。

[提示] 常用于指"借口",借口可以是起掩饰作用的事物,也可以是起保护作用的人。
可以说"把……作为/当作挡箭牌"、"拿/把/用……做挡箭牌"、"成为……的挡箭牌"等。

66 倒胃口 dǎo wèikou [to cloy the appetite;to lose one's appetite]

[释义] 指某种东西吃得太多,腻了,没有胃口。比喻对某事物或人厌烦而不愿接受。

[示例]
例1:A:怎么,这个菜不合你的胃口吗?
B:我最近吃这种东西太多了,现在一看到它就倒胃口。
例2:A:你怎么看到小李就走了?
B:这个人很讨厌,我一看到他就倒胃口。

[提示] 常用于形容对人或事反感的程度。含有厌恶之意。可以说"真让人倒胃口"、"倒了我的胃口"、"倒掉胃口"、"倒倒……的胃口"等。

[相关链接] 对胃口；合胃口；合口味；换口味

"对胃口"也说"对味儿"、"合胃口"、"合口味"，指适合某人的口味，比喻符合心意、爱好、需要或习惯等。如：这道菜很合我的胃口。/这篇文章不合领导的胃口。"换口味"原指改换饮食的品种，比喻改变内容或方式。如：每天吃米饭，都吃腻了，今天咱换换口味，吃饺子吧。

67 倒插门 dàochāmén [(a man) to live with wife's family]

[释义] 比喻男方到女方家里结婚并生活，成为女方家庭的成员。

[示例]

例1：A：老李家只有一个女儿，想找一个倒插门的女婿养老。
B：可男的一般都不愿意当倒插门的女婿啊！

例2：A：刘磊，我父母希望我们结婚后住到家里。
B：我可不想当倒插门，咱们还是在外面租房子住吧！

[提示] 一般是女方家里没有儿子，所以找一个倒插门的女婿养老。可以说"倒插门的"、"倒插门的女婿"、"当倒插门（女婿）"等。

[相关链接] 入赘；招女婿；养老女婿；上门女婿

"倒插门"也说"入赘"，指结婚时男方到女方家定居，有的甚至改姓女方姓氏，成为女方家的"儿子"，继承女方门第，特别是家中没有男孩的要"招女婿"入门。倒插门的男子也被称为"养老女婿"、"上门女婿"。在传统观念中，婚姻是人生的大事，也是关系的到家族延续香火的大事。一般女的要嫁到男方家中，在男方家中生活并为其抚育后代。因此，"倒插门"是一个普通而又略带贬意的名词。如今随着独生子女的增多和女性社会和家庭地位的提高，很多结婚后的男子经常住在女方家中或者过年过节在女方家中，使人们感觉生女比生男更养老，很多人都说"一个女婿半个儿"、"倒插门的女婿赛过儿"。

68 **顶梁柱** dǐngliángzhù [pillar supporting the roof beam; to play an important part]

[释义]指房屋的顶托着房梁的柱子。比喻起主要作用的骨干力量。

[示例]
例1：A：李涛在你们公司干得怎么样？
B：他现在可是我们公司的顶梁柱，是挑大梁的。
例2：A：自从父亲去世后，哥哥就成了家里的顶梁柱。
B：我们这个家也是全靠他才有的今天。

[提示]一般指家庭中或集体中的重要人物。含有褒义。可以说"是/成为/当……的顶梁柱"、"当上/起了……的顶梁柱"等。

[相关链接]挑大梁；挑重担；挑担子；担担子；核心人物；骨干人物
"**挑大梁**"指在戏剧表演中任主要演员或担任主要角色，常用来比喻承担关键的任务或起骨干作用的人。如：李志勇在我们单位是挑大梁的。/这个工程项目由谁来挑大梁？"**挑重担**"比喻身负重要而艰难的任务。也说"**挑担子**"、"**担担子**"。如：他不顾家人的反对，勇挑重担，承包了这个快要破产的厂子。/自从丈夫发生车祸以后，她一个挑起了家庭的重担，很不容易。"**核心人物**"指最主要的、重要的人物。如：他是我们这次采访的核心人物。"**骨干人物**"指单位、团体中重要的人。如：他是我们公司的骨干人物，为我们公司的发展做出了很大的贡献。

69 **定心丸儿** dìngxīnwánr [easing-mind pill; sth capable of making one at ease]

[释义]一种能使人心神安定的中成药。比喻能使思想、情绪安定下来的言论或行动。

[近义词语]宽心丸儿

[示例]
例1：A：女朋友终于同意五一和我结婚了，这让我吃

东道主 | 57

　　　　　了一颗定心丸。
　　　　B：我说你最近这么高兴呢！
　　例2：A：这次考试对他太重要了，所以他一直很紧张。
　　　　B：可不是，直到收到录取通知书他才像吃了定心丸儿一样安下心来。

[提示] 常用于得到确实、承诺、安慰时。
　　　可以说"吃了定心丸儿"、"给……吃定心丸儿"、"吃了一颗定心丸儿"等。

70　东道主 dōngdàozhǔ [host]

[释义] 原指接待对方使者的主人。泛指接待对方或请客的主人。

[近义词语] 做东；请客；主人

[示例]
　　例1：A：你知道2008年奥运会在哪里举行吗？
　　　　B：当然知道，我们中国北京是东道主。
　　例2：A：作为东道主，我们热烈欢迎各大学校长来我校参观访问。
　　　　B：我们也非常感谢贵校给我们提供这样的机会让我们学习。

[提示] 可以说"做东道主"、"当东道主"、"做好东道主"、"做不成东道主"等。

[相关链接]《左传·僖公三十年》
　　春秋战国时期，各诸侯国之间经常发生战争。一次，晋国和在西方的秦国联合出兵包围了郑国。郑文公就派人劝说秦穆公说："灭掉郑国对秦国并没有好处，我们在东，你们在西，中间还隔着晋国，您何苦为邻国增加地盘而把我们郑国灭掉呢？"秦穆公一听，大吃一惊，郑国的使臣紧接着说："如果您不灭掉郑国，而让它成为接待秦国出使东方国家使节的主人，以后您的使节来东方办事我们可以供给食宿，这对你们没有害

处啊!"秦穆公听后马上答应撤兵,晋国听说秦国军队不告而别,最后也只得撤军。由此,"东道主"专指接待秦国出使东方的使节,后来泛指接待对方或请客的主人。

71 兜圈子 dōu quānzi [to go around in circles; to beat around the bush]

[释义] 转圈儿。比喻有话不直说。

[近义词语] 绕圈子;绕弯儿

[示例]

例1：A:我第一次来这里,不熟悉路,兜了好大一个的圈子才找到。

B:你怎么不通知我一声就来了？早知道你来我去接你。

例2：A:李主任,你今天晚上有没有空儿,我想请你吃饭,聊一聊！

B:老张,你有什么话就直说,就不要跟我兜圈子了。

[提示] 常用于形容说话转弯抹角,或者做事不直接,不干脆。多用否定"别兜圈子",要求对方说话做事直接、痛快。可以说"少兜圈子"、"别兜圈子了"、"跟/和……兜了个大圈子"、"兜了半天圈子"等。

[相关链接] 绕弯子;炮筒子;直肠子;直筒子;没遮拦

"**绕弯子**"比喻说话不直截了当,拐弯抹角。如：你想借钱就直说,不用绕什么弯子。"**炮筒子**"比喻心直口快、好发议论的急性人。如：他这个人简直就是个炮筒子,什么话都敢说,得罪人也不怕！"**直肠子**"比喻性格非常直爽的人,也说"**直筒子**"。如：他这人就是个直肠子,心里怎么想就怎么说了。"**没遮拦**"形容说话比较直,有什么话不保留,有什么说什么。如：不要以为她是你的朋友说话就没遮拦,很多话该说的说,不该说的就不要说。

72 鳄鱼的眼泪 èyú de yǎnlèi [crocodile tears: pretended grief]

[释义] 西方古代传说,鳄鱼吞食人畜时,一边吃,一边流眼泪。比喻坏人的假慈悲。

[示例]

例1：A：他向我们认错，请求我们原谅。

B：你们千万别上当，他那是鳄鱼的眼泪，不能信。

例2：A：我本来铁了心要和丈夫离婚，可是他哭着向我忏悔，我心软了。

B：他那是鳄鱼的眼泪——假慈悲，过不了几天又去赌了。

[提示] 含有贬义。有幽默、诙谐意。可以说"掉下/流出鳄鱼的眼泪"、"那是鳄鱼的眼泪"等。

[相关链接] 猫哭耗子

　　人们常将假心假意的眼泪比喻为"鳄鱼的眼泪"。这是为什么呢？据说鳄鱼在吞食食物时，有一种近乎人情的表现——流眼泪。其实，鳄鱼的这种眼泪并不是多愁善感。研究发现，这种"眼泪"就是鳄鱼眼睛附近生着的一种腺体制作的恶作剧，只要鳄体吃食，这种附生腺体就会自然的排泄出一种盐溶液。这对生活中那些假慈善的伪君子是多么形象的讽刺啊！

　　猫和耗子是一对天敌，如果猫能为耗子哭泣、悲伤，那简直是开国际玩笑，如果猫真能为耗子留下眼泪，那这眼泪一定是虚伪的眼泪。因此我们常用"猫哭耗子——假慈悲"比喻恶人装出慈善和怜悯的样子。

73　耳边风 ěrbiānfēng [a puff of wind passing the ear: unheeded advice; water off a duck's back]

[释义] 比喻话说了好像风从耳边吹过，不放在心上。

[示例]

例1：A：我家的孩子总把老师的话当成"圣旨"。

B：我儿子也是，我的话被当成耳边风，可是老师的话，他肯定听。

例2：A：妈，我们俩分手了，我真不该和他在一起。

B：当初你把我的话当成耳旁风，现在后悔了吧。

[提示] 常用于责备不重视别人的话,也表示担心对别人的话不重视,还可以劝人不要在意某些话。含有贬义,有幽默、责备意。

可以说"把……当耳旁风"、"当成耳旁风"、"被当成耳旁风"、"就当是耳旁风吧"等。

[相关链接] 耳旁风;左耳朵进,右耳朵出;耳朵起茧子

"耳旁风"是指听说人不把别人的话放在心上,听了就像一阵风,"**左耳朵进,右耳朵出**",这对听话人来说没什么,只能让说话人白白生气。可是"**耳朵起茧子**"则是听话人听得太多了,以致耳朵都起茧子了,听腻了还要听,真是受罪。因此听话人常会很不耐烦地说"我的耳朵都听得磨出茧子来了"。如:A:你也不小了,到底什么时候结婚啊? B:妈,你都问了多少遍了,我耳朵都磨茧子了。我说过找不到心爱的人我是不会结婚的。/关于他的绯闻太多了,听得我的耳朵都起茧子了。

74 耳根子软 ěrgēnzi ruǎn [soft-eared: readily believe; easily persuaded]

[释义] 形容没有主见,容易轻信别人。
[近义词语] 耳朵软;软耳朵;棉花耳朵
[反义词语] 耳根子硬
[示例]

例1:A:有个人来我们家推销说这种药效果很好,我就买了。
B:你这个人耳朵根子也太软了,街上推销的药你也敢买。

例2:A:咱们董事长什么都好,就是耳根子太软了。
B:可不是,刘经理说什么他都信,真是个棉花耳朵。

[提示] 常用于说明某人容易被说服,被感动或动摇,缺少主见。含有不满、抱怨意。

可以说"耳朵根子太/很/非常/真软"、"耳根子太软可不行"等。

[相关链接]耳朵根硬;耳朵长 [have long ears];耳朵尖[have a quick ear]

"耳朵根硬"与"耳根子软"相对,指不容易轻信别人。也说"耳根子硬"。如:我这个人耳朵根子硬,我不亲眼见到的事情,别人再怎么说我也不信。"耳朵长"指善于打探消息、消息灵通。如:他这个人耳朵长,不管别人说什么他都能知道。/这件事千万别告诉小李,他这个人耳朵长、嘴巴长,事情到了他那儿就传得快了。"耳朵尖"指人的听觉灵敏。如:虽然奶奶年龄大了,但是她的眼睛好,耳朵尖,什么事儿也瞒不过她。/A:你听,外面什么声音?B:你耳朵真尖,我怎么什么也没听到?

75 放暗箭 fàng ànjiàn [to make an underhand attack]

[释义]比喻从背后袭击或搞鬼,暗中伤人。

[近义词语]放冷箭;放冷枪;打冷枪;射冷箭

[示例]

例1:A:你对我有什么意见当面说,请不要在背后放暗箭。

B:我没在背后说你什么呀?肯定是有人故意造谣。

例2:A:你知道吗?这件事是你最好的朋友李华告的密。

B:我真没想到竟然是他在背后放暗箭。

[提示]常用在说某人做事不光明,在背后做小动作,使绊子,给人以阴险、可怕的感觉。

可以说"……放的暗箭"、"放暗箭的人是……"、"在背后放暗箭"等。

[相关链接]背后一刀 [stab in the back];使绊子

"背后一刀",也说"背后捅刀子",在背后给一刀。比喻在暗中陷害人。可以说"背后给了一刀"、"背后给了刀子"、"背后来一刀"、"给/对/被……背后捅了一刀"。如:别看他这个人当面和你笑眯眯的,可是背后就给你一刀。/真没想到他竟然背后捅刀子做这种事,太让我伤心了。"使绊子"指摔交时用腿脚勾住对方的腿脚使其跌倒,比喻用不正当的手段暗算别人。如：他嘴上说的比谁都好听，可是背后就给人使绊子。/本来这次竞选他很有把握当选为会长的，可是因为背后有人给他使绊子，他落选了。

76 发高烧 fā gāoshāo [fever：be crazy]

[释义] 因生病而体温增高。比喻感情感情冲动，控制不住自己时说的话，做的事。

[示例]

例1：A：我要报名参加全国歌唱大赛。
B：你五音不全也敢报名，是不是发高烧了？

例2：A：我拿出了三千块钱给他办喜酒？
B：什么？三千？你发高烧了？你一个月才挣一千块钱啊！

[提示] 常用于那些一时说话做事一反常态的人。含幽默、诙谐意。
可以说"发什么高烧"、"又/经常/总是发高烧"等。

[相关链接] 发神经；头脑发热；头脑清醒

"发神经"指一个人疯疯癫癫的样子或者做不太正常的事情。如：你半夜三更起来唱歌，发什么神经啊？"头脑发热"指因一时的冲动而感情用事，失去自制力。如：A：刘国强毕业以后到哪去工作了？B：他当时看了一个关于探险的报道，一时头脑发热，就去"登山俱乐部"工作了。与"发高烧"、"头脑发热"相对，"头脑清醒"表示一个人很正常，说话做事很理智。如：A：你今天是不是发高烧了？怎么突然说出这种话？B：我今天头脑很清醒，这些话我憋在心里好多天了。

77 发酒疯 fā jiǔfēng [to be drunk and act crazy]

[释义] 喝了酒控制不住自己的言行，借着酒劲任性胡闹。

[近义词语] 耍酒疯；撒酒疯

[示例]

例1：A：你看老李今天喝多了，又在这儿发起酒疯，胡说八道了。

　　　　　B:可是酒醒之后他还不知道自己说过什么。

例2: A:你听隔壁什么声音？

　　　　　B:肯定又是老张喝完酒回来撒酒疯了！

[提示] 常用于形容酒醉之后胡闹的人。含有贬义。

　　　　可以说"发什么酒疯"、"又/总是发酒疯"、"发了一晚上的酒疯"、"发酒疯不好"、"经常发酒疯的人"、"发着酒疯说"、"发过酒疯"等。

[相关链接] 酒鬼的故事

　　有父子两人，都是酒鬼。一天，父亲在外面喝得大醉，摇摇晃晃的回到他们新买的房子里，进门就盯住儿子说："奇怪，你怎么变成两张脸了呢？这样人不像人，鬼不像鬼，我这新房子能给你吗？"他儿子在家也喝得大醉，听到父亲这样教训他，不服气地说："好啊！像你这样摇摇晃晃的房子，我还不要呢！"

78　翻跟头 fān gēntou [to turn head over heels: to suffer a setback; to fail]

[释义] 身体向下翻转。比喻在前进的道路上遭受挫折，失败或丢丑，有时也比喻犯错误。

[近义词语] 栽跟头；摔交

[示例]

例1: A:他这次代表公司谈判，结果怎么样？

　　　　　B:可能由于年轻，经验不丰富吧，所以他在谈判中栽了跟头。

例2: A:在我的政治生涯中，我翻过不少跟头，这次竞选我又落选了。

　　　　　B:失败是成功之母，在哪儿翻的跟头在哪儿爬起来，我们明年再参加竞选。

[提示] 可以说"翻了个跟头"、"翻过不少跟头"、"跟头翻了不

少"等。含幽默、戏谑意。

[相关链接] 倒栽葱;摔跟头;翻船

"**倒栽葱**"摔倒时头先着地的动作。可以说"来了一个倒栽葱"、"又是一个倒栽葱"。如:他不小心从马背上摔了下来,来了个倒栽葱。"**摔跟头**"指身体失去平衡而摔倒,比喻遭受挫折或犯错误。如:路滑,小心摔跟头。/他在政治上摔过不少跟头。"**翻船**"也比喻事情中途受挫或失败。如:为了保险起见,我们准备了两套计划,万一这个计划翻了船,我们就用另一个。

79 翻老账 fān lǎozhàng [to bring up old scores again; to rake up the past]

[释义] 翻过去的老账。比喻总追究别人过去的过错或重提过去的事情。

[近义词语] 翻旧账

[示例]

例1: A:我那时候年轻,做了好多对不住你的事情。
B:过去的就让他过去吧,现在再翻那些老账也没意义了。

例2: A:你现在还恨他吗?
B:还翻那些旧账干什么? 我早就把他忘了。

[提示] 可以说"跟/和……翻老账"、"翻出/起/开老账"、"翻翻……的老账"、"翻不完的老账"等。

[相关链接] 算账;算旧账;算总账

"**算账**"指统计、计算账目,引申为吃亏或失败后和人争执较量。如:我们算算这个月的账吧。/这件事我肯定会找他算账的。"**算旧账**",也说"算老账",指清算过去的问题。如:如果你再欺负我妹妹,你就等着瞧,咱们到时候新账、老账(旧账)一起算。"**算总账**"指所有的账一起算或最后报复对方。如:他们公司欠了我们很多钱,算一算总账有多少。/他要是再来找麻烦,咱们就和他算总账。

80 放鸽子 fàng gēzi [to break an appointment; to stand sb. up]

[释义] 把鸽子放了。比喻说话落空,不遵守约定,言而无信。

[示例]

例1：A：你怎么这么生气？
B：我被刘强放了鸽子,本来说好三点见面,可等了半天他也没来。

例2：A：我们说好一起看电影,可是我在电影院左等右等他也没来。
B：又被他放鸽子了,他怎么老这样？

[提示] 常用于说约会时没有赴约,说话不算数。含幽默、不满、抱怨的意思。

可以说"被放鸽子了"、"放了我的鸽子"、"被……放了鸽子"等。

[相关链接] 放白鸽；放羊 [let it have its swing]；放野马 [run wild]

"放鸽子",鸽子放飞以后,自己能飞回来。用来比喻旧上海利用妇女做为诱饵拐骗钱财的一种手段,即由媒人介绍,引人上钩,婚后乘机席卷财物逃走。黑道上称为"放鸽子",也说"**放白鸽**"。现在表示说空话、言而无信或定下了约会却没赴约。"**放羊**"、"**放野马**"比喻任其自由活动,不加约束。如：今天老师突然生病没来上课,也没有找到代课老师,所以学生们都放羊了。/这群孩子一下课就像被放野马一样冲了出去。"**放野马**"还指言行或写文章没有明确目的,想到哪儿说到哪儿或写到哪儿。如：写文章之前最好想好提纲,否则写起来以后就会像放野马一样收不住手了。

练习四

一、连线

第一组

1. 比喻有话不直说。　　　　　　　　a. 鳄鱼的眼泪
2. 比喻妻子有外遇。　　　　　　　　b. 耳朵长
3. 指接待或请客的主人。　　　　　　c. 兜圈子
4. 比喻坏人的假慈悲。　　　　　　　d. 放鸽子
5. 比喻推托或掩饰的借口。　　　　　e. 挡箭牌
6. 指善于打探消息、消息灵通。　　　f. 东道主
7. 比喻说话落空,不遵守约定。　　　g. 戴绿帽子

第二组

1. 比喻起主要作用的骨干力量。　　　　a. 使绊子
2. 比喻分配上没有区别,同等待遇。　　b. 大锅饭
3. 比喻对人说恭维话,奉承人。　　　　c. 倒胃口
4. 形容没有主见,容易轻信别人。　　　d. 翻跟头
5. 比喻用不正当的手段暗算别人。　　　e. 顶梁柱
6. 比喻对某事物或人厌烦而不愿接受。　f. 耳根子软
7. 比喻在前进的道路上遭受挫折。　　　g. 戴高帽儿

二、填空

耳边风	耳根子软	发横财	狗腿子	兜圈子
戴绿帽子	鳄鱼的眼泪	直肠子	耳朵长	放暗箭
放鸽子	东道主	翻老账	发酒疯	戴高帽儿
单相思				

1. 他这人总失约,今天我又被他(　　　)了。
2. 过去的事情就过去了,你不要总在这儿(　　　)了。
3. 这次大学生运动会,我们学校是(　　　)。
4. 只有单方面的喜欢不是爱情,你这是(　　　)。
5. 你这人一点也不光明正大,竟然在背后(　　　)。

练习四 67

6. 是谁（　　　）竟然把我们的秘密偷听去了？
7. 他妻子竟然给他（　　　），所以他一气之下提出离婚。
8. 你这个人就是（　　　），他这是（　　　）——假慈悲，你不能相信他。
9. 老王这个人说话不痛快，喜欢（　　　），我这个人是个（　　　），有什么说什么。
10. 我弟弟这个人不务正业，一天到晚想（　　　），妈妈说什么他都当成（　　　）。

三、阅读理解

1. 她们家找了一个<u>倒插门</u>女婿，脾气好得不得了。
   A. 把门插上　　　　　B. 倒着插门
   C. 上门女婿　　　　　D. 女婿插门好

2. 你总是罗里罗唆说这件事，我的<u>耳朵都起茧了</u>，拜托你别说了。
   A. 耳朵坏了　　　　　B. 耳朵里长了茧子
   C. 听腻了　　　　　　D. 耳朵出问题了

3. 她昨天怎么能对你说那种话，是不是<u>发高烧</u>了？
   A. 生病了　　　　　　B. 发烧很厉害
   C. 不该说那些话　　　D. 烧糊涂了

4. 她总是给别人<u>使绊子</u>，你可要提防着点儿？
   A. 暗算　　　　　　　B. 用脚绊别人
   C. 帮助别人　　　　　D. 好处

5. 你是不是<u>头脑发热</u>？要不怎么能把钱都给了那个人呢？
   A. 感冒了　　　　　　B. 发烧很厉害
   C. 不理智　　　　　　D. 很兴奋

四、阅读选择

1. 下面哪一项不表示单恋的？（　　　）
   A. 单相思　　　　　　B. 一见钟情
   C. 一厢情愿　　　　　D. 一头热

2. 下面哪一项表示容易轻信别人?（　　）
　　A. 发神经　　　　　　B. 风凉话
　　C. 耳根软　　　　　　D. 放风儿
3. 下面哪一项表示借口?（　　）
　　A. 挡箭牌　　　　　　B. 对胃口
　　C. 棉花耳朵　　　　　D. 兜圈子
4. 下面哪一项表示在背后陷害人?（　　）
　　A. 炮筒子　　　　　　B. 背后一刀
　　C. 没遮拦　　　　　　D. 栽跟头
5. 下面哪一项不表示人在工作中的重要地位?（　　）
　　A. 台柱子　　　　　　B. 顶梁柱
　　C. 挑大梁　　　　　　D. 做东

81 干瞪眼 gāndèngyǎn [to stand up anxiously; to look on helpless]

［释义］形容在一旁瞪着眼睛着急而又没办法。

［近义词语］白瞪眼；干着急

［示例］

例1：A：今天去市场我没带钱，看着又脆又甜的蜜桃干瞪眼。

B：去市场怎么能空着手去呢？

例2：A：今晚的酒会你怎么不去呢？

B：他们都说英语，我一句也听不懂，站在一边干瞪眼，多没意思啊！

［提示］含幽默、诙谐意。

可以说"对……干瞪眼"、"让……干瞪眼"、"别干瞪着个眼啊"、"站着/坐着/等着干瞪眼"等。

82 跟屁虫 gēnpìchóng [henchman]

［释义］比喻老是跟在别人后面的人。

［示例］

例1：A：这孩子，我走到哪儿他就跟到哪儿，和跟屁虫似的。

B：孩子就喜欢跟在妈妈后面。

例2：A：他天天围着领导转，像个跟屁虫。

B：他就会拍领导的马屁，什么都不干！

［提示］用于讨厌的人时含有贬义，有轻蔑、厌恶的意味。用于和自己关系亲近的人，如孩子、爱人等，含有亲昵的意味。

可以说"和/跟/像跟屁虫似的"、"真是一个跟屁虫"、"这个跟屁虫"等。

83 狗皮膏药 gǒupí gāoyao [dogskin plaster: quack medicine]

[释义] 指将药膏涂在小块狗皮上的一种药膏,疗效要比一般膏药好。以前走江湖的人常假造这种膏药来骗钱。比喻骗人的东西。

[示例]
例1：A:今天又有人来推销产品了,我没开门。
B:他们都是些卖狗皮膏药的,不开门就对了。
例2：A:你们看,这种产品是我们公司最新开发的。
B:你又来卖狗皮膏药了。

[提示] 含有贬义。可以说"卖狗皮膏药的"、"卖什么狗皮膏药"、"是/当/做狗皮膏药"、"这种狗皮膏药"等。

[相关链接] 关于"狗"

在汉民族传统心理中,狗是一种贱物,常用来比喻卑鄙丑恶的人,常引起"卑贱、恶劣"等的联想,因此产生的与"狗"有关的惯用语多呈贬义色彩。如:狗头军师、狗眼看人、狗皮膏药、狗腿子、狗咬狗、狗崽子、看家狗。而"dog"在欧美民族里却是一种受宠的动物,常做为"忠诚的人类朋友"的同义词,反映在惯用语中也多含有褒义色彩。如:lucky dog(代表幸运儿)、top dog(代表最主要的人物)、old dog(代表经验丰富的人,相当于"老手")、Love me, love my dog(爱我就爱我的狗)、Work like a dog(拼命工作)、A gay dog(快乐的人)。当然现在随着人们对动物宠物的喜爱,人们对狗也渐渐改变了态度。

84 狗腿子 gǒutuǐzi [henchman]

[释义] 比喻为有势力的坏人做事的人。

[示例]
例1：A:你怎么那么讨厌小赵?
B:他是张经理的狗腿子,一看见他那副样子我就恶心。

例2：A：你去刘辉公司给他干秘书怎么样？
　　　B：当他的秘书？我才不给那个人当狗腿子呢，省得别人戳我的脊梁骨。

[提示] 骂人的话。可以说"……的狗腿子"、"当/是/做……的狗腿子"、"真是个狗腿子"等。

[相关链接] 走狗；狗头军师；狗咬狗；癞皮狗；哈巴狗

"**走狗**"即"狗腿子"，比喻帮助有势力的坏人的人。如：他是张经理的走狗。"**狗头军师**"比喻爱出主意但主意并不高明的人，也指专门出坏主意的人。如：A：是谁让张明这么做的？B：还不是他的狗头军师吴大伟出的主意？"**狗咬狗**"比喻坏人之间互相攻击。如：这两个人合伙骗人，在法庭上却狗咬狗起来。"**癞皮狗**"说话不算数，让人反感的人。如：明明是你输了，你却不承认，真是一个癞皮狗。"**哈巴狗**"，也称"狮子狗"、"叭儿狗"，比喻喜欢拍马屁，乐于听从别人命令的人。如：他总是像个哈巴狗似的巴结领导。

85 鬼点子 guǐdiǎnzi [cunning device; wicked idea; trick]

[释义] 坏主意；巧妙的或古怪的主意。

[近义词语] 鬼主意；鬼心眼；馊主意；歪主意

[示例]

例1：A：别看这孩子小，鬼点子却特别多，你小心点儿。
　　　B：我倒要看看他到底有什么鬼主意！

例2：A：小张爱耍小聪明，经常冒出些鬼主意。
　　　B：这么说这个恶作剧一定是他搞的了！

[提示] 可以说"出鬼点子"、"又有什么鬼点子"、"鬼点子可真不少"等。

[相关链接] 鬼把戏；鬼花招儿；馊点子

"**鬼把戏**"比喻作弄人的手段。可以说"耍鬼把戏"、"耍什么鬼把戏"等。如：他这个人很狡猾，经常耍一些鬼把戏，你们不要轻信他。/

我的鬼把戏被妈妈一眼就看穿了。"**鬼花招儿**",指灵巧、好看的动作,比喻欺骗人的手段。如:这件事你不要给我耍鬼花招儿。/他今天又想耍什么鬼花招儿。"**馊点子**"也说"馊主意",指不高明的办法。可以说"出了个馊点子"、"谁出的馊主意"、"他想的馊主意"等。如:谁给你出的这么一个馊点子,竟然把父母的房子抵押给银行去贷款?

86 **旱鸭子** hànyāzi [a duck raised on dry land: a person who can't swim]

[释义] 在陆地上生活的鸭子。比喻不会游泳或不习惯水上生活的人。

[示例]

例1:A:天气这么热,咱们去游泳吧?
B:我是旱鸭子,到了水里只会喝水。

例2:A:你在海边长大,怎么会是旱鸭子呢?
B:我小时候第一次学游泳的时候差点儿淹死,所以从那以后就害怕水了。

[提示] 含幽默、诙谐意。可以说"是个旱鸭子"、"这只旱鸭子"、"旱鸭子怎能会游泳"等。

87 **好好先生** hǎohǎo-xiānsheng [one who tries not to offend anyone; regular fellow]

[释义] 什么都说"好好好,是是是"的先生。

[近义词语] 老好人;和事老(佬)

[示例]

例1:A:这件事他为什么不表态?
B:他不喜欢得罪人,遇到什么事总是当好好先生。

例2:A:可是我们工作中遇到问题要讲究原则,不能总是当好好先生。
B:你说的是,可是他就是这样的一个人。

[提示] 常用于指处理事情不得罪人，与人无争，不问是非曲直，只求相安无事的人。含有不满、埋怨意味。

可以说"真是个好好先生"、"当/做好好先生"、"好好先生的做法"等。

[相关链接] 明代冯梦龙《古今谭概·癖嗜·好好先生》

东汉末年，有个叫司马徽的人，跟人说话时，不论美丑善恶都是"好好好"，从来不说别人的短处。有人问司马徽："你身体好吗？"司马徽说："好！"有人对他说自己的儿子死了，司马徽还是那句话："很好！"妻子责备他说："人家觉得你是有德行的人才把事情告诉你，人家儿子死了，你怎么反而说好呢？"没想司马徽对妻子说："你这样说也非常好！"当时的人称他为"好好先生"。

88 喝墨水儿 hē mòshuǐr [to drink ink: to study in a school; book learning]

[释义] 比喻求学读书，获取学问。去外国学习戏称为"喝洋墨水"。

[近义词语] 有墨水儿

[反义词语] 文盲；没文化

[示例]

例1：A：他自以为比我们多喝了几年墨水就看不起我们，其实他肚子里并没什么货。

B：其实他肚子里并没什么货。

例2：A：李工程师是喝过洋墨水的人，他肯定能解决这个问题。

B：虽然他喝过几年洋墨水，可是并不见得比我们有实践经验。

[提示] 常用于说人的文化水平不高，也指有文化。含有褒义，幽默诙谐。

可以说"喝了点墨水"、"喝过几年墨水"、"没喝过什么墨水"、"墨水喝得不多"等。

[相关链接] 肚子里有货；睁眼瞎

"肚子里有货"形容有知识、有文化，有水平。如：一听这个人说话就能感觉到他肚子里有真货。/你肚子里要是没货就不要在这里卖弄了。"睁眼瞎"指睁着眼睛却看不见。比喻文盲或东西明明在那儿却没看见。如：A：对不起，对不起，我走错了！B：真是个睁眼瞎，这里明明写的是女厕所，你没看见吗？/A：你要好好认字学文化，不要和奶奶一样当睁眼瞎。B：知道了，奶奶。

89 **喝西北风** hē xīběifēng [to drink the northwest wind; to have nothing to eat; live on air; go hungry]

[释义] 比喻饿肚子，没吃的。
[近义词语] 吃西北风；吃空气
[示例]
  例1：A：我们要是不工作该多好啊！
    B：那我们就得喝西北风了！
  例2：A：听说小刘一家人都下岗了。
    B：哎呀，一家人都下岗了，那不得喝西北风啊！

[提示] 常用于强调要有生活费，或要有工作、有收入等。含幽默、戏谑意味。
  可以说"都得喝西北风"、"不能喝西北风"、"喝了几年的西北风"、"让/叫……喝西北风"等。

90 **和事佬** héshìlǎo [fence-straddler; peacemaker]

[释义] 指调解争端的人，特指不分是非，无原则地进行调解的人。
[近义词语] 好好先生
[示例]
  例1：A：看到不正之风，我们要提出批评，不能当和事佬。
    B：对，必须坚持原则。

例2：A：瞧瞧那小两口又吵起来了。
　　　B：我得去做个和事佬，劝劝他们，小两口之间哪来那么多的矛盾啊！

[提示] 可以说"这个和事佬"、"做/当/是和事佬"、"给/为……当和事佬"等。

[相关链接] 老好人

"老好人"泛指为人随和、厚道，不得罪任何人的人。如：A：想和每个人都处理好关系不容易啊，老好人难当啊。B：在工作中你不应该怕得罪人，而且你当老好人也不会有人领你的情的。/A：小张是个老好人，从来不和别人争什么，也从来不得罪什么人。B：可是也没有什么人把他当做朋友。

91　红眼病 hóngyǎnbìng [acute contagious conjunctivitis; envy; jealousy]

[释义] 一种流行性而且传染的眼病，俗称红眼。比喻嫉妒、眼红别人的富裕或成功等。

[示例]
　　例1：A：看，咱邻居中奖了，100万呢！
　　　　B：不要看别人发财了就得红眼病，靠劳动挣钱比什么都好。
　　例2：A：我被选为班长后，小刘看着我处处不顺眼。
　　　　B：我看他是得了红眼病，心里嫉妒。

[提示] 常用于责备、批评好嫉妒的人，也用于说自己不爱嫉妒。含有贬义。

可以说"得了/过红眼病"、"害了红眼病"、"患了红眼病"等。

[相关链接] 嫉妒

竞争是人类的本性，但是竞争的方式是有所不同的。有的人看到别人比自己好就会想到如何通过正当的竞争超过他。而有的人看到别人比自己好心里就特别难受，于是就千方百计毁损别人，或者为别人设置障碍,或者制造绯闻,败坏他人的名誉,用这种方式来使自己的心理得到平衡,这就是嫉妒。嫉妒是一种心理疾患,其症状就是眼红、眼热、眼馋,容易吃醋,说话带有醋意,总是酸溜溜的。

92 后遗症 hòuyízhèng [sequelae; aftereffect]

[释义] 疾病治愈后留下的一些症状。比喻因办事或处理问题不周全而留下的问题。

[示例]
例1: A:你的腿怎么了?
B:我的腿一阴天就疼,这是去年交通事故留下的后遗症。

例2: A:大哥,我们什么时候动手?
B:明天晚上,注意,这件事一定要干好,别留下什么后遗症,免得以后麻烦。

[提示] 可以说"有后遗症"、"落下/留下后遗症"等。

93 狐狸精 húlijīng [fox spirit symbolizing a seductive woman]

[释义] 迷信的人认为狐狸变成美女迷惑人。比喻妖媚迷人的女子。

[近义词语] 美女蛇;女妖精

[示例]
例1: A:那个女人长得很不错。
B:她是个狐狸精,你千万不要被她迷住。

例2: A:我想去追她。
B:你可小心,这个狐狸精勾引已婚男人,有很多男人已经拜倒在她的石榴裙下了。

[提示] 常用于说勾引男人的漂亮女子,也指非常狡猾的人。含有贬义。

可以说"这是个狐狸精"、"当狐狸精"、"真是个狐狸精"等。

[相关链接] 狐魅子

　　据说"狐狸精"这个名称始于唐初。《太平广记·狐神》说:"唐初以来,百姓皆事狐神,当时有谚曰:'无狐魅,不成村。'""狐魅子"一词的出现,反映出"狐狸精"已作为一个独立的形象存在于人们的意识和民间信仰里。"狐狸精"变成人的样子,或到处做客吃喝,或上门求娶妻妾,它的情感、行为都是以人的模式来塑造的。唐代以后的志怪小说中,描写了很多性格各异、很多人情味的狐狸精。古人把狐狸视为性情淫荡、以美貌迷惑人的精灵鬼怪,再加上狐狸成精的传说和志怪小说中对众多民间妖艳、多情的狐狸精的描述,于是人们便把性感而又有诱惑力的不良女性称为"狐狸精"了。

94 护犊子 hù dúzi [care for children]

[释义] 犊子:小牛。指母牛爱惜自己的小牛。比喻不分是非,没原则地护着自己的孩子。

[示例]

例 1：A：我每次教育孩子的时候,他奶奶总是出来拦着我。

B：你教育批评孩子是为了孩子好,奶奶总这样护犊子可不行!

例 2：A：现在家里一般只有一个孩子,父母不愿让孩子受委屈。

B：可是有的时候过分护犊子也会把孩子惯坏的。

[提示] 常用于孩子受到批评时袒护孩子。含有不满、责备意。

可以说"总是/又护犊子"、"护犊子是害了他"、"不能护犊子"等。

95 花架子 huājiàzi [showy postures of martial arts: a thing that is showy but of no practical use]

[释义] 看起来优美但不实用的武术动作。比喻外表好看但缺少实用价值的东西,也指形式主义的做法。

[近义词语] 花架势

[示例]

例1:A:听说,老李的中国工夫很厉害。
B:他其实只会摆一些花架子,并不会真功夫。

例2:A:听说他在设计方面挺有水平,是不是?
B:他的设计只是些花架子,中看不中用。

[提示] 含轻蔑意。可以说"摆花架子"、"搞花架子"、"摆什么花架子"、"摆摆花架子"等。

[相关链接] 花瓶儿

"花瓶儿"指养花、插花或做摆设的瓶子。比喻外表好看却没有实用价值的人或东西。常用来比喻被当作摆设的漂亮女人。可以说"当/做/是花瓶儿"、"当一个花瓶儿"、"花瓶儿一个"等。如:A:我看这个人也就是长得漂亮,没什么本事。B:你可不要以为这个漂亮的女人只是个花瓶儿,她也很有能力的。/A:你结婚以后打算在家里当专职太太吗?B:我可不想当丈夫的花瓶儿,我要有自己的事业。

96 话匣子 huàxiázi [radio receiving set; chatterbox]

[释义] 原指留声机、收音机或有线广播喇叭。比喻话多的人。

[示例]

例1:A:我一问奶奶关于她年轻时候的事情,她就打开话匣子说个不停。
B:老人最喜欢回忆过去了。

例2:A:他们俩一见如故,谈得特别投机,见面就打开了话匣子。
B:人生难得知己嘛!

[提示] 含幽默、诙谐意。可以说"打开话匣子"、"关上话匣子"、"话匣子一打开就关不上了"等。

[相关链接] 机关枪 [machine gun]；连珠炮 [a running fire]；挤牙膏；闷葫芦

"**机关枪**"指自动连续发射的枪，比喻说话快。如：她说话和机关枪似的，快得不得了，可是我一句也没听清楚。"**连珠炮**"也比喻说话很快。如：我的父母吵架时，妈妈像连珠炮似的，爸爸根本开不了口。"**挤牙膏**"比喻不肯主动地谈问题，挤一点说一点。如：你问她个问题，她和挤牙膏似的，半天也说不出来几句话。"**闷葫芦**"比喻不爱说话或不想说话的人。如：这个人怎么问他都不说话，真是一个闷葫芦。/你今天怎么和个闷葫芦似的，发生了什么事儿？

97 黄牌警告 huángpái jǐnggào [warning]

[释义] 原指足球比赛中裁判员对有较严重犯规行为的运动员出示黄牌以示警告。泛指对有违法、违章行为的个人或单位进行警告。

[相关词语] 亮黄牌；红牌警告；亮红牌

[示例]

例1：A：你看，11号球员下去了。
B：他因为犯规已经被两次黄牌警告了。

例2：A：最近政府对环境污染较为严重的企业提出黄牌警告。
B：早就应该这样了，否则什么时候我们才能有个清新的环境。

[提示] 含幽默、诙谐意。常用于对违规行为、不正当行为提出的告诫、警告或批评等。

可以说"给出/亮出/出示黄牌警告"、"亮出了黄牌儿"等。

98 回老家 huí lǎojiā [to go home; be gathered to one's fathers; go to one's own place]

[释义] 返回老家。比喻死亡。

[近义词语] 去天堂了；见马克思；见上帝；见阎王；吹灯了；上西天

[示例]

例1：A：他最近怎么不在这儿闹事儿了？
B：他已经"回老家"了，他再也不会找你们麻烦了。

例2：A：这种药我能不能一天吃六片儿？
B：那可不行，这种药不能多吃，如果过量你就等着去见上帝吧。

[提示] 旧时迷信认为，人生是由阴间鬼魂转世而来，人死应该回到阴间去，犹如回老家。是委婉的说法。用于坏人时有诅咒、厌恶的意味。

可以说"打发他回老家"、"送她回老家"、"回老家去了"等。

[相关链接] 关于"死"的委婉语

人的生老病死，本来是自然现象，但是人们忌说"死"，自古至今中国人都把死亡看作是不吉利的事情，常用委婉语来代替"死"字。关于"死"的委婉说法根据不同的人、文体和场合有不同的说法，现代常用的一些说法如：去世了、走了、过去了、老了、不在了、咽气了、闭眼了、睡着了、断气了、完了、不行了等等；再比如与宗教有关的"死"的说法有：去天堂了、见上帝、上西天、归西了、见阎王、升天了；还有对敌人或反面人物的"死"的说法，如：完蛋了、吹灯了、见鬼去了、玩完了、回老家了、见阎王去了等等；此外还有一些如：心脏停止了跳动、见马克思了、永远地离开了我们、停止了呼吸等等。而在古代，帝王死叫驾崩，王后、诸侯或高官死叫薨(hōng)。

99 活见鬼 huójiànguǐ [it's sheer fantasy; sheer nonsense]

[释义] 活着见到了鬼。比喻事情奇怪,不可理解。

[近义词语] 见鬼了

[示例]

例1：A：真是活见鬼了,我明明把书放在这儿了,怎么不见了?
B：你是不是记错了?

例2：A：真是活见鬼了,我明明把门锁上了,怎么回来的时候开着门?
B：难道有小偷进来了?

[提示] 常用于让人感到反常、离奇的事情。作感叹词用,表示嘲弄、怀疑和惊诧。
可以说"真是活见鬼了"、"活见鬼"等。

100 和稀泥 huò xīní [mix mud with water; try to mediate differences at the sacrifice of principle]

[释义] 把土掺上水,搅和在一起成为稠状物,加水多,就成为稀泥。比喻无原则地调纷争或采取折中态度,也指不计较,采取和解的方式。

[近义词语] 抹稀泥

[示例]

例1：A：这件事我们怎么处理?
B：我们一定要坚持原则,千万不能和稀泥。

例2：A：老李,这次的安全事故一定要查出责任人来严肃处理。
B：我看算了,事情已经出了,以后我们多注意,不再发生这样的事就行了。
A：你这种和稀泥的做法我不赞成。

[提示] 常用于处理事情的态度不够积极认真。含有贬义。
常说"和和稀泥"、"和了半天稀泥"、"给……和稀泥"、"不能乱和稀泥"、"从来没和过稀泥"、"和和稀泥"、"和稀泥的做法/办法/方法"等。

[相关链接] 打圆场

"打圆场"指调解纠纷、缓和僵局。常用于劝说有矛盾的双方，或说某人善于处理人际关系。可以说"给/为/替……打圆场"、"打了个圆场"等。如：他们是一对冤家，见面就吵，每次打架都是我去给他们打圆场。/A：小李这个人就是太急，说话也直。B：可不，今天如果不是他爱人给他打圆场，他肯定又得罪人了。

练习五

一、连线

第一组

1. 比喻死亡。　　　　　　　　　　a. 狐狸精
2. 比喻话多的人。　　　　　　　　b. 喝西北风
3. 比喻骗人的东西。　　　　　　　c. 回老家
4. 比喻不会游泳的人。　　　　　　d. 旱鸭子
5. 比喻作弄人的手段。　　　　　　e. 鬼把戏
6. 比喻饿肚子，没吃的。　　　　　f. 狗皮膏药
7. 比喻妖媚迷人的女子。　　　　　g. 话匣子

第二组

1. 比喻事情奇怪，不可理解。　　　　a. 护犊子
2. 比喻上学读书，有学问。　　　　　b. 狗腿子
3. 比喻嫉妒别人的成功等。　　　　　c. 癞皮狗
4. 比喻老是跟在别人后面的人。　　　d. 跟屁虫
5. 说话不算数，让人反感的人。　　　e. 活见鬼
6. 比喻为有势力的坏人做事的人。　　f. 红眼病
7. 比喻没原则地护着自己的孩子。　　g. 喝墨水儿

二、填空

好好先生	喝墨水儿	喝西北风	和事佬儿
哈巴狗	打圆场	跟屁虫	红眼病
后遗症	狐狸精	护犊子	话匣子
花瓶儿	狗咬狗		

1. 你怎么像个（　　　）似的，老跟在我后面？
2. 她很能说，一打开（　　　）就说个没完，而且经常搬弄是非。
3. 他们两个本来合伙骗人，现在为了分钱（　　　）打了起来。
4. 他很会拍马屁，一见到领导就像（　　　）一样跑上去打招呼。
5. 他的脑子不好用，这是他发生交通事故以后留下的（　　　）。
6. 最近他看我比较走运，就看着我不顺眼，他好像得了（　　　）一样处处找我的麻烦。
7. 如果遇到单位同事吵架的事情，他总是当（　　　），为他们（　　　）。
8. 我们总经理的秘书是一个无比漂亮的女人，但她什么也不懂，纯粹是个（　　　）。
9. 她和老板的关系不一般，所以大家当面不敢得罪她，但是背后大家都叫她（　　　）。
10. 这个人文化水平不高，没（　　　），但他脾气随和，从不得罪人，是个（　　　）。

三、阅读理解

1. 他是个**卖狗皮膏药**的，你别相信他。
   A. 卖的膏药是狗皮做的　　B. 药膏很好
   C. 骗人的　　D. 工作是卖药

2. 我是个**旱鸭子**，最害怕水，我不和你们一起去了。
   A. 鸭子的一种　　B. 不会游泳

C. 旱地里的鸭子　　　　　D. 不会游泳的人

3. 家里被盗了，你干瞪眼，哭有什么用，快点儿报警啊！
   A. 看热闹　　　　　　　B. 靠边站儿
   C. 干着急　　　　　　　D. 哭鼻子

4. 哥哥是个闷葫芦，每次说话都象挤牙膏儿似的。
   A. 刷牙　　　　　　　　B. 没有牙膏了
   C. 说话很多　　　　　　D. 说话很少

5. 每次教训孩子，你都护犊子，这样会把孩子惯坏的。
   A. 照顾孩子　　　　　　B. 保护孩子不被打
   C. 无原则的袒护孩子　　D. 安慰孩子

四、阅读选择

1. 表示奇怪、意外的单词是（　　）
   A. 鬼把戏　　　　　　　B. 鬼点子
   C. 鬼花招　　　　　　　D. 活见鬼

2. 下面哪一项表示在处理事情时不得罪人的人？（　　）
   A. 打马虎眼　　　　　　B. 打圆场
   C. 和稀泥　　　　　　　D. 和事佬儿

3. 下面哪一项表示有文化，懂知识？（　　）
   A. 喝西北风　　　　　　B. 揭不开锅
   C. 吃空气　　　　　　　D. 喝墨水儿

4. 下面哪一项表示出馊主意的人？（　　）
   A. 狗头军师　　　　　　B. 狗咬狗
   C. 赖皮狗　　　　　　　D. 哈巴狗

5. 下面哪一项表示不善于表达？（　　）
   A. 机关枪　　　　　　　B. 连珠炮
   C. 话匣子　　　　　　　D. 闷葫芦

101 寄生虫 jìshēngchóng [parasite; a parasitic person]

[释义] 一种生物生活在另一种生物的体内或体外,靠寄生维持生活。比喻有劳动能力而不劳动,靠别人为生的人。

[示例]

例1：A：他脸皮可真够厚的,住在我们家白住白吃,简直就是个寄生虫。
B：那你们为什么不赶他走？

例2：A：你能不能出去找个工作？每天在家里白吃饭有什么出息？
B：我也不想在家里当寄生虫啊,可是干什么能挣钱呢？

[提示] 含有贬义。可以说"当/作/是/变成寄生虫"、"寄生虫的生活"、"寄生虫似的"等。

102 夹生饭 jiāshēngfàn [half-cooked rice: a job not thoroughly done; knowledge not quite assimilated]

[释义] 没有熟透的饭。比喻开始做没有做好,再做也很难做好的事情,或开始没有彻底解决以后也很难解决的问题。

[相关词语] 半生不熟

[示例]

例1：A：老师,我想快点儿把这本书学完。
B：学习一定要扎实,不要着急图快,如果一开始就成了夹生饭,以后就不好办了。

例2：A：这件事还有没有挽救的办法？
　　　B：这件事一开始就做成了夹生饭，现在不太好处理了。

[提示] 常用于学习知识方面一知半解，没完全掌握，也常比喻做事不彻底。
可以说"做/煮/炒夹生饭"、"做成了夹生饭"、"一锅夹生饭"等。

103 假面具 jiǎmiànjù [mask; false front]

[释义] 仿照人物或兽类脸形制成的面具，古代演戏时化妆用，后多用作玩具。比喻虚伪的外表。

[示例]
例1：A：我最讨厌戴着假面具生活的人了。
　　　B：可是有时候人不得不戴着假面具。
例2：A：你要相信我，我不会骗你的。
　　　B：快把你的假面具摘下来吧，我早就把你看透了。

[提示] 含有厌恶意。可以说"戴了一个假面具"、"戴着假面具做人"、"戴起/上假面具"、"摘下/拿下/扔掉/揭开……的假面具"等。

104 见世面 jiàn shìmiàn [to enrich one's experience]

[释义] 指在外经历各种事情，熟悉各种情况。
[示例]
例1：A：这孩子虽然小，但是懂的却不少。
　　　B：是啊，他从小就跟着父亲走南闯北的，见过不少世面。

例2：A：爸爸，我想出国留学，见见世面。
　　　B：好啊，你也该出国长长见识了，不过学费家里可以出，生活费你要自理。

[提示] 还可以指见到新奇的事物，增长了见识。
可以说"见了世面"、"见过世面"、"见过大世面的人"、"见了不少世面"、"没见过什么世面"、"多见见世面"等。

[相关链接] 经风雨；开了眼

"**经风雨**"指经受风雨。比喻在实际生活、实际斗争中锻炼，见到世面。可以说"经历经历风雨"、"经了/过多少风雨"、"没经历过什么风雨"、"经经风雨，见见世面"、"经得/不住风雨"、"经得/不起风雨"等。经常与"见世面"连用。如：A：孩子大了应该多让他出去见见世面。B：可是他才十八岁啊！A：十八岁也不小了，他还没经历过什么风雨，社会上的事儿懂得太少，就让他出去闯闯吧！

"**开了眼**"，也说"开眼界"，指看到了从没有看到过的新奇、珍贵或美好的事物，扩大了眼界，增长了见识。可以说"真是开了眼"、"可算开了眼了"、"大开眼界"。如：玲玲第一次随爸爸妈妈到北京，可算开了眼。／这次国际图书展览让我大开眼界。

105 将军肚 jiāngjūn dù [general belly; pot-belly]

[释义] 大将军一旦不出征打仗就容易胖，所以用来比喻男人发胖，挺着大肚子。

[示例]
例1：A：几年不见，将军肚出来了。
　　　B：真是让你见笑了，自打当上这个经理之后肚子就越来越大，下不去了。
例2：A：你是应酬太多，喝酒喝的，我也想喝出个"将军肚"来，可是没机会。
　　　B：你可千万别像我这样，我现在心脏病、血压高也都出来了。

[提示] 含幽默、诙谐意。可以说"将军肚真不小"、"将军肚越

来越大了"、"将军肚出来了"等。

[相关链接] 啤酒肚;发福;皮包骨头 [to be skin and bones]

"啤酒肚"因常饮啤酒会导致肚子发胖。如:你还喝啤酒,你不看看你的啤酒肚有多大了!"发福"是对胖的委婉的说法。有时候也开玩笑说越来越有"风度"("丰肚"的谐音)了。如:几年不见,您又发福了。/ 到了一定年龄,人的身体容易发福。"皮包骨头"皮包着骨头,形容人很瘦。如:小李得癌症以后瘦了不少,现在都皮包骨头了。/ 这孩子瘦得皮包骨头,怪可怜的。

106 交白卷儿 jiāo báijuànr [to hand in an examination paper unanswered; completely fail to accomplish a task]

[释义] 没有写出答案的试卷。比喻应做的事情没有做好或没做。

[近义词语] 吃零蛋;剃秃头;秃头了

[示例]

例1: A:这次考试怎么样?
B:这次考试我交了白卷儿,很丢人。

例2: A:这项任务你们做好准备了吗?
B:我们已经做好了充分的准备,到时候肯定不会交白卷儿的。

[提示] 可以说"交了一张白卷儿"、"交过两次白卷儿"、"总是交白卷儿"、"白卷儿又交上去了"等。

[相关链接] 吃鸭蛋 [goose egg; score zero];剃光头 [to shave clearly; to crushing defeat]

"吃鸭蛋"也说"吃零蛋"、"得零蛋",因为鸭蛋和"0"的样子很像,所以比喻考试或竞赛中得零分。如:A:明天就考试了可是我一点儿也没复习,只好等着吃鸭蛋了!B:再不复习也不至于吃鸭蛋呢!

"剃光头"也说"剃秃头"、"秃头了"、"秃了",指用剃刀刮去全部头发,比喻在某方面没有取得任何成绩。常用于说升学考试中考生全部落榜或比赛中一分没得。可以说"剃了一个大光头"、"从来没剃过光头"、"剃过三次光头"等。如：这次高考题太难，我们班一个也没考上，剃光头了。／这次运动会咱们学校又剃光头了，一枚奖牌也没拿到。

107 交际花 jiāojìhuā [social butterfly]

[释义] 在社交场中活跃而有名的女子。

[近义词语] 校花；班花；花瓶儿

[示例]

例1：A：这个舞女是上海有名的交际花。
B：怪不得她认识这么多人呢！

例2：A：这个女孩子是谁？
B：你竟然不认识她？她可是我们这儿无人不知的校花。

[提示] 常用于漂亮而且善于与人，特别是和男人交际的女人。有时含有贬义。

可以说"她是……的交际花"、"不可小瞧这个交际花"、"交际花的作用/魅力"等。

108 揭不开锅 jiēbukāi guō [to be unable to keep the pot boiling: have nothing to eat]

[释义] 锅盖揭不起来了。形容穷得没有粮食做饭，挨饿，也指没有钱。

[近义词语] 掀不开锅；喝西北风

[示例]

例1：A：妈，我们班很多同学都出国留学，我也想出去。
B：家里都穷得揭不开锅了，哪有钱供你留学？

例2：A：妈，这饭菜一点儿也不好吃，我倒了。
B：这孩子怎么这么不过日子！你忘了以前揭不开锅的日子了！

[提示] 常用于说穷到了一定程度了,有夸张、戏谑的意味。可以说"穷得都揭不开锅了"、"锅都揭不开了"等。

109 揭老底儿 jiē lǎodǐr [to dig up sb's old stories(past/secret); reveal the truth; to show sb up]

[释义] 揭露隐瞒的内部详情或底细。
[相关词语] 揭底子;掀老底儿;揭内幕
[示例]
例1:A:李小川刚才还在呢,现在哪儿去了?
B:他的老底儿被人当众揭穿了,他觉得很没面子就赶紧溜走了。
例2:A:如果经理辞退我,我就把他以前做过的丑事说出来。
B:你把他的老底儿揭出来,恐怕对你更不好。

[提示] 可以说"揭……的老底儿"、"揭穿……的老底儿""揭开……的老底儿"、"把……的老底儿揭出来"等。

[相关链接] 老底儿;亮底儿;露底儿

"老底儿"指祖产,老本,代指一个人的背景底细。如:我为了自己开公司,把自己多年的那些老底儿全投进去了。/他的老底儿我已经调查清楚了。"亮底儿"指把人或事情的根源、内情显示出来或公布结果。如:这件事我们希望领导能把底儿亮出来,让我们员工心里有数。/投票结果明天才能亮底儿。"露底儿"比喻把底细露出来。如:这件事你一定要给我保密,要是你向别人露了底儿,我饶不了你。/你还有什么底儿快露出来吧,我们继续比试比试,比个输赢。

110 揪辫子 jiū biànzi [to capitalize on sb's vulnerable point; to seize sb's queue]

[释义] 辫子比喻把柄。比喻抓住对方的短处、缺点作为把柄。
[近义词语] 抓小辫;抓辫子;抓尾巴

[示例]

例1：A：王静这两天看起来很不开心。
B：她昨天和领班吵架，今天上班又迟到，正好被领班揪住了小辫子批了她一顿。

例2：A：他几年前是犯过错误，但你们不能抓住他的小辫子不放啊！
B：不是我们对他有偏见，是他做事总给别人留下把柄。

[提示]可以说"揪住了……小辫子"、"把的小辫子揪住了"、"揪住……的小辫子不放"等。

[相关链接]揪尾巴；抓把柄

"揪尾巴"，也说"抓尾巴"。比喻抓住已经暴露出来的问题。如：只要我们认真调查就一定能揪出他们的尾巴的。"抓把柄"比喻抓住缺点作为把柄，同"抓辫子"。如：A：你说，经理干得好好的，怎么就辞职了呢？B：他有把柄被人抓住了，你没听说？

111 局外人 júwàirén [stranger; outsider]

[释义]指与某事、某组织等无关的人。

[反义词语]局内人

[示例]

例1：A：这件事我是个局外人，不好随便谈论你们的事。
B：虽然你是局外人，但是可能局外人很多事情会比局内人看得更清楚。

例2：A：这件事我也是局内人，你们开会为什么不通知我呢？
B：不知道你也是局内人，早知道，我们就请你来了。

[提示]可以说"是/当/做局外人"、"是个局外人"、"局外人的话"等。

[相关链接] 第三者

"第三者"指当事人双方以外的人或团体。引申为插足于他人家庭,跟夫妇中的一方有不正当的男女关系的人。常指破坏他人婚姻的男人或女人。可以说"当第三者"、"第三者插足"、"当第三者的女人"等。如:他是已经结婚的人,你最好不要当第三者。/ 现在很多人离婚就是因为第三者的出现。

112 开场白 kāichǎngbái [opening remarks(speech); prologue of a play]

[释义] 戏曲或某些文艺节目演出开场时引入本题的道白。比喻文章或讲话等开始的部分。

[示例]

例1:A:学术会开始的时候校长的开场白给我的印象非常深刻。

B:我们校长每次讲话的开场白都非常精彩。

例2:A:话剧开始时女主人公那段开场白很特别。

B:这是一种新型的话剧形式,所以开场也很有新意。

[提示] 常用于座谈、会议一类活动时说。

可以说"一段开场白"、"精彩/简要/罗嗦的开场白"、"以……为开场白"等。

113 开倒车 kāi dàochē [to back the car; to pull the wheel back; to put the clock back]

[释义] 比喻违反历史潮流或事物发展的方向,向后倒退。

[示例]

例1:A:我们要顺应历史潮流,不能再走过去的老路了。

B:是啊,走回头路那是开历史的倒车,是一种退步。

例2：A：这位老教授为什么反对目前的政策？
　　　B：他是一位历史学家，他认为这些政策是开历史的倒车。

[提示] 可以说"开历史的倒车"、"开起了倒车"、"这个倒车我们不能开"等。

114　开房间　kāi fángjiān [to rent a hotel room (esp. for a secret liaison)]

[释义] 在旅馆内租房间住宿。
[示例]
例1：A：我在五星级宾馆开了一个房间。
　　　B：你哪来的那么多钱？
例2：A：你知道吗？那个明星和她的经纪人开房间的时候被娱乐记者遇到了。
　　　B：她总是有那么多绯闻。

[提示] 现常用来指有不正当关系的男女住宾馆。可以说"开过/了……房间"、"开房间的事情……"、"开了一个房间"、"和……开房间"等。

115　开绿灯　kāi lǜdēng [to give the green light to; tolerate]

[释义] 开亮绿色的信号灯，表示车辆可以通行。比喻对别人的行动不加阻止，准许或提供方便。
[示例]
例1：A：李主任，我求求你，这次就帮帮忙吧！
　　　B：公司是有制度的，我不能给任何人开绿灯，要按原则办事。
例2：A：我们举办这次活动是为了宣传"希望工程"。
　　　B：如果是为了"希望工程"的建设，我们会在很多方面开绿灯予以支持的。

[提示] 常用于不良行为甚至违法活动方面,含有贬义。也可用于说明支持有益的行动,不含贬义。含幽默、诙谐意味。

可以说"给/为……开绿灯"、"大开绿灯"、"开了/过一次绿灯"、"开开绿灯"等。

[相关链接] 开红灯;亮红灯

"开红灯"原指亮起红色信号灯,车辆禁止通行,比喻给某事的进行制造障碍和困难,不同意或不批准等。如:现在银行对效益好的企业开绿灯,发放贷款,对效益差的企业开红灯,减少贷款甚至不给予贷款。"亮红灯"比喻事情受阻,进行不下去,也用来指婚姻出现了问题。如:这位明星的婚姻生活亮起了红灯。

116 开门红 kāiménhóng [to begin well;good beginning]

[释义] 比喻一年开始或一项工作开始就非常顺利,取得好成绩或好效果。

[相关词语] 满堂红;闭门红

[示例]

例1:A:公司今年一开始就取得了开门红,第一个季度就超额完成了任务。
B:看来今年能多发点儿奖金了。

例2:A:我们公司开业第一天就接到一个大订单。
B:刚开业就迎来了开门红,真是恭喜你们啊!

[提示] 含有褒义。可以说"取得了/赢得了/迎来了一个开门红"、"又是一个开门红"等。

117 开山祖 kāishān zǔ [the builder of the first temple on a mountain: the founder(of a certain undertaking)]

[释义] 佛教用语,最初在山上建寺院的僧侣。比喻某一事业、学术、理论或派别的创始人。

[近义词语] 开山祖师;开山鼻祖;创始人;开山始祖;开山

老祖

[示例]

例1：A：这个演讲的人是谁？

B：他是这个理论的创始人、开山祖。

例2：A：索绪尔是现代语言学的开山鼻祖。

B：对，他的理论影响了很多人。

[提示] 含有褒义，有崇敬意味。可以说"是/当/做开山祖"、"……的开山祖师"、"当……的开山祖"等。

118 开小差儿 kāi xiǎochāir [(of a soldier) desert；to abscond；decamp；to be absent without leave]

[释义] 原指军人脱离队伍私自逃跑，也指擅自离开工作岗位或逃避任务的行为。现常比喻思想不集中。

[相关词语] 人在心不在

[示例]

例1：A：我看你今天开会的时候心不在焉的，总开小差儿，怎么回事儿？

B：昨天和女朋友吵架了，所以……

例2：A：我最近上课总是开小差儿。

B：我也是人在心不在的，快要毕业了，还不知道去哪儿工作呢！

[提示] 常用于批评人不集中精力。含有贬义，有责备意味。可以说"经常开小差"、"开起了小差"、"上课总开着小差"、"不能开小差"等。

119 开小灶 kāi xiǎozào [to give special care]

[释义] 指集体伙食中另外给安排高标准的伙食。比喻受到特殊照顾或优待。

[反义词语] 吃小灶

[示例]

例1：A：快要参加数学竞赛了，老师给我开了小灶，单独给我补课。

B：那你可要好好学，千万别辜负老师的一片心啊！

例2：A：刘强是我们公司的重点培养对象，老板总是给他开小灶，培训他。

B：咱什么时候也能吃上小灶啊？

[提示] 可以说"开/吃过两次小灶"、"经常/总是给……开小灶"、"让/给……吃小灶"、"为/给开小灶"、"开起/上了小灶"等。

120 开夜车 kāi yèchē [to work or study late into the night; to burn the midnight oil]

[释义] 比喻为了赶时间，在夜间继续学习或工作。

[示例]

例1：A：院长的眼眶怎么都黑了？

B：为了筹备这次国际会议他一连好几天开夜车，身体都快累坏了。

例2：A：我没有开夜车的习惯，可是因为考试我也开了三天夜车。

B：总开夜车身体会累垮的。

[提示] 常用于夜里学习或从事脑力、文字方面的工作。

可以说"开了一晚上夜车"、"常常开夜车"、"开起了夜车"、"开开夜车吧"、"开了/过/着……夜车"等。

[相关链接] 夜猫子 [night owl]

"夜猫子"是猫头鹰俗称，因为它白天休息，夜晚出来，所以常用来比喻喜欢夜里工作晚睡觉的人。如：很多作家都和夜猫子似的，白天睡觉，晚上工作。英语"owl"也有做夜工的人、熬夜的人、夜生活者的意思。但因为猫头鹰在深夜常发出凄厉的声音,所以在汉语里常与"倒霉、厄运、不吉利"等联系起来,并被认为是一种不吉利的鸟。而"owl"在英语里却有"精明、智慧"、"神情严肃"的意思。如:He's as wise as an owl.(他像猫头鹰一样聪明。)He's always as grave as an owl.(他总是板起面孔,神情严肃。)owl 还有其他含义,如:Take the owl(发火)、As blind as an owl(眼瞎)、As drunk as a boiled owl(烂醉如泥)。

练习六

一、连线

第一组

1. 比喻男人发福。　　　　　　　　a. 开小灶
2. 比喻虚伪的外表。　　　　　　　b. 揭不开锅
3. 比喻思想不集中。　　　　　　　c. 吃鸭蛋
4. 比喻靠别人为生的人。　　　　　d. 寄生虫
5. 形容穷得没有粮食做饭。　　　　e. 开小差儿
6. 比喻受到特殊照顾或优待。　　　f. 假面具
7. 比喻考试或竞赛中得零分。　　　g. 将军肚

第二组

1. 比喻抓住对方的短处作为把柄。　a. 剃光头
2. 指与某事、某组织等无关的人。　b. 开山祖
3. 比喻某一事业、学术的创始人。　c. 局外人
4. 比喻文章或讲话等开始的部分。　d. 见世面
5. 在社交场中活跃而有名的女子。　e. 交际花
6. 比喻在某方面没有取得任何成绩。f. 开场白
7. 指在外经历各种事情,熟悉各种情况。g. 揪辫子

二、填空

寄生虫	夹生饭	交白卷儿	交际花	揭不开锅
揪辫子	局外人	开场白	开倒车	开绿灯
开小灶	开门红	开小差儿	开夜车	

1. 这项任务你要好好给我完成,到时候不能给我(　　　)。
2. 虽然我也很想帮你,但我是个(　　　),不好说话。
3. 她总是住在我家不肯走,成了我们家的(　　　)。
4. 我们要按规章制度办事,不能给任何人(　　　)。
5. 昨天开会时老李的(　　　)说得真不错。
6. 她是我们舞厅的歌手,也是我们这儿有名的(　　　)。
7. 别看他现在混得不错,其实他以前也有穷得(　　　)的时候。
8. 我的汉语发音不好,因为我开始的基础没打好,现在已经变成(　　　)了。
9. 你昨晚是不是又(　　　)了,眼睛都熬红了。
10. 时代在前进,我们也要与时俱进,不能(　　　)历史的(　　　)。

三、阅读理解

1. 你明天考试等着吃鸭蛋吧!
   A. 你喜欢吃鸭蛋　　　　B. 鸭蛋好吃
   C. 给你做鸭蛋　　　　　D. 考零分
2. 你什么时候也挺起了将军肚?
   A. 当将军了　　　　　　B. 将军的肚子
   C. 很威风的样子　　　　D. 发福
3. 你最近上课怎么总是开小差呢?
   A. 打瞌睡　　　　　　　B. 人在心不在
   C. 不走神儿　　　　　　D. 精力集中

4. 我们现在已经这样了,只能继续做下去,不能走回头路?
   A. 往后倒退　　　　　　B. 走错了路
   C. 后悔　　　　　　　　D. 改变方向

5. 你看看你现在皮包骨头的样子?
   A. 骨头做的皮包　　　　B. 很瘦
   C. 皮包着骨头　　　　　D. 骨头很硬

四、阅读选择

1. 下面哪一项表示开创这一行业的人?（　　）
   A. 开小灶　　　　　　　B. 开山祖
   C. 局内人　　　　　　　D. 开门红

2. 下面哪一项经常表示插足别人婚姻家庭的人?（　　）
   A. 第三者　　　　　　　B. 揪尾巴
   C. 亮红灯　　　　　　　D. 开房间

3. 下面哪一项表示各方面都取得好成绩?（　　）
   A. 开红灯　　　　　　　B. 闭门红
   C. 开门红　　　　　　　D. 满堂红

4. 下面哪一项不表示见世面?（　　）
   A. 开门红　　　　　　　B. 经风雨
   C. 开眼界　　　　　　　D. 开了眼

5. 下面哪一项表示比赛没有取得任何成绩?（　　）
   A. 交白卷儿　　　　　　B. 吃零蛋
   C. 夜猫子　　　　　　　D. 剃光头

121 揩油水儿 kāi yóushuǐr [get petty advantages at expense of other people or the state]

[释义] 用某物粘取浮在上面的脂肪。比喻占别人或公家的便宜。

[近义词语] 揩油儿

[示例]

例1：A：我请他办点儿小事，他还要揩我的油水儿，要我一百块钱。

B：他可真不够朋友！

例2：A：他经常揩公家的油水，经常把公家的东西拿回家去。

B：这样影响多不好啊！

[提示] 含有贬义，有指责意味。

可以说"揩……的油水"、"揩过油水儿"、"揩了不少油水儿"、"总是/经常揩我的油水儿"等。

[相关链接] 揩油

油是很粘的东西，油和人接触，总会被人揩去一些，鲁迅先生曾经对"揩油"作过这样的描述："装满油的柏油桶，难免会渗油，有人若想要一张油纸引火，只要用普通纸在柏油桶上揩两下就成了，而不论用肉眼还是以磅秤过磅，油桶内的油都丝毫不会减少。"从前徽州有个非常有钱的财主，他很爱面子，但是也很吝啬，舍不得吃穿。他每天吃的是没有油水的青菜豆腐，却每次饭后都在嘴角揩上一点猪油，油光光地站在大门口告诉人家："我家今天吃炖猪肉了。"以前"揩油"经常指风月场所男人对女人的轻佻行为，后来，"揩油"喻指一切占小便宜的行为，现在也说"揩油儿"、"揩油水"。

122 侃大山 kǎn dàshān [to chat idly]

［释义］指长时间无目的的闲聊。

［近义词语］神侃；侃爷；砍大山；摆龙门阵；煲电话粥

［反义词语］闷葫芦；挤牙膏

［示例］

例1：A：你父亲下班以后一般干什么？
　　　B：父亲下班吃了饭就去和朋友们侃大山。

例2：A：我男朋友特喜欢侃大山。
　　　B：我男朋友也是，特别是一侃起足球来简直就没完。

［提示］可以说"和/跟……侃大山"、"瞎侃/神侃/大侃……"、"侃什么呢?"、"侃了半天"、"侃起大山来"、"侃上了大山"等。

123 靠边儿站 kàobiānrzhàn [to be forced to leave one's post; withdraw from the first line]

［释义］站在旁边。比喻某人被迫离开职位或失去权力、不被重用。

［示例］

例1：A：我看这件事儿你们处理得有问题。
　　　B：你没有资格谈这事儿，先靠边儿站吧！

例2：A：咱们经理不像以前那么受重用了。
　　　B：可不，新董事长好像不怎么赏识他，所以现在只能靠边站了。

［提示］含有贬，有命令、轻蔑意味。可以说"早就靠边儿站了"、"靠边儿站的人"、"靠边儿站吧"等。

124 瞌睡虫 kēshuìchóng [(in old novels) sleeping insect]

[释义] 旧小说中一种能使人打瞌睡的虫子。比喻爱打瞌睡的人。

[示例]
例1：A：你看这孩子学了没几分钟又打起瞌睡来了。
B：这孩子可真是个瞌睡虫，不过要让他出去玩儿，他就精神了。

例2：A：我一上李老师的课就和瞌睡虫似的，总想睡觉。
B：他的课太枯燥了，我也经常打瞌睡。

[提示] 含幽默、戏谑、夸张意味。可以说"这个瞌睡虫"、"真是个瞌睡虫"、"有名的瞌睡虫"等。

[相关链接] 可怜虫 [pathetic creature]；磕头虫 [snap bug]；糊涂虫 [blunderer]；应声虫 [yes-man]

"可怜虫"比喻可怜的人。如：A：他欺骗了朋友和亲人，现在没有一个人理他了。B：他现在真像一个可怜虫。A：你不要可怜他，他这是他自作自受。"磕头虫"是一种一跳一磕头的虫子，比喻向人下跪磕头的人。如：他像磕头虫一样在我面前求饶，看到他这个样子，我更讨厌他了。"糊涂虫"指经常糊里糊涂，马马虎虎的人。如：A：我的手机号码是多少？B：你这个糊涂虫，怎么连自己的电话号码也记不住？"应声虫"传说以前有一个人得了一种怪病，肚子里生虫子，人说话，肚子里的虫子也学人小声说话，被称为"应声虫"。比喻随声附和的人。多指没有主见的人。如：他这个人没什么主见，胆子也小，别人说什么他总是跟"应声虫"似的附和着。

125 空头支票 kōngtóu zhīpiào [a dishonored check; empty promise]

[释义] 指不能兑现的无效支票，比喻不可能实现的许诺。

[示例]
例1：A：他给我了一张空头支票，我根本取不出钱来。
B：他骗了你。

例2：A：等我放了假就陪你去夏威夷旅游。
　　　B：你总是给我开空头支票，这次又哄我玩呢！

[提示] 含幽默、讥讽意味。可以说"开了一张空头支票"、"给……开空头支票"、"别给我开空头支票啊"等。

[相关链接] 放空炮[to give lip service]；说大话[to talk big]；夸海口
"**放空炮**"发射出去的炮弹没有炸，也没有击中目标。比喻说空话，说的事情或计划不能实现。常用于说了不做，不能兑现。可以说"放……的空炮"、"放空炮的人"、"放了一大堆的空炮"、"放放空炮"等。如：他答应我很多事情，可是说完就忘了，总是给我放空炮。/ 我们现在要付出实际的行动，不能光说大话，放空炮。"**说大话**"常比喻吹牛。如：A：我今年一定要给你买辆车。B：你不要在这儿说大话了，先找到工作再说。"**夸海口**"比喻说大话或许下不可能是现的诺言。如：A：新上任的董事长夸下海口说要让咱们的产值一年之内翻两番。B：他这不是白日做梦嘛！就咱公司现在的状况，不破产就不错了。

126 扣帽子 kòu màozi [to brand sb. with unwarranted labels; to call sb names]

[释义] 比喻没有根据地把坏名声加在某人头上。
[示例]
　　例1：A：你们怎么那么讨厌他？
　　　　B：他经常在老板面前说我们的坏话，给我们穿小鞋、扣帽子。
　　例2：A：明明是他偷的东西，却把帽子扣在我的头上。
　　　　B：他这不是明摆着让你背黑锅吗？

[提示] 常用于说一个人受了冤枉。含有贬义。
可以说"给/为扣上帽子"、"扣上了一顶……的帽子"、"扣了/过帽子"、"乱/瞎扣帽子"等。

[相关链接] 戴帽子；打棍子；扣屎盆子
"**戴帽子**"给某人戴上帽子，比喻给人加以罪名，进行打击，特别是

在政治上进行迫害。如:A:我觉得王刚这个人不错是不错,就是工作态度不积极,不关心党的方针政策。B:你什么时候学会给别人戴帽子了?"打棍子"用棍子打人。比喻抓住别人的言行,加上一定的罪名,进行打击。如:在那个特定的年代,他最擅长的事情就是给别人戴帽子,打棍子,很多人吃尽了他的苦头。"扣屎盆子"比喻把肮脏的罪名或坏名声加在别人头上。如:你自己干了不要脸的事怎么能把这个屎盆子扣在我头上呢?

127 哭鼻子 kū bízi [snivel]

[释义] 流鼻涕,哭。

[近义词语] 抹鼻子;掉金豆儿

[示例]

例1: A:是谁欺负你了? 怎么又哭鼻子了?
B:哥哥抢走了我的苹果。

例2: A:我们经理一看到这个女的哭鼻子就心软了,没有处分她。
B:她表演的是"苦肉计",你们经理上当了。

[提示] 含幽默、诙谐、亲昵的意味。可以说"哭了半天鼻子"、"哭什么鼻子"、"哭起鼻子来"、"正哭着鼻子……"等。

128 拉关系 lā guānxi [claim contacts with]

[释义] 指为了某种目的故意和有权势的人交往。

[示例]

例1: A:他这个人社交能力很强,很会拉关系。
B:所以,公司安排他到公关部工作。

例2: A:现在办事情要靠拉关系,走关系才行。
B:其实光靠关系是不行的,最重要的还是能力和实力。

[提示] 常用于批评人办事情靠关系。含有贬义。可以说"拉拉关系"、"拉上/起了关系"、"和……拉关

系"等。

[相关链接] 关系网;关系学;关系户;开后门;走后门

人们处在各种各样的关系中,中国人很重视"关系"。社会上各种关系的人或单位形成各种关系网络。人们为了达到自己的目的到处拉关系、走关系,从而建立自己的**关系网**。人们把用各种手段搞好人事关系的本领称为一门学问——**关系学**。"**关系户**"则是为了各自的利益,互相为对方提供方便和好处的单位或个人。如:他是我们公司的老关系户了,在价钱上照顾照顾他们吧。/ 看在老关系户的份上,我们再给你优惠百分之五吧。"**开后门**"比喻利用职权给他人不应该的方便和利益。如:你不能随便利用职权为亲朋好友开后门。"**走后门**"比喻通过不正当的方式为自己办事。如:我们学校今年招生坚持择优录取,严禁走后门。

129 拉下水 lāxià shuǐ [to drag sb. into the mire]

[释义] 比喻拉别人一起干坏事。

[近义词语] 拖下水;拽下水

[示例]

例1:A:他让我和他一起做违法生意。

B:他自己想做违法的事情,你不要跟他干。

例2:我走上这条路完全是被他拉下水的。

[提示] 常用于某人被拉拢,被迫或被引诱做某事。含有贬义。

可以说"拉……下水"、"被/叫/让……拉下水"、"把……拉下水"、"拉下了水"等。

130 拉一把 lā yì bǎ [help; do sb. a favour]

[释义] 比喻帮助别人,使人摆脱困境。

[近义词语] 帮一把;拽一把

[示例]

例1:A:他们家发生了不幸,我们应该在他困难的时候拉他一把。

B:对啊,我们想想能帮他做点什么?

例2:A:上次的事情要不是你拉我那么一把,我现在真不知道会怎么样了!

B:要不怎么能叫朋友呢!关键时刻要伸出援助之手才是嘛!

[提示] 常用于请别人帮忙或帮助别人。可以说"拉……一把"、"拉了/过一把"、"拉我这一把"等。

131 拦路虎 lánlùhǔ [a road-blocking tiger: obstacle; a lion in the path]

[释义] 拦住去路的老虎。比喻前进道路上的困难或障碍,也特指看书时遇到的难认的字或不认识的字。

[近义词语] 绊脚石[见11];障碍物

[示例]

例1:A:要不是质量部的经理阻拦,我们早就把合同签了。

B:他可真是我们的拦路虎。

例2:A:这本书有点儿难,你的孩子才七岁,看得懂吗?

B:他自己看当然总会遇到一些拦路虎,不过他已经会自己查词典了。

[提示] 含幽默、诙谐意。可以说"这只拦路虎"、"遇到了拦路虎"、"跳过这些拦路虎"、"把拦路虎踢开"等。

132 捞油水 lāo yóushuǐ [to gain some advantage; to line one's pockets with squeeze]

[释义] 油水:饭菜里所含的脂肪,比喻好处。比喻额外的好处或不正当的收入。

[示例]

例1:A:他在那家外贸出口公司工作的时候捞了不少油水。

老鼻子 107

　　　　　B：听说他现在自己开了家公司。
　　例2：A：听说在你们单位可以捞到很多油水。
　　　　　B：我们单位是清水衙门，哪有什么油水可以捞？

[提示] 含有贬义。可以说"捞不/得到油水"、"捞得/不着油水"、"捞了/过很多油水"、"没什么油水可捞"等。

[相关链接] **捞一把**[to make a hand of]；**捞外快**[to ean extra income]
　　"捞一把"指借用某一机会获取一些利益，多是财物。如：他坐上总经理的位置以后，大捞一把逃走了。"捞外快"指收取正常收入以外的收入。如：她很有钱，除了电视台的正式工作以外，还在业余时间唱歌捞外快。／我想在外面做个兼职，捞点儿外快挣点儿钱。

133　老鼻子 lǎobízi [a great deal]

[释义] 表示多极了。

[示例]
　　例1：A：他这么年轻就评上教授了，真了不起。
　　　　　B：他发表的论文老鼻子了。
　　例2：A：看，这花多漂亮，我第一次看到。
　　　　　B：我们家乡老鼻子这种花了。

[提示] 含幽默、夸张意味。可以说"老鼻子……了"、"这种东西我们那儿老鼻子了"、"他看了老鼻子的书"等。

134　老搭档 lǎodādàng [old workmate or partner]

[释义] 经常协作或共事多年的人。

[示例]
　　例1：A：我俩多年在一起共事，是老搭档了，她的一个眼神，我就明白什么意思了。
　　　　　B：不愧是老搭档啊，这就是默契！

例2：A：这次趣味运动会我们俩做搭档吧？
　　　B：没问题，我们在工作中是老搭档了，运动会做搭档也没问题。

[提示] 常用于同事之间的合作。含有亲昵的意味。
　　　可以说"他是我的老搭档"、"和/跟他是老搭档"、"做……的老搭档"等。

135　老大难 lǎodànàn [knotty; be long-standing, big and difficult problem]

[释义] 长期存在的不容易解决的问题或情况。
[示例]
例1：A：教师人才缺乏是这个地区的老大难问题。
　　　B：发展教育是关键，我们一定要想办法解决这个老大难问题。
例2：A：你们的拆迁工作怎么样了？
　　　B：老居民不想拆迁是让我们头疼的老大难问题。

[提示] 含幽默、诙谐意。可以说"是个老大难问题"、"真是个老大难"、"解决了这个老大难问题"等。

136　老掉牙 lǎodiàoyá [toothless; very old; obsolete; to be out of date; be as old as Adam]

[释义] 原指人或牲口老得掉了牙。比喻陈旧过时的事物或言论。
[示例]
例1：A：你从哪儿弄来这么一辆老掉牙的汽车？
　　　B：朋友不要了，白送的。
例2：A：奶奶经常给我讲过去那些老掉牙的故事，我耳朵都听腻了。
　　　B：老人总是喜欢回忆过去。

[提示] 含有贬义,有幽默、诙谐意。可以说"……都老掉牙了"、"老掉牙的……"等。

137 老封建 lǎofēngjiàn [feudal; fuddy-duddy]

[释义] 指具有浓厚封建思想或旧意识的人。封建比喻保守。
[近义词语] 小封建
[示例]
例1：A：爸爸很保守,是个老封建,不允许我在大学里谈恋爱。
B：我爷爷更是个老封建,认为女的不应该外出工作。
例2：A：妈妈,我告诉老师,我不想和女生做同桌。
B：没想到我儿子还是一个小封建呢!

[提示] 常用于形容思想保守、不开放的人。特别是在男女关系或迷信方面。含有贬义,有嘲讽意味。
可以说"这个老封建"、"真是个老封建"、"老封建思想"等。

[相关链接] 老古板；老古董；老脑筋
"**老古板**"比喻思想守旧、做事呆板的人。如：她怎么这么保守？夏天还穿得这么严实。"**老古董**"指古老的、过时的东西,过去的东西,比喻思想过时或生活习惯陈旧的人。如：李大爷这个人太保守了,简直就是一个老古董。"**老脑筋**"比喻思想保守、不开放。如：我奶奶是个老脑筋,什么新思想都不接受。

138 老狐狸 lǎohúli [old fox; crafty scoundrel]

[释义] 一种动物,老的狐狸,性情狡猾多疑。比喻非常狡猾的人。
[示例]
例1：这个人很狡猾,是个老狐狸,你可小心点儿。

例2：A：这件事情你可听这个老狐狸的。
　　　B：你是不是对他有偏见啊？
　　　A：哪儿啊！我上过这个老狐狸的当,吃过亏,所以才提醒你的。

[提示] 含有贬义,有厌恶、轻蔑意。可以说"真是个老狐狸"、"这个/那只老狐狸"、"老狐狸来了"、"小心那只老狐狸"等。

139 老皇历 lǎohuánglì [last year's calendar; ancient history; obsolete practice; out of date]

[释义] 比喻过时的事或者老规矩。

[示例]
例1：A：教练,听说你曾经获得过全国武术比赛的冠军。
　　　B：那都是多少年前的老皇历了。

例2：A：听说中国女人都要裹脚,穿小鞋。
　　　B：你说的是哪一辈子的老皇历了？

[提示] 常用于指一些规定、情况等是过去的,现在早变了；也用来说人的成绩、过失、兴趣爱好等已成为过去。含有贬义。

可以说"翻老皇历"、"都是老皇历了"、"别提那些老皇历了"、"哪辈子的老皇历了"等。

[相关链接] 皇历；老黄历；老规矩；陈芝麻烂谷子

"**皇历**"是可以用来查阅年、月、日、节气的历书。旧时由钦天监编制、皇帝鉴定后颁布使用,所以称为皇历。因为封面用黄纸,所以又称黄历。"**老黄历**"本指陈旧过时的历书。由于强调时间性,所以常用来比喻过时的事物或规矩等。也说"老黄历"、"旧皇历"。

"**老规矩**"指旧有的标准、规则或习惯。如：这件事我们还是按老规矩办。/ 时代变化了,很多事情不能再按老规矩来了,要按新规矩才行。

"**陈芝麻烂谷子**"以前的、旧的芝麻和谷子。比喻陈旧的无关紧要的话或事物。也说"陈谷子烂芝麻"。可以说"提起/说起/讲起/翻出……陈芝麻烂谷子"、"都是些陈芝麻烂谷子的事/话"等。如：我父母又为那些陈芝麻烂谷子的事情吵架了。/你怎么总提那些陈芝麻烂谷子的事情呢？

140 老黄牛 lǎohuángniú [willing ox: a person who serves the people diligently and conscientiously]

[释义] 比喻老老实实、勤勤恳恳工作的人。

[示例]
例1：A：王震就像一头老黄牛，总是勤勤恳恳工作，从来不讲条件。
B：我觉得他这种任劳任怨的老黄牛精神应该值得我们学习。

例2：A：现代社会很多公司还是喜欢录用一些具有老黄牛精神的员工。
B：我们单位的老李就很有老黄牛精神，不过偶尔他也会犯犯牛脾气。

[提示] 常用于褒扬一个人认真能干，有时也用来嘲讽一个人过于老实能干，不灵活。
可以说"被称为/被誉为老黄牛"、"老黄牛精神"、"真是一头老黄牛"等。

[相关链接] **孺子牛；牛脾气**

"牛"在汉语中代表勤劳善良，有时候也代表倔强固执。"**孺子牛**"出自《左传·哀公六年》："女（汝）忘君之为孺子牛而折其齿乎？"齐景公曾跟儿子玩耍，嘴上衔着绳子装做牛，让儿子牵着走。儿子跌倒，把齐景公的牙齿折断了。后来"孺子牛"用来比喻甘愿为人民大众服务的人。鲁迅就曾经说过一句话："横眉冷对千夫指，俯首甘为孺子牛。"再如：我们队长乐于助人却不求回报，甘愿做孺子牛。"**牛脾气**"比喻固执倔强的脾气。比较暴躁的脾气被称为"驴脾气"。如：老李的牛脾气一上来，谁也劝不了他。/他儿子和他爸一样都是驴脾气，上来一阵很暴躁。

练习七

一、连线

第一组

1. 表示多极了。　　　　　　　　a. 拉一把
2. 比喻爱打瞌睡的人。　　　　　b. 拉下水
3. 比喻非常狡猾的人。　　　　　c. 老搭档
4. 比喻拉别人一起干坏事。　　　d. 老鼻子
5. 比喻占别人或公家的便宜。　　e. 揩油水儿
6. 经常协作或共事多年的人。　　f. 瞌睡虫
7. 比喻帮助别人，使人摆脱困境。g. 老狐狸

第二组

1. 比喻不可能实现的许诺。　　　a. 应声虫
2. 指长时间无目的的闲聊。　　　b. 捞油水
3. 指收取正常收入以外的收入。　c. 捞外快
4. 比喻被迫离开职位或失去权力。d. 侃大山
5. 比喻陈旧过时的事物或言论。　e. 老掉牙
6. 比喻随声附和、没有主见的人。f. 靠边儿站
7. 比喻额外的好处或不正当的收入。g. 空头支票

二、填空

揩油水儿	侃大山	扣帽子	哭鼻子
空头支票	老封建	老狐狸	老大难
拉关系	拉下水	拉一把	老掉牙
老鼻子	拦路虎	老搭档	老皇历

1. 你们这种新技术把我们这里多年来饮水的（　　　）问题给解决了。
2. 这件事你千万要坚持自己的原则，不要被他（　　　）。
3. 这些歌都（　　　）了，你还喜欢听？

4. 你现在是最困难的时候,我们(　　　)是应该的。
5. 这个狐狸精,一遇到委屈就到领导那里(　　　)。
6. 我们都很讨厌他,因为他经常给同事(　　　),穿小鞋,坏透了。
7. 这种东西我们那儿(　　　)了,数都数不过来。
8. 儿子小,看书的时候总会遇到一些(　　　)。
9. 咱们主任真是(　　　),竟然把这件事的责任全推倒别人身上去了。
10. 老板早就说要送我去国外培训,可到现在也没动静,给我开了张(　　　)。

三、阅读理解

1. 父亲没事儿就和朋友们<u>侃大山</u>?
   A. 上山　　　　　B. 爬山
   C. 闲聊　　　　　D. 喝茶

2. 她一天到晚睁不开眼,就好像是一只<u>瞌睡虫</u>?
   A. 眼睛不好的人　B. 喜欢睡觉的人
   C. 睡觉的虫子　　D. 打瞌睡

3. 他动不动就给别人<u>戴帽子</u>?
   A. 给别人帽子　　B. 把帽子戴上
   C. 说别人的坏话　D. 怕别人冷

4. 我们俩是多年的<u>老搭档</u>了。
   A. 老关系　　　　B. 老伴儿
   C. 老朋友　　　　D. 合作伙伴

5. 谁惹你了,怎么<u>掉起金豆儿</u>来了?
   A. 金豆掉了　　　B. 哭鼻子
   C. 丢了钱　　　　D. 被人欺负

四、阅读选择

1. 下面哪一项表示过时的规矩?(　　　)
   A. 老古板　　　　B. 老古董

  C．老皇历　　　　　D．老脑筋
2．下面哪一个表示在业余时间挣钱的？（　　）
  A．捞油水　　　　　B．捞外快
  C．捞一把　　　　　D．赔老本
3．下面哪一项表示人比较懦弱，没有自己的主见？（　　）
  A．糊涂虫　　　　　B．应声虫
  C．寄生虫　　　　　D．可怜虫
4．下面哪一项表示脾气比较倔强？（　　）
  A．老黄牛　　　　　B．牛皮匠
  C．牛脾气　　　　　D．孺子牛
5．下面哪一项表示特别能聊？（　　）
  A．放空炮　　　　　B．煲电话粥
  C．夸海口　　　　　D．陈芝麻烂谷子

141　老来俏 lǎoláiqiào [an elderly woman who tries to make herself attractive]

[释义] 指年纪大而好打扮的女人。

[示例]

例1：A：你看看这个老太太都七十多岁了还化妆，穿得也花花绿绿的。
B：人家这叫老来俏，越老越爱俏。

例2：A：说实话，老来俏也没什么不好，爱美之心人皆有之嘛！
B：不过她化的妆太浓了，像个老妖精似的，实在不敢恭维。

[提示] 含有贬义，有讥讽意味。可以说"真是个老来俏"、"当这个老来俏"、"我可不当老来俏"、"越老越俏"等。

142　老泰山 lǎotàishān [father-in-law]

[释义] 泰山。代指岳父。

[示例]

例1：A：过节了，我给老泰山买了两瓶茅台酒。你准备拿什么孝敬老岳父啊？
B：我还没结婚，还不知道自己的老泰山在哪儿呢！

例2：A：这个五一节你怎么过的？
B：我陪着老泰山下了五天的棋。

[提示] 可以说"这位是我的老泰山"、"老泰山……"、"老泰山的脾气"等。

[相关链接]"老泰山"的来历

　　古代帝王经常到名山绝顶,设坛祭祀天地山川,晋封公侯百官,史称"封禅"。唐玄宗有一次"封禅"泰山时,大臣张说(yuè)担任"封禅"使。他利用职务之便,在泰山把女婿由九品一下提到五品。后来玄宗问起他的女婿迁升的过程,他女婿支支吾吾,无言以对。在一旁的大臣讽刺说:"此乃泰山之力也。"玄宗知道是他的岳父乱用职权,所以很不高兴,就把他降回到九品。后来,人们就把妻子的父亲称为"泰山",也尊称为"老泰山"。又因泰山乃五岳之首,所以又称妻子的父亲为"岳父",而把妻母称为"泰水"、"岳母"。

143 老顽固 lǎowángù [old stick-in-the-mud]

[释义] 思想守旧,不肯接受新事物的人。

[示例]

例1：A：院长是个老顽固,他认定的事情谁也不能改变。
　　　B：可是这件事明明不可能实现啊!

例2：A：可谁能说服这个老顽固呢?
　　　B：唉,真拿他没办法!

[提示] 含有贬义。可以说"这些老顽固"、"真是一个老顽固"、"老顽固的想法"等。

144 老学究 lǎoxuéjiū [old pedant]

[释义] 年龄大,缺乏想象力、创造性,研究学问过分强调细节的人。

[示例]

例1：A：我老师是个老学究。
　　　B：可不,他书看得多,学问做得也大,但就是太死板。

例2：A：王教授说话总是引经据典的。
　　　B：你不知道别人在背后都叫他"老学究"。

[提示] 常用于形容象牙塔里的知识分子。含有贬义。

可以说"这些老学究们"、"真是一个老学究"、"老学究的看法/观点"等。

145 老眼光 lǎoyǎnguāng [old view of looking at things]

［释义］比喻陈旧的观点、过时的衡量标准。

［示例］

例1：A：他以前偷东西被抓起来过，我们能用他呢？
B：你们怎么总拿老眼光看人呢？人是会变的。

例2：A：社会变得很快，我们要跟上时代就不能用老眼光看待问题。
B：对，只有这样才能跟得上时代的步伐。

［提示］含有贬义。可以说"你这都是老眼光了"、"用/拿老眼光看问题"、"改不了他们的老眼光"、"不能用老眼光看问题"等。

146 老一套 lǎoyītào [old stuff; old ways; the same old story; put new wine in old bottle]

［释义］一套，多指一系列的理论、说法、做法、规定等。老一套指旧的、没有改变的内容、习俗或工作方法。

［近义词语］老套子；老套套；老套

［示例］

例1：A：昨天下午开会什么内容？
B：还是老一套，我都快听睡着了。

例2：A：听说王教授昨天做了一个学术报告，什么内容啊？
B：还是他研究的那老一套，没什么新东西。

［提示］常用于强调没有新东西，没有变化。含有贬义。可以说"还是老一套"、"老一套行不通了"、"老一套的做法"等。

147 老油条 lǎoyóutiáo [hard-boiled and slippery person; a wily old bird]

[释义] 油条是一种油炸的面食。比喻处世经验丰富而圆滑的人。

[近义词语] 老油子

[示例]

例1：A：老李说这件事他会好好处理的。
B：你不要光听老李说得好听，其实他是一个老油条，根本不干实事儿。

例2：A：这件事我们向他打了埋伏，不会被他发现吧！
B：他在这方面经验多，是个老油子了，谁也骗不了他。

[提示] 含有贬义，有讥讽意味。可以说"真是个老油条"、"这/那个老油条"、"时间长了，他也有点老油条了"等。

148 连轴转 liánzhóuzhuàn [to work day and night; to work round the clock]

[释义] 比喻夜以继日地劳动或工作。

[相关词语] 忙得团团转；忙得不可开交；忙得不知道东南西北

[示例]

例1：A：最近这一段时间总是加班，都快累死了。
B：总是这样连轴转，身体会垮的。

例2：A：我丈夫是个记者，每天忙得团团转，一天到晚不着家。
B：可不，干媒体工作挺辛苦的。

[提示] 常用于强调不停地工作、学习等繁忙的样子。含幽默、夸张意味。

可以说"总是连轴转"、"忙得/搞得连轴转"、"天天连轴转可不行"等。

149 两面派 liǎngmiànpài [double-dealer]

[释义] ①耍两面手法的人。②指两面手法。

[示例]

例1：A：听说他和那边也保持着密切关系，是个两面派。

B：什么？他竟然敢跟我们耍两面派？

例2：A：在这个问题上你要立场坚定。

B：你放心，我绝对不会做两面派，两边倒的。

[提示] 常形容某人行动与公开的不一样，有时表示背叛行为，有时表示对有矛盾的双方都应付的人或行为。含有贬义，有厌恶轻蔑意味。

可以说"跟/和……耍两面派"、"是个/做/当两面派"、"两面派的做法"等。

[相关链接] 两面光；骑墙派 [people who take no side]

"两面光"，比喻两方面都讨好的人。如：刘玲这个人很会做事，凡事都能做得两面光，让人挑不出毛病来。

"骑墙派"比喻立场不坚定，站在斗争双方的中间，哪一方面也不得罪的人。常用于表示犹豫不决或向两边讨好的人。如：A：他是个骑墙派，哪边有好处他往哪边倒。B：正因为他是骑墙派，所以两边都不讨好。/你不要把他当成自己人，他是个骑墙派，靠不住。

150 撂挑子 liào tiāozi [to put down the load; to give up one's responsibilities; to throw up one's job]

[释义] 把挑子放下。比喻丢下应担负的工作，甩手不干了。

[近义词语] 撂担子

[反义词语] 担担子；挑大梁

[示例]

例1：A：听说你们公司很多员工辞职了。

B：公司对职工的待遇太低了，连老李那么任劳任怨的人也想撂挑子了。

例2：A：他怎么突然说辞职就辞职了呢？
B：因为经理批评了他一顿，他一气之下撂挑子不干了。

[提示] 常用于批评人不负责任，因闹情绪而不干工作。含有贬义，有指责、不满意味。
可以说"撂了/过挑子"、"把挑子撂了"、"撂了一个星期的挑子"等。

151 吝啬鬼 lìnsèguǐ [penny pincher]

[释义] 过分地爱惜自己的财物，该用的时候不用，更舍不得用于公益事业。

[示例]
例1：A：她爸爸可真是个老吝啬鬼，女儿结婚也不舍得买点儿喜糖给大家。
B：他也太小气了，怪不得别人都叫他铁公鸡。
例2：A：他的鞋子这么破了怎么也不换双新的？
B：他是我们这儿有名的吝啬鬼，不舍得吃，不舍得穿。

[提示] 常用于花钱、办事都很小气的人。含有贬义，有轻蔑、嘲讽意。
可以说"这个吝啬鬼"、"是个吝啬鬼"、"吝啬鬼的故事"、"有名的吝啬鬼"等。

[相关链接] 守财奴 [money-graber]；铁公鸡 [iron cock; a stingy person]；吝啬鬼和乞丐
"守财奴"有钱而吝啬的人。如：他是个大富翁，却连件像样的衣服也舍不得买，真是一个守财奴！"铁公鸡"比喻极其吝啬的人。常说"铁公鸡——一毛不拔"。如：A：他中奖了，让他请客！B：他是个铁公鸡，再有钱也不会请客的。

"吝啬鬼和乞丐"的故事：一个乞丐来到一个吝啬鬼家门前乞讨。乞丐说："请给一小块肥肉，乳酪或奶油吧！"吝啬鬼说："没有呀！"乞丐说："面包屑也行。"吝啬鬼说："也没有。"乞丐说："那就给口水喝吧！"吝啬鬼说："我们连水也没有了。"乞丐发怒了："那你为什么还坐在家里？快跟我一起要饭去！"

152 留尾巴 liú wěiba [to leave the tail]

[释义] 比喻事情做得不彻底，还留有问题。口语中，"尾"常说成 yǐ。

[示例]

例1：A：我们一定要在年底把这项工程做完，不能留下尾巴。
B：我们会尽力而为的。

例2：A：小丽，这么晚了怎么还不睡？
B：妈，我的作业还留下个小尾巴，我马上做完就睡觉。

[提示] 含幽默、诙谐意。可以说"留下了个尾巴"、"别留下尾巴"、"把留下的尾巴处理一下"等。

153 留一手儿 liú yī shǒur [to hold back a trick or two in teaching a trade or skill]

[释义] 保留某些关键性的本领或技能，不全部拿出来。

[示例]

例1：A：师傅教徒弟的时候一般会留一手儿，不会把技术完全教给徒弟。
B：师傅当然会留一手儿，如果把自己老底儿都亮出来他怎么混？

例2：A：说好了，你要把全部的手艺都传给我，不能留一手儿。
B：我这个人说话算话，决不食言。

[提示] 常用于强调有所准备,有所保留。可以说"留了/着一手儿"、"留了两手儿"等。

[相关链接] 留后手儿;留后路

"留后手儿"指为避免将来发生困难而采取留有余地的措施。可以说"留下后手儿"、"没留后手儿"。如:A:你这么紧张是不是我们的事被人发现了? B:我万万没想到李华竟然留了后手儿,把我们的谈话给录了下来交给了警察。"留后路"指办事时为防备万一不成而预先留下退路。"留下后路"、"留了一条后路"、"给(不给)自己留后路"、"不/没留后路"等。如:A:我不想再跟着那些人干了。B:对呀,你趁现在还年轻,应该自己留条后路。

154 流水账 liúshuǐzhàng [current account; day-to-day account]

[释义] 原指每天记载金钱或货物出入的、不分类别的旧式账簿。比喻不加分析,只按前后顺序罗列现象的叙述或记载。

[示例]

例1:A:我小时候很喜欢写日记,现在看来都是些流水账罢了。

B:不过看看也挺有趣的

例2:A:现在很多学生的作文写得都是些流水账。

B:那怎么才能提高学生的作文水平呢?

[提示] 含幽默、诙谐意。可以说"记/写流水账"、"又是流水账"、"流水账的写法"等。

155 露马脚 lòu mǎjiǎo [give oneself away]

[释义] 比喻隐蔽的事实真相泄露出来。

[示例]

例1:A:糟糕,我把手机落在那里了。

B:你怎么这么马虎,把证据留在现场,这不等于自露马脚吗?

例2：A：我们不能把真相告诉他们。
B：说谎早晚会露马脚的，我们还是实话实说吧！

[提示] 常用于说无意中露出了事实真相或做的坏事情露出了痕迹。含有嘲讽意。

可以说"露了马脚"、"马脚露了出来"、"千万别露出马脚"等。

[相关链接] 露马脚的故事

明朝的开国皇帝朱元璋，小时候家境贫寒，年轻时与一个出身平民家庭的马姑娘结了婚。那时候的姑娘一般很小就要缠足，而马姑娘没有缠过脚，这在当时是一大忌讳。朱元璋当上皇帝后，她也就跟着成为了明朝的皇后。马皇后居后宫，因为脚大，心里始终不安，在人前不敢把脚伸出裙外。一天，马皇后坐着大轿出外游玩，有个胆大的人靠近轿子想偷看皇后，正巧一阵大风把轿帘掀起一角，马皇后的脚正好露了出来。偷看者看得清清楚楚，回去后一传十，十传百，大家就都知道了。

156 露尾巴 lòu wěiba [to show the tail: to let the cat of the bag]

[释义] 比喻露出真相，显现原形。

[示例]

例1：A：我们到现在也没找到他犯罪的证据。
B：你别着急，狐狸再狡猾早晚他的尾巴也会露出来的。

例2：A：这是他们这几天的跟踪报告。
B：看来这几个犯罪分子的尾巴要露出来了，我们开始行动吧！

[提示] 含有嘲讽意。可以说"露出了尾巴"、"终于把尾巴露出来了"、"露出了狐狸尾巴"等。

[相关链接] 露狐狸尾巴；露原形；露馅儿

"**露狐狸尾巴**"传说狐狸精变人，尾巴总变不掉，只好隐藏起来，但稍不注意就会露出来。比喻暴露出了真相。如：等他把狐狸尾巴露出来我们就马上把他抓起来。"**露原形**"指显露出本来面貌。如：结婚前真没想到他会有这么多缺点,结婚后就露原形了。/他看上去挺老实的,可是他一喝酒以后就露原形了。"露馅儿"馅儿露了出来。比喻不愿意让人知道的事暴露出来或秘密泄漏出来。如:今天愚人节,我想骗骗她,结果一开口就露馅儿了。/这件事我们要保密,千万别露馅儿。

157 露一手儿 lòu yī shǒur [to make an exhibition of one's abilities]

[释义] 一手:一种技能或本领。"露一手"指(在某一方面或某件事上)显示本领。

[近义词语] 露两下子;露两手儿;亮一手儿

[示例]

例1:A:我听说你的厨艺不错,什么时候给我们露一手儿?

B:那这个周末都到我家来吧,我要给大家展示一下我高超的厨艺。

例2:A:他跆拳道非常厉害。

B:让他给我们露一手儿吧!

[提示] 常用于在某些表演、操作或技能上显示自己的能力或手艺等。

可以说"露几手"、"露了/过一手"、"给大家露一手"、"让他露两手"等。

[相关链接] 有两下子;有把刷子

"有两下子"指有水平、有能力。"两下子"指本领、技能。多用来夸赞人手工技能高或者办事本事大。常说"真有两下子"、"露两下子"。如:A:你们以为我不会做饭,现在我就露两下子,让你们尝尝我的手艺。B:没想到你还真有两下子,菜做得味道不错。/A:这房子是我自己设计的。B:你可真有两下子,竟然自己把新房设计得这么漂亮。

"有把刷子"比喻有水平、有能力。表示称赞,含有褒义。可以说"真有把刷子"、"有几把刷子"、"没几把刷子敢在这里混?"等。如:A:这个人确实有几把刷子,能写会唱,英语还这么流利。B:要不院长这么欣赏她呢!/ A:电脑我给你修好了,你可以用了。B:你这么快就修好了,真有把刷子。

158 乱弹琴 luàntánqín [to act/talk like a fool]

[释义] 没有节奏地胡乱弹奏钢琴。比喻胡闹或胡扯。

[示例]
例1：A：比赛之前他突然说放弃比赛了。
B：什么？他简直是乱弹琴，他人在哪里？

例2：A：这个问题我认为……
B：我们谈的是专业问题，你又不懂，就不要在这里乱弹琴了。

[提示] 常用于责怪人不守规矩，胡说乱来。含有责备意。
可以说"真是/简直/完全是乱弹琴"、"怎么能乱弹琴呢"、"乱弹什么琴"等。

159 落水狗 luòshuǐgǒu [dog in the water: a bad person who has lose favor or power]

[释义] 掉在水里的狗。比喻失去势力的坏人。

[示例]
例1：A：坏人如果倒台了更惨！
B：可不是，落水狗人人喊打，没有人可怜他。

例2：A：他今天成了落水狗，但是没有人同情他。
B：谁让他以前经常欺负我们了？活该！

[提示] 常用来形容坏人失势的样子。含有贬义，有轻蔑、嘲讽、戏谑意味。
可以说"打落水狗"、"成了一只落水狗"、"落水狗——人人喊打"等。

160 落汤鸡 luòtāngjī [soaked through; like a drenched chicken]

[释义] 汤，指热水、开水。掉在热水里的鸡。比喻人浑身湿透，像掉在水里的样子，很狼狈。

[示例]

例1：A：你怎么感冒了？

B：昨天下雨我没带雨伞，被淋成了落汤鸡，今天早上就这样了。

例2：A：你看你这个样子，真像一只落汤鸡。

B：雨下得太突然了，也没找到躲雨的地方。

[提示] 常用于形容被雨淋的样子。含幽默、诙谐、戏谑意。可以说"淋成了落汤鸡"、"淋得和落汤鸡似的／一样"、"像只落汤鸡"等。

练习八

一、连线

第一组

1. 代指岳父。　　　　　　　　　a. 老眼光
2. 比喻胡闹或胡扯。　　　　　　b. 露尾巴
3. 比喻极其吝啬的人。　　　　　c. 留一手儿
4. 比喻失去势力的坏人。　　　　d. 老泰山
5. 保留一些本领技能。　　　　　e. 落水狗
6. 比喻过时的衡量标准。　　　　f. 乱弹琴
7. 比喻露出真相，显现原形。　　g. 铁公鸡

第二组

1. 比喻有水平、有能力。　　　　　a. 露马脚
2. 比喻丢下应担负的工作。　　　　b. 老油条
3. 比喻事情做得不彻底。　　　　　c. 连轴转
4. 年纪大而好打扮的女人。　　　　d. 老来俏
5. 比喻夜以继日地劳动或工作。　　e. 有两下子
6. 比喻处世经验丰富而圆滑的人。　f. 留尾巴
7. 比喻隐蔽的事实真相泄露出来。　g. 撂挑子

二、填空

老泰山	老一套	老顽固	老学究
老眼光	流水账	两面派	撂挑子
吝啬鬼	留一手	露底儿	露马脚
露原形	乱弹琴	落汤鸡	落水狗

1. 他这个人从来不肯请客,是个(　　　)。
2. 听说你的(　　　)住院了,他身体怎么样了啊?
3. 你看看你写的作文,简直就是(　　　)。
4. 这件事你一定要保密,千万别(　　　)。
5. 他对公司的工作安排不满意,所以(　　　)不干了。
6. 他对你说的话和对我说的完全不一样,真没想到他是这样一个(　　　)。
7. 昨天下雨我没打雨伞,回到家以后已经被淋成了(　　　)。
8. 我们教授是个(　　　),而且经常拿(　　　)看问题,真让我们受不了。
9. 他看上去很正经,可是一喝酒就(　　　)了,见到女人就抱上去了。
10. 说话你得(　　　),别太夸张了,别人以为你在吹牛呢。

三、阅读理解

1. 你看咱奶奶是<u>老来俏</u>,越老越爱打扮了。
   A. 可爱　　　　　B. 漂亮
   C. 老人爱美　　　D. 越老越漂亮
2. 他现在工作<u>连轴转</u>,连周末也不回来。
   A. 值班　　　　　B. 三班倒
   C. 忙的样子　　　D. 每天出差
3. 这个人的责任感不强,遇到困难就<u>撂挑子</u>?
   A. 把挑子放下　　B. 放弃不干
   C. 气馁　　　　　D. 逃避

4. 都是什么年代了,你还拿着<u>老眼光</u>看问题。
   A. 眼睛不好了　　　B. 眼光不好
   C. 人老了　　　　　D. 过时的标准

5. 这件事和你无关,你不要在这里<u>乱弹琴</u>了?
   A. 弹琴弹得不好　　B. 胡闹
   C. 随便弹琴　　　　D. 弹琴很乱

四、阅读选择

1. 下面哪一项是形容人圆滑的?(　　)
   A. 好好先生　　　　B. 和事佬儿
   C. 老好人　　　　　D. 老油条

2. 下面哪一项比喻处世经验丰富而圆滑的人?(　　)
   A. 老眼光　　　　　B. 老油条
   C. 老学究　　　　　D. 老顽固

3. 下面哪一项不表示有本领、有能力?(　　)
   A. 留一手　　　　　B. 露一手
   C. 有两下子　　　　D. 拿手戏

4. 下面哪一项表示很多?(　　)
   A. 老搭档　　　　　B. 老眼光
   C. 老交情　　　　　D. 老鼻子

5. 下面哪一项不表示暴露真相?(　　)
   A. 露原形　　　　　B. 露尾巴
   C. 露马脚　　　　　D. 露一手

161　马大哈 mǎdàhā [a careless and forgetful person]

[释义] 指马虎、粗心大意,也指粗心的人。

[近义词语] 糊涂虫

[示例]

例1：A:我真是一个马大哈,竟然把钥匙锁在房间里了。
　　　B:你什么时候才能改掉你这个丢三落四的毛病?

例2：A:妈,明天我们要考数学。
　　　B:你考试一定要认真仔细,千万别和上次一样马大哈,不该错的也错了。

[提示] 含幽默、诙谐意。可以说"真是个马大哈"、"这个马大哈"、"马大哈的性格"等。

[相关链接] 没脑子;骑马找马

"没脑子"也说"不长脑子",指没有主见,不善于思考,或记性不好。如:你这孩子怎么这么没脑子,别人说什么你都信。/我的记性不好,妈妈老说我不长脑子,天天丢三落四的。"骑马找马"骑着马再去找马。又作"骑驴找驴"。比喻东西就在自己这里,还到处去找,也比喻一面占着现在的位置,一面找更称心的工作。如:A:我的眼镜呢? B:在你眼镜上戴着呢,真是老糊涂了,骑着马找马。/A:我想换份更理想的工作。B:你这份工作不是挺好的吗? 我看你是骑马找马,这山看着那山高。

162　马后炮 mǎhòupào [belated effort]

[释义] 象棋术语。"马"和"炮"都是棋子的名称,"马"在"炮"后面,不能发挥作用。比喻过了时效的举动。

[示例]

例1：A:这件事我错了,我检讨。
　　　B:现在检讨是放马后炮,早干什么呢?

例2：A：这件事我本来想这样做，可是……
B：你早不说，现在再来马后炮，有什么用？已经晚了。

［提示］常用于埋怨某人事情过了才采取行动，或者事前不说，事后指指点点、发表意见已经晚了。含有埋怨、抱怨意味。

可以说"放/点马后炮"、"来马后炮"、"都是马后炮"、"放了个马后炮"、"这种马后炮的做法"等。

［相关链接］事后诸葛亮

诸葛亮是一个聪明的人，很多事情还没发生他便能预测出来，并想出办法来。"事后诸葛亮"是事情发生以后才知道怎么做，意在讽刺那些自作聪明、"放马后炮"的人。如：A：哎呀，早知道会发生这样的事情，我就不让他们去了。B：你现在当事后诸葛亮已经来不及了。／他这个人总是事后诸葛亮，每当事情发生后他就说"我早就知道这样做不行。"

163 马拉松 mǎlāsōng [Marathon race; a long process]

［释义］外来语，一种超长距离的赛跑（全程42195米）。比喻事情经历的时间持续很久。

［示例］

例1：A：他们俩谈恋爱谈了十年才结婚。
B：他们好像经历了一场爱情的马拉松。

例2：A：中国加入世贸组织之前经历了长达十几年的马拉松式的谈判。
B：真是不容易啊！

［提示］常用于指会议一类的活动时间太长。有时只强调经历的时间强。

可以说"马拉松式的谈判/会议/恋爱/演说……"、"经历了一场……的马拉松"等。

［相关链接］马拉松的来历

马拉松是古希腊的一个地名，位于雅典城东北30公里，它三面环山,东临大海。公元前490年,波斯远征军入侵希腊,在马拉松这个地方布阵的消息传到雅典后,雅典就派出一名叫裴里匹底斯的信使前往斯巴达求援。这位信使用35小时走完了雅典到斯巴达的150公里路程。但是,斯巴达人回答的却是,月圆之后才能出兵。这需要等10天左右。至此,雅典人不得不靠自己孤军奋战。结果以少胜多,打败了波斯人。这位名叫裴里匹底斯的信使,带着胜利的喜讯,从马拉松跑到雅典城中央广场(跑距为42.195公里),向雅典公民高喊:"我们胜利了!庆贺吧!"随即倒地身亡。"马拉松跑"就是为纪念这件事而设立的。

164 骂大街 mà dàjiē [to shout abuses in the street; to call people names in public]

[释义] 在外面骂人。不指名对象当众骂人。

[示例]

例1: A:你看,那些人又为了一些鸡毛蒜皮的事情骂起大街来。
B:他们怎么这么不文明,一点也不注意自己的形象。

例2: A:外面怎么那么吵?
B:有个人喝醉了,在外面骂大街,连警察都管不了他。

[提示] 常用于说人没有礼貌,不文明。含有贬义,有厌恶、鄙视意味。

可以说"总是/常常/到处骂大街"、"骂了半天大街"、"没骂过街"等。

165 卖关子 mài guānzi [(to stop a story at climax) to keep the listeners in suspense; to keep people guessing]

[释义] 讲长篇故事的人常常在最吸引人的地方停下来,吸引听众接着往下听。比喻说话、做事故意在重要的地方停下,留下悬念,以引起对方的急切需求。

[示例]

例1：A：我昨天遇到一件奇怪的事情，你们想不想知道？

B：是什么事儿？快说吧，别在这里卖关子了！

A：这件事我还就想卖个关子，等明天我再告诉你们。

例2：A：他这次来北京是为了见一个人，你猜是谁？

B：猜不着，你快说吧，别卖关子了。

[提示] 常用于否定句，听话人埋怨说话人，催说话人快点把关键性的话讲出来。也用于说话人故意停下让对方猜或提出要求。可以说"别卖关子了"、"卖什么关子啊！"、"净卖关子"、"我先卖个关子再说"、"卖起了关子来"等。

[相关链接] 吊胃口

"吊胃口"用好吃的东西引起人的食欲，也比喻让人产生欲望或兴趣。如：他一说公司附近新开了一家饭店就把我的胃口吊了起来。/丈夫总说要带我去国外旅行，可是每次吊起我的胃口之后又说自己没时间。

166 满堂彩 mǎntángcǎi [all the audience cheer]

[释义] 指演出时全场喝彩。

[示例]

例1：A：她唱得非常动听，赢得了满堂喝彩。

B：我什么时候表演也能达到她的水平啊！

例2：A：他的演讲赢得了满堂彩。

B：他讲话太有魅力了，想不鼓掌都不行啊！

[提示] 常用于强调受欢迎的程度。含有褒义，有赞赏意味。可以说"赢得了/获得了满堂彩"、"换来了满堂喝彩"、"得到满堂喝彩"等。

[相关链接] 倒喝彩；喊倒好儿

"倒喝彩"也说"喝倒彩"、"喊倒好儿"、"倒叫好儿"，指对演员、运动员等在表演或比赛中出现差错或低劣表现，故意喊"好"取笑。如：他演唱的时候总是唱错台词，很多观众鼓掌给他倒喝彩，搞得他更紧张了。／大会上刘厂长的话讲着讲着就讲不下去了，下面的人给他喝起倒彩来，让他很下不来台。

167 满堂灌 mǎntángguàn [cramming method of teaching]

[释义] 指上课完全由教师讲授的教学方式。

[示例]

例1：A：刘老师的课上完之后我头都晕了，可是很多内容我没搞清楚。

B：可不是，老师光讲，两节课满堂灌，我们连做练习的时间都没有。

例2：A：其实这种满堂灌的教学方法效率并不高。

B：谁说不是呢？我们很多内容都吸收不了，学习太被动了。

[提示] 常用于说教师主观地将众多的教学内容在课堂上向学生灌输，而不管学生是否能够接受。含有贬义。

可以说"满堂灌的方式/方法"、"又是一个满堂灌"、"不能满堂灌"等。

[相关链接] 填鸭式教学

"填鸭式教学"指用填鸭的方法饲养的鸭子。什么是"填鸭"呢？"填鸭"是一种强制鸭子进食，使鸭子很快长肥的一种方法，鸭子长到一定时期，按时把饲料填入鸭子的食道，并减少鸭子的活动量，使它很快长肥。北京鸭多用这种方法饲养。如果老师上课完全不顾学生的各自的情况和接受的程度而满堂灌，就好比"填鸭子"一样，并不能取得良好的教学效果。如：我们应该改变这种填鸭式教学的方式，充分发挥学生的积极主动性。

168 满堂红 mǎntánghóng [all-round victory; success in every field]

[释义] 比喻全面胜利或到处兴旺。

[近义词语] 开门红[见116]

[示例]

例1：A：我们今年在各方面都取得了喜人的成绩，赢得了满堂红。
B：这都是大家一起努力的结果。

例2：A：今年公司业绩又是一个满堂红，所以要给员工们多发一些奖金。
B：那明年员工工作的热情就更高了。

[提示] 常用于说各方面都取得了成绩。含有褒义，有喜庆意味。

可以说"赢得了/来了个/真是个满堂红"、"今年的满堂红来的不易"、"满堂红的取得是靠大家的努力"等。

169 没头苍蝇 méi tóu cāngying [the fly without head: random]

[释义] 比喻没有主意、行动忙乱的人。

[示例]

例1：A：你怎么像个没头的苍蝇似的转来转去的，找什么呢？
B：飞机马上要起飞了，可是我的护照却不见了。

例2：A：快要考试了，我现在像个没头的苍蝇似的不知道从哪儿下手复习。
B：复习要讲究方法，你不能像没头苍蝇一样，东一头，西一头地学习。

[提示] 常用于形容忙乱、没办法的样子。含戏谑、嘲讽意。

可以说"像只没头的苍蝇"、"和没头的苍蝇似的"、"怎么像只没头苍蝇似的"等。

［相关链接］热锅上的蚂蚁

"**热锅上的蚂蚁**"形容一个人着急的样子。源自歇后语"热锅上的蚂蚁——急得团团转"。如：在广场上，孩子找不到了，急得妈妈像热锅上的蚂蚁。/ 我到处打电话找不到他，急得我像热锅上的蚂蚁团团转。

170 门外汉 ménwàihàn [layman; outsider]

［释义］比喻还没入门，是外行人。

［近义词语］外行；生手儿

［反义词语］内行；行家；行家里手

［示例］

例1：A：十年前，我对汽车行业是一窍不通，完全是一个门外汉。

B：现在你已经从门外汉变成了行家里手了。

例2：A：你能不能帮我修理一下电脑？

B：你找我可是找错人了，我在这方面是个门外汉。

［提示］常用于对某事情或工作不懂或没有经验的人。用于别人时含有贬义，有瞧不起的意味，用于自己时表示谦虚。

可以说"是个门外汉"、"门外汉的话可不能听"、"我这个门外汉……"等。

［相关链接］新手儿；老手儿

"**新手儿**"，也说"生手儿"，指初次从事某项工作的人。如：我刚来没几天，是个新手儿，没什么经验，请大家多多指教。"**老手儿**"对于某种事情富有经验的人。如：他开车是个老手儿了，已经有十年的车龄了。/ 你们这些经验丰富的老手儿一定要好好带带这些新手儿。"**行家**"指内行人，可以说"大行家"、"老行家"、"行家里手"等。如：他在种树方面是个行家里手。/ 他在装修方面可是个行家。

171 蒙在鼓里 mēng zài gǔ lǐ [to be kept inside a drum: to be kept in the dark]

[释义] 被遮盖在鼓里。比喻受蒙蔽,不了解真相。
[近义词语] 闷在葫芦里;装在鼓里;闷在鼓里
[示例]
例1:A:他得癌症这件事家里人都知道了,只有他一个人蒙在鼓里。
B:你们不应该再让他蒙在鼓里了,他有权利知道自己的病情。
例2:A:这件事大家都知道了,只有他还被蒙在鼓里。
B:我们应该告诉他,不能让他继续蒙在鼓里了。

[提示] 常用于对发生的与自己有关的事情一点儿也不知道,好像装在鼓里,多用来说被别人故意隐瞒。
可以说"还被蒙在鼓里"、"把/让/叫……蒙在鼓里"、"蒙在了鼓里"、"被蒙在鼓里好久"等。

172 迷魂汤 míhúntāng [to scheme for confusing or bewildering sb.]

[释义] 迷魂汤:迷信中说的在地狱中使灵魂迷失本性的汤药。常说"灌迷魂汤",比喻用好听的话迷惑人,使人受骗上当。
[相关词语] 喝迷魂药;吃迷魂汤;灌米汤
[示例]
例1:A:你是不是被他灌了迷魂汤了,怎么什么都听他的?
B:谁知道呢?
例2:A:他们说这件事办成以后会给我好处。
B:他们这是给你喝迷魂汤,你千万别上当。

[提示] 可以说"被人灌了迷魂汤"、"喝了什么迷魂汤"、

"给……喝了迷魂汤"、"迷魂汤喝多了"等。

173 命根子 mìnggēnzi [lifeblood;one's very life;the light of one's life]

[释义] 被认为是有生命或精力来源的东西。①比喻最受人重视的晚辈。②比喻最重要或最值得重视的事物。

[示例]
例1：A：她丈夫去世早,唯一的儿子是她的命根子。
B：她这么多年也真够不容易的。
例2：A：这箱子里面放着什么宝贝？
B：这里面的东西你可别动,那可全是爷爷的命根子。

[提示] 含亲昵意味。可以说"……的命根子"、"不要动他的命根子"等。

174 摸底细 mō dǐxì [to ascertain the true situation;to take the measure of sb's foot]

[释义] 指了解人的根底或事情的真实、详细情况。
[近义词语] 摸底儿;摸底子
[示例]
例1：A：你们去摸摸这个人的底细,看看他以前是干什么的。
B：我们早已经摸清楚了,他原来是干销售工作的。
例2：A：这家公司的情况你们都调查了吗？
B：他们的底细我们已经摸清楚了,他们名义上是做贸易生意,实际上还走私。

[提示] 可以说"摸摸底细"、"摸清楚底细"、"摸摸……的底细"、"底细摸清了"等。

175 磨洋工 mó yánggōng [loaf on the job; to be a clock watcher]

[释义] 懒散地工作或工作时故意拖延时间。

[示例]

例1：A：为什么公司的职工都磨洋工？
B：老板总是让职工加班，可是又不给加班费。

例2：A：工作要讲究效率，不能磨洋工。
B：我们公司谁要磨洋工就有可能被解雇。

[提示] 常用于说工作态度不积极。含有贬义，有不满、责备意味。

可以说"磨了/过/着洋工"、"磨了半天的洋工"、"磨磨洋工"、"洋工磨了半天"、"磨洋工的人"等。

176 磨嘴皮子 mó zuǐpízi [to argue pointlessly; to do a lot of talking]

[释义] 比喻多费口舌，无意义的争辩。

[近义词语] 磨嘴；磨嘴皮；磨牙

[示例]

例1：A：我和他磨破了嘴皮子，可他还是不听劝，我也没辙儿了。
B：他不听劝就算了，随他去吧。

例2：A：他们几个为什么被炒鱿鱼了？
B：因为他们成天磨嘴皮子不干活，所以老板解雇了他们。

[提示] 常用于表示向人提出多次请求或说废话。含有夸张、诙谐意味。

可以说"磨破了嘴皮子"、"天天磨嘴皮子"、"磨了半天嘴皮子"、"嘴皮子都磨破了"、"白磨了嘴皮子"、"跟……磨嘴皮子"等。

177 莫须有 mòxūyǒu [presumably there are; trumped-up unwarranted]

[释义] 表示没有根据的编造事实。

[示例]

例1：A：听说你和主任不和？
B：你不要相信那些莫须有的事儿，我们工作配合一直不错。

例2：A：这些年我们一直为那些以"莫须有"的罪名入狱的人做平反工作。
B：他们当年真是受了不少冤枉罪啊！

[提示] 常用于说无中生有，故意给别人施加的罪名。含有贬义。常说"以莫须有的罪名"。

[相关链接] 岳飞的故事

中国南宋时期，金国已经占领北方大片土地，当金国太子再次带兵进攻南宋时激起了岳飞等爱国将领的愤怒，岳飞亲自率领军队与金军在河南展开大战，最后大败金军。正当岳飞准备继续北上抗敌的时候，宋朝的奸臣秦桧却让岳飞退兵，并以谋反的罪名将岳飞关进大牢。其他将领为岳飞抱不平，问秦桧有没有证据把岳飞关起来，秦桧回答说"莫须有"，意思是"也许有吧"，最终他以"莫须有"的罪名杀害了岳飞。后来"莫须有"用来指凭空捏造的罪名。

178 母老虎 mǔlǎohǔ [tigress; vixen]

[释义] 比喻很凶悍的女人。

[近义词语] 雌老虎

[示例]

例1：A：我得回家了，回去晚了老婆又得说我了。
B：你老婆肯定是个母老虎，要不你怎么这么怕她？

例2：A：你听听咱们邻居又吵起来了。
B：有这么个母老虎似的老婆不吵才怪呢。

[提示]常用于形容老婆或女人很厉害。含有贬义,有憎恶、害怕的意味。

可以说"这个母老虎"、"真是个母老虎"、"像母老虎一样的女人"、"母老虎来了"等。

[相关链接]**母夜叉**[an ugly and fierce woman];**观音菩萨**

"夜叉"是梵文 Yaksa 的音译,佛教中描写的恶鬼。"**母夜叉**"指相貌丑陋、凶恶的女人。如:他们家有个母夜叉,他不敢回去晚了,否则就要吃闭门羹了。"**观音菩萨**"指面目和蔼可亲,心地慈善的女人。如:这个姑娘性格温柔,面目清秀,心地善良,真像个观音菩萨。

179 **拿手戏** náshǒuxì [a game one is good at: originally means a theatrical piece which an actor or actress most excels in]

[释义]指演员擅长的戏。比喻擅长的、有把握的技术、本领。

[近义词语]拿手好戏;拿手的;看家戏;看家本领

[示例]

例1:A:你看孩子一看见他就不哭了。

B:哄孩子是他的拿手戏,他很讨孩子的喜欢。

例2:A:明天我们举行圣诞晚会,到时候请大家把自己的拿手好戏都亮出来吧。

B:那我就表演自己的看家戏——变魔术! 你也把你最拿手的亮出来吧!

A:我的看家本领是跳舞,到时候就来一段儿拉丁舞吧!

[提示]常用于说某人的特长。可以说"最拿手的"、"拿手戏是……"、"……的拿手戏"等。

180 **牛郎织女** niúláng zhīnǚ [the cowherd in the legend "the Cowherd and the Girl Weaver": husband and wife living apart]

[释义]古代神话中传说牛郎织女夫妻俩,每年只能七月七日

相会一次。比喻分居两地的夫妻。

[示例]

例：A：我对象一直在广州工作。

B：那你们俩一直过着牛郎织女的分居生活，怎么就不能想想办法调到一起呢？

A：我俩工作都不错，谁也不想辞，调动也很难。

B：唉，那你们牛郎织女的生活什么时候才能结束啊！

[提示] 可以说"当牛郎织女"、"真是一对牛郎织女"、"过牛郎织女的生活"等。

[相关链接] **鹊桥会；搭鹊桥**

  牛郎织女原为神话人物，是从牵牛星和织女星的名字演化而来。据民间传说，天上的织女因不愿受天上的管束私自来到人间，与勤劳朴实的牛郎结婚，并生下一子一女。后来王母娘娘知道了，便派人将织女捉回去，并用玉簪在牛郎和织女之间划出一道天河，把牛郎和织女隔开，牛郎织女就成了传说中银河两边遥遥相对的牛郎星和织女星。他们因为不能相见而天天哭泣，王母娘娘不忍心，就允许他们每年阴历的七月七相会一次。那一天所有的喜鹊都飞到天上去为他们搭桥，让他们相见。所以"七月七"被称为中国的"情人节"。"**鹊桥会**"常用来比喻为夫妻团聚，"**搭鹊桥**"比喻帮助别人做媒或为别人做中介。

练习九

一、连线

第一组

1. 比喻很凶悍的女人。   a. 磨洋工
2. 比喻不及时的举动。   b. 灌迷魂汤
3. 指马虎、粗心大意的人。   c. 母老虎
4. 比喻分居两地的夫妻。   d. 牛郎织女
5. 工作时故意拖延时间。   e. 门外汉
6. 比喻用好听的话迷惑人。   f. 马大哈
7. 比喻还没入门，是外行人。   g. 马后炮

第二组

1. 比喻擅长的技术、本领。   a. 马拉松
2. 表示没有根据的编造事实。   b. 磨嘴皮子
3. 比喻全面胜利或到处兴旺。   c. 满堂红
4. 比喻受蒙蔽，不了解真相。   d. 拿手戏
5. 比喻没有主意、行动忙乱的人。   e. 没头苍蝇
6. 比喻事情经历的时间持续很久。   f. 莫须有
7. 比喻多费口舌，无意义的争辩。   g. 蒙在鼓里

二、填空

马大哈	马拉松	马后炮	莫须有	卖关子
满堂红	满堂(喝)彩	门外汉	迷魂汤	命根子
摸底细	骑马找马	牛郎织女	磨嘴皮子	

1. 他要派人到你们公司去（   ），调查你们的经济情况。
2. 这件事的结果她明明知道，可偏偏不告诉我们，分明是在（   ）。
3. 你们不要总是在这里（   ）说废话了，赶快干点儿实际的事情吧。
4. 我们通过走关系调到了一起，终于结束了多年的（   ）

生活。

5. 我在管理方面是个（　　），还需要您多多指教。
6. 这孩子真是一个（　　），考试的时候竟然没有带准考证。
7. 他的演讲非常精彩,赢得了（　　），演讲结束以后我们向他表示祝贺。
8. 王主任这两天不知道喝了什么（　　），这么听刘秘书的话。
9. 孙子是奶奶的（　　），一天不见都想得慌。
10. 奶奶的手表明明在她的手上,她却（　　），到处找,还急得要命。

三、阅读理解

1. 这个老师讲课总是给我们<u>满堂灌</u>?
   A. 讲很多有用的知识　　　B. 一个人讲很多
   C. 讲得很好　　　　　　　D. 很枯燥
2. 我最近工作怎么像<u>没头苍蝇</u>一样,总找不到头绪?
   A. 苍蝇没有头　　　　　　B. 没有头的苍蝇
   C. 乱闯乱干　　　　　　　D. 打死了苍蝇
3. 这件事只有他一个人<u>蒙在鼓里</u>?
   A. 知道　　　　　　　　　B. 在鼓里
   C. 不知道　　　　　　　　D. 被骗了
4. 我刚拿到驾照,开车还不熟练,不像你是个<u>老手</u>。
   A. 内行　　　　　　　　　B. 门外汉
   C. 生手　　　　　　　　　D. 新手
5. 你早不说,事情已经这样了,你再出主意这不是<u>放马后炮</u>嘛!
   A. 胡说八道　　　　　　　B. 说废话
   C. 故意捣乱　　　　　　　D. 事后诸葛亮

四、阅读选择

1. 下面哪一项不表示说话直率?（　　）
   A. 炮筒子　　　　　　　　B. 骂大街

C. 没遮拦　　　　　　　　D. 直肠子
2. 哪一项不是说明工作态度的？（　　）
　　A. 撂挑子　　　　　　　　B. 磨洋工
　　C. 闷在葫芦里　　　　　　D. 冷热病
3. 下面哪一项表示厉害的女人？（　　）
　　A. 说粗话　　　　　　　　B. 搭鹊桥
　　C. 热锅上的蚂蚁　　　　　D. 母夜叉
4. 下面哪一项表示各方面都很兴旺的样子？（　　）
　　A. 满堂灌　　　　　　　　B. 满堂喝彩
　　C. 满堂红　　　　　　　　D. 开门红
5. 下面哪一项与"拿手戏"意思相同？（　　）
　　A. 有两下子　　　　　　　B. 看家本领
　　C. 露一手　　　　　　　　D. 看热闹

181 怕死鬼 pàsǐguǐ [coward]

［释义］害怕死的人。

［示例］

例1：A：大家都报名参加战了，你怎么不报名？
B：我是个怕死鬼，我一看见血就会晕过去的。

例2：A：我可不去做这种事，万一被警察抓住，非毙了不可。
B：你真是个胆小鬼、怕死鬼！

［提示］骂人的话。含有贬义，有嘲讽意味。可以说"这个怕死鬼"、"真是怕死鬼"、"不当怕死鬼"等。

［相关链接］胆小鬼；兔子胆；豹子胆

"胆小鬼"指胆子很小的人。如：你真是个胆小鬼，这么矮的地方也不敢跳。"兔子胆"形容人的胆子小。如：你别吓唬他，他是个兔子胆，他听了之后肯定会害怕的。"豹子胆"形容人的胆子大，常说"吃了豹子胆"。如：我看你是吃了豹子胆了，竟敢得罪他。

182 拍马屁 pāi mǎpì [to flatter; to fawn; to butter sb up; to lick sb's boots]

［释义］拍马的屁股。比喻巴结、奉承。

［近义词语］拍马；拍马溜须；戴高帽儿；舔屁股

［示例］

例1：A：院长一进来，小李就端茶倒水的，他可真会拍领导的马屁。
B：要不人家能当上院长助理，你没当上呢！

例2：A：他很会拍女人的马屁，所以很讨女人的喜欢。
B：他老婆不吃醋？

[提示] 含有贬义,有嘲讽、蔑视意味。
可以说"拍……的马屁"、"马屁拍得不好"、"拍着马屁说"、"从来没拍过马屁"、"拍马屁的人/话"、"马屁又拍上了"、"拍拍……的马屁"等。

[相关链接] 马屁精 [apple polisher];吹喇叭;抬轿子;吹鼓手

"拍马屁",相传在中国北方少数民族夸耀自己的马好的时候,就拍拍马的屁股,后来奉承别人马好的时候也拍拍马的屁股,现在用以指巴结奉承人。"马屁精"指善于拍马屁的人。如:他真是个马屁精,一见到领导就巴结上了。/他是个马屁精,在老板面前说得好听,可是老板走后什么都不干。"吹喇叭"比喻替别人吹嘘、捧场。"抬轿子"比喻吹捧别人,并为别人效劳。多用来吹捧比自己地位高的人。"吹喇叭"、"抬轿子"常连用。如:A:他怎么被老板炒鱿鱼了?B:这种人就会吹喇叭,抬轿子,什么技术也不懂,老板当然不想给这样的人发工资了。"吹鼓手"指旧式婚礼或丧礼中吹奏乐器的人。比喻为某人或某事吹嘘捧场的人。如:婚礼需要几个吹鼓手热闹热闹。/这件事他想让我帮他好好宣传宣传,我才不给他当这个吹鼓手呢!

183 攀高枝儿 pān gāozhīr [to climb to a higher branch of the tree; to make friends or claim ties of kinship with someone of a higher social position]

[释义] 抓住树上的高枝往上爬。比喻跟社会地位比自己高的人交朋友或结成亲戚。

[示例]

例1: A:他的虚荣心很强,很想通过攀高枝儿往上爬。
B:攀高枝儿可没那么容易,他还是踏踏实实工作吧。

例2: A:老张的女儿攀上了一个高枝儿,找到一个好人家。
B:他女儿长得漂亮,人又聪明,肯定嫁不错人。

[提示] 常用于说某人为了想往上爬而巴结有钱有势的人,特别是通过找对象这种途径。含有贬义,有轻蔑意味。

可以说"攀上/起了高枝儿"、"攀……的高枝儿"、"攀不上/不着/不起高枝儿"、"这个高枝儿攀不起"、"攀攀高枝儿"等。

184 跑龙套 pǎo lóngtào [to play a bit role; to run errands]

[释义]"龙套"指传统戏曲中成队的随从或兵卒。"跑龙套"指在戏曲中扮演随从或兵卒。比喻在人手下做无关紧要的工作。

[反义词语] 顶梁柱；唱主角；台柱子

[示例]

例1：A：我刚到剧组的时候也就是个跑龙套的，跑了三年的龙套之后才当上一回主角。

B：当演员不容易，抓住机会很重要。

例2：A：听说你在福特公司工作，那可是跨国大公司啊，混得一定不错吧！

B：哪里啊，我在公司里是个小人物，也就是干点儿跑龙套的事儿。

[提示]用于说别人时，有轻蔑、看不起的意味，说自己是则表示谦虚。

可以说"跑龙套的"、"跑跑龙套"、"跑了三年的龙套"、"跑过几年龙套"等。

[相关链接] **跑腿儿**

"跑腿儿"比喻为人奔走做一些杂事儿。可以说"跑跑腿儿"、"跑腿儿的"、"跑了一年腿儿"、"跑过不少腿"、"跑着腿儿受着累"、"给/替/为……跑腿儿"、"这个腿儿跑够了"、"跑腿打杂的"等。如：A：他的事情办得怎么样了？B：我可不想再为他的事儿跑腿了，腿儿跑断了也没希望。／A：听说你现在是办公室主任了！恭喜你高升了！B：高升什么，不过就是做些跑腿儿打杂的事情。

185 碰钉子 pèng dīngzi [to bump one's head against a nail; to have one's offer or proposal turned down]

[释义] 比喻遭到拒绝或受到斥责。

[示例]

例1：他们的计划一提出来就碰钉子了,很多人反对。

例2：A：我对经理安排的工作不满意,去找他,结果碰了个钉子回来了。

B：你天天迟到早退,经理不批评你就不错了,你还挑三拣四的!

[提示] 多用于目的没有达到,请求遭到拒绝,行动受到挫折。含有嘲讽、诙谐意味。

可以说"碰了一个钉子"、"碰了个软/硬钉子"、"碰了个不软不硬的钉子"、"碰了/过几次钉子"、"碰碰钉子"等。

[相关链接] 碰软钉子;碰硬钉子;碰壁;碰破头;碰一鼻子灰

"碰软钉子"比喻被委婉地回绝或批评。反义词"碰硬钉子",表示遭到不客气的拒绝。如:小王满怀希望地找了几家公司,结果碰了软钉子回来了。/ 为了完成这个任务,我碰了不少个硬钉子。"碰壁"比喻遇到严重的阻碍或遭到拒绝。如:他这个脾气要是不改,到哪个地方都会碰壁的。"碰破头"比喻遭到严重的挫折或失败。如:如果谁不遵守客观规律办事,就肯定会在事实面前碰破头的。"碰一鼻子灰"碰得满鼻子都是灰。比喻遭到拒绝或斥责,多用来说请求、劝告等遭到拒绝或斥责,弄得很没面子。如:和女朋友吵架后我去赔礼道歉,可是碰了一鼻子灰,女朋友说要和我分手。/ 我和张敏去借钱,结果碰了一鼻子灰,因为她说我上次借的钱还没还她呢!

186 泼冷水 pō lěngshuǐ [to dampen the enthusiasm of; pour cold water over]

[释义] 用冷水泼。比喻打击别人的热情或让人头脑清醒。

[示例]

例1：我以为家里人会支持我考电影学院，结果全家人反对，都给我泼冷水。

例2：A：我要自己当老板，开公司。
B：不是我给你泼冷水，你凭你目前的能力，根本办不起公司。

[提示]常用于表示对别人的行动、意见不支持，而且打击。含有贬义。

可以说"爱/净/专门泼冷水"、"泼了/过/着……冷水"、"给……泼冷水"、"不要/少泼冷水"、"泼了这么多冷水"、"泼泼冷水"等。

[相关链接]吹冷风；说风凉话；打气儿；打强心剂

"吹冷风"比喻用冷言冷语打击人的热情。如：A：王平也要参加歌唱比赛，我看她还是了吧。B：他本来就不想报名比赛，你再一吹冷风，她肯定就更没信心了。"说风凉话"说不负责任的话或讽刺、挖苦人的话。如：你们有本事自己去做，别总在背后说人家的风凉话。/A：这次计划要失败了，看笑话的人可就多了。B：你要想干一番事业，就不要怕别人说风凉话。"打气儿"指加压力使气进入（球、轮胎等），比喻鼓励人做某事。如：我的自行车没气了，要打上点气儿。/我失败过很多次，每次都是他给我打气儿，鼓励我重新振作起来。"打强心剂"也说"打强心针"，比喻激励某人或使某种局面得以维持的行动或措施。如：听了他的话我好像被打了强心剂，心中充满了力量和信心。

187 泼脏水 pō zāngshuǐ [slander]

[释义]比喻捏造事实，毁坏别人名声。

[近义词语]泼污水

[示例]

例1：A：他说你贪污了公司的钱，这真让我难以相信。
B：他为了把我从总经理的位子上拉下来，故意往我身上泼脏水。

例2：A：有些人嫉妒他在工作中取得的成绩，故意给他泼脏水。

B：这些人也太可恶了！

[提示] 常用于故意造谣，对别人进行诬蔑、诽谤或中伤。含有贬义。

可以说"往/向/给……身上泼脏水"、"泼过脏水"、"被/让/叫……泼脏水"等。

188 破天荒 pòtiānhuāng [to occur for the first time]

[释义] 开垦从没开垦过的地。比喻从来没有过，第一次、头一回。

[示例]

例1：A：丈夫从来不下厨房，我今天病了，他竟然破天荒给我做了碗面条给我吃。

B：关键时刻丈夫还是很体贴关心你的嘛！

例2：A：他是一个吝啬鬼，今天破天荒说要请我们吃饭。

B：他肯定是有事想请我们帮忙。

[提示] 可以说"破天荒的事"、"真是破天荒了"、"破天荒地……"、"破天荒第一次/头一回……"等。

[相关链接]《北梦琐言》

"破天荒"出自五代时期孙光宪《北梦琐言》卷四。唐朝时，荆州每年都要选举人去考进士，但四五十年间竟没有一个人考中，人们把这个地方称为"天荒"，并称那里解(jiè)送的举人为"天荒解(jiè)"。唐宣宗大中四年(公元850年)，有一个叫刘蜕的读书人去参加会试，终于考中了进士。人们高兴地说这件事是"破天荒"，荆州刺史特地拿出七十万惯钱赏给了刘蜕。"天荒"本指从未开垦过的土地，"破天荒"原指第一次打破荒漠的局面，现比喻在此之前从未有过的事。

189 菩萨心肠 púsà xīncháng [the heart of a bodhisattva; a great kind heart]

[释义] 比喻心地善良。

[示例]

例1：A：看了报纸上一个女孩失学的故事，咱妈打算捐助了她。
B：咱妈可真是个菩萨心肠，这已经是她捐助的第五个孩子了。

例2：A：这个女孩子是个菩萨心肠，看到那些要饭的孩子就要给他们钱。
B：她不知道有些要饭的是骗子。

[提示] 常用于形容人善良。含有褒义。可以说"有一副菩萨心肠"、"真是菩萨心肠"、"……是个菩萨心肠"等。

[相关链接] 活菩萨；软心肠；硬心肠；黑心肠[black heart]；铁石心肠[heart of stone]；铁石人[a man of iron]

"活菩萨"比喻人很善良，像活菩萨一样。如：我遇到了你简直就是遇到了活菩萨。"软心肠"比喻心地善良，容易产生同情心。"硬心肠"则比喻不容易被感动。如：A：我这个人天生的软心肠，看到别人哭我就掉泪。B：有的时候心肠不能太软了，该硬的时候要硬起来才行。"黑心肠"指心肠不好，用心险恶。如：A：他这个人心肠黑得很，你可要小心点。B：我倒要看看他的心肠怎么黑？"铁石心肠"比喻秉性刚毅，不为感情所动。也说"铁石人"。如：A：他爸爸真是个铁石肠，离婚之后再也没看过儿子。B：谁说他铁石心肠，他经常偷偷跑到幼儿园去看他。

190 气管炎 qìguǎnyán [tracheitis; henpecked]

[释义] 一种病的名字，气管发炎。因为与"妻[子]管[得]严"谐音，所以用来比喻男子怕老婆。

[反义词语] 大男子主义

[相关词语] 家庭妇男；怕老婆；妻管严

[示例] 例1：A：小李的老婆是个母老虎,他什么都听老婆的,是个妻管严。
B：唉,这是男人的悲哀啊！
例2：A：今天晚上咱们几个朋友一起喝几杯吧？
B：老婆在家等着呢,我还得回去做饭去呢！
A：哎呀,你结婚以后怎么变成个气管炎了？

[提示] 常用于说男的过于老实,有时候是开玩笑。含有幽默、戏谑意味。
可以说"得了气管炎(妻管严)"、"患上了气管炎(妻管严)"、"真是一个气管炎"等。

[相关链接] 新三从四德

随着女性社会地位的提高,传统的男尊女卑思想有了很大改变,女性在家庭和社会上都有了独立自主的地位。很多男人不再像过去那样对待女性,摆**大男子主义**的架子,而是尊重女性,甚至有的男人害怕女人,得了所谓的**气管炎**,而新"三从四德"更是夸张了这一变化,如：太太出门要跟从,太太命令要服从,太太错了要盲从；太太化妆要等得,太太生日要记得,太太花钱要舍得,太太打骂要忍得。

191 千里马 qiānlǐmǎ [a horse that covers a thousand li a day; a winged steed]

[释义] 日行千里的良马。比喻杰出的人才。

[近义词语] 千里足；千里驹

[示例] 例1：A：你们公司要找的人才招到了吗？
B：现在是千里马难求啊,有水平的不到我们这儿来,想来的又是我们不需要的。
例2：A：昨天的人才交流会上刘新华被一家大公司聘去当总经理了。

　　　　B:这真是千里马遇到伯乐了。
　　　　A:可不是,刘新华可是个大人才啊! 算他们慧眼识珠。

[提示] 含有褒义,有赞赏意味。"真是一匹千里马啊"、"千里马遇到了知音"、"寻找千里马"等。

192　牵红线 qiān hóngxiàn [to pull red wire: to go as go-between]

[释义] 比喻为单身男女牵线搭桥做媒,现在也转指当中介。
[近义词语] 牵线;牵线搭桥;搭鹊桥
[示例]
　　　例1: A:我妈妈经常给一些青年男女牵红线,做红媒。
　　　　　B:我和丈夫认识结婚就是你妈牵的红线呢!
　　　例2: A:我们两家公司能够合作多亏你牵红线啊!
　　　　　B:那也是你们有缘分啊!

[提示] 常用于给人介绍对象。
　　　可以说"为/给/替……牵红线"、"牵过红线"、"牵起了红线"、"牵牵红线"、"这个红线我来牵"等。

[相关链接] 红娘;月老;月下老人

　　"红娘"本是元杂剧《西厢记》中的人物,是崔莺莺的婢女。她聪明、大胆、天真,蔑视封建礼教,热心促成了莺莺和贫寒书生张生的婚姻。后常用来指媒人或婚姻介绍所,也指沟通双方关系的团体或个人。如:我们俩结婚是李阿姨当的红娘。/我们两个公司的合作还要多感谢你这个红娘呢!

　　"月老"出自唐朝李复言《续幽怪录·定婚店》。"月下老人"本是这个故事中主管婚姻的神,后来被作为"媒人"。因为"月老"有"赤绳"(即红绳子),如果把它系在男女双方的脚上,就会成为夫妻,所以又把"红线"等称为姻缘。"牵红线"就是给人"作媒"的意思。如:谁是你们俩的月老啊? /牵红线的人不是别人,正是我现在的婆婆。

193 墙头草 qiángtóucǎo [wind tossed grass atop wall; fence-sitter]

[释义] 比喻随着情势而改变立场的人。

[示例]

例1：A：在这件事上，你一定要立场坚定，不要做墙头上的草。
B：我绝对不会像小李那样随风倒，谁有权势，他就往谁那边倒。

例2：A：刘伟国不是李部长那边的人，怎么最近老往张部长那边跑？
B：那家伙是颗墙头草，他看到李部长快要倒台了，就赶快抱住了张部长的大腿。

[提示] 常用于比喻立场不坚定、缺乏主见、左右摇摆的人。含有贬义，有轻蔑意。
可以说"墙头上的一棵草"、"他是墙头草"、"那个墙头草"、"墙头草的态度"等。

[相关链接] 随风倒；两边倒；一边倒；站在……一边
"随风倒"也比喻自己没有主见，看哪边的势力大就跟着哪一边走。如：他这个人是墙头上的草，随风倒，靠不住的。"两边倒"也比喻立场不稳，摇摆不定。如：不能轻信他的话，谁都知道他是个两边倒的家伙。"一边倒"指立场、观点倾向某一方或做事偏重某方面。如：上世纪50年代中国在外交上实行对苏联"一边倒"的政策。"站在……一边"指支持某一方。如：A：这件事你到底站在哪一边？B：我当然站在你这一边了。

194 敲边鼓 qiāo biāngǔ [to act to assist sb; to back sb. up]

[释义] 从旁边敲鼓。比喻从一旁帮别人说话，鼓动别人。

[近义词语] 打边鼓

[示例]

例1：A：在家教育孩子的时候，一般是他妈唱主角，我敲边鼓。

　　　　B：你们这是"妇唱夫随"啊!
　例 2：A：昨天我回去晚了，妈妈批评我，姐姐不仅不帮我，还在旁边敲边鼓。
　　　　B：你肯定是什么时候得罪姐姐了!

[提示] 常用于要求别人协助说明理由，也用于表示对他人的帮助不满意。含幽默、诙谐意。
　可以说"在一旁敲边鼓"、"跟/为/给/替/帮……敲边鼓"、"敲了一通边鼓"、"敲敲边鼓"、"敲着边鼓说"、"从来没敲过边鼓"等。

195 敲警钟 qiāo jǐngzhōng [to give a warning; put sb. on the alert; to ring the alarm]

[释义] 敲钟预警。比喻对可能发生的意外或危险事先提出警戒，使人注意、警惕。

[示例]
　例 1：A：我先给你敲好了警钟，你刚来公司，很多事情不熟悉，最好是少说多做。B：谢谢你的提醒。
　例 2：A：你们作为执法人员，要时刻给自己敲警钟，不能知法犯法。
　　　　B：我们一定时刻提醒自己，警钟常鸣。

[提示] 常用于提醒别人注意，也用来感谢别人提醒了自己。
　可以说"给/为/向……敲警钟"、"敲响了警钟"、"敲过好几次警钟"、"敲着警钟说"、"这个警钟敲得好"、"敲起了警钟"等。

[相关链接] 打预防针
　"打预防针"为预防疾病而打的针。比喻预先提醒别人要有所警惕，以防发生不利的事情。可以说"给/为/替你打预防针"、"打过预防针"、"打打预防针"、"预防针打得很及时"等。如：老师已经给我们打了预防针，这次要是不及格，就不能毕业。/关于谈恋爱的事情，父亲早已

经给我打好了预防针,考大学以前绝对不允许。

196 敲门砖 qiāoménzhuān [a brick to knock on doors: ways and means to seek favor]

[释义] 拣砖头敲门,门开后砖头就被扔了。比喻借以求得名利的初步手段。

[示例]
例1：A:他和你结婚并不是因为爱情,而是把你当成他升职的敲门砖。
B:你说的是真的？
例2：A:考研究生的时候外语很重要,是考上研究生的敲门砖。
B:可不是,很多专业课很好的学生都是因为外语没通过落榜的。

[提示] 可以说"把……当做敲门砖"、"拿着这块敲门砖"、"起到了敲门砖的作用"、"找到了一块儿敲门砖"等。

[相关链接] 跳板;踏脚石;垫脚石;踏脚板

"**跳板**"本指供跳水运动用的长板,比喻为达到某种目的的手段。如:A:他毕业以后在我们公司呆了一个月之后去了美国,B:他只是把我们这里当成个跳板而已。"**踏脚石**"本指垫脚的工具,比喻往上爬的可被利用的对象。也说"**垫脚石**"、"**踏脚板**"等。如:你不要太信任他,他是在利用你,把你当成"垫脚石"好往上爬。

197 敲竹杠 qiāo zhúgàng [to fleece; to make advantage of sb's being in a weak position to overcharge him]

[释义] 敲竹子制成的东西。比喻利用别人的弱点短处或者以某种借口,抬高价格或敲诈。

[示例]
例1：A:他抓住了我的把柄,现在他要敲我的竹杠,和我要一百万。
B:你不要怕,去报警吧！

例2：A：我们只在这里喝了几杯茶就要收我们二百元钱，这不是敲竹杠吗？
B：这种地方就是靠敲客人的竹杠赚钱的。

[提示] 有时表威胁，有时用在对方索要费用太高时表示不满。含有贬义，有鄙视憎恶意味。
可以说"敲……的竹杠"、"敲了一下竹杠"、"敲过……的竹杠"、"向……敲竹杠"、"被/让/叫……敲了竹杠"等。

[相关链接] "敲竹杠"的故事
"敲竹杠"是指一种勒索行为，一种说法是起源于清末。林则徐到两广开展禁烟活动，经常派人出海巡查。一次巡查时，遇到一艘商船，负责的官员随手敲了敲船篙，这下可把那船上的商人吓坏了，因为他事先将鸦片藏在了打通的船篙之中。那商人做贼心虚，以为自己的把戏被揭穿了，就赶忙给官员塞钱，请他手下留情。那位官员这才明白商船有问题。他得了好处，就放走了那艘走私船。从此以后，他每次上船检查，都会故意敲击船篙，向船主勒索钱财。由于那时的船篙都是竹子制成的，因此人们就管这种行为叫做"敲竹杠"。还有一种说法：四川山区的路非常难走，有钱人上山时，往往要乘坐一种用竹竿做成的滑杆轿子。当走到半山腰时，有些轿夫就会有意敲击竹竿，暗示乘坐的人加钱，否则就不抬了。这被称为"敲竹杠"。

198 翘尾巴 qiào wěiba [to be cocky; to get one's tail up]

[释义] 尾巴竖起来。比喻骄傲自大。

[示例]
例1：A：你的孩子真聪明，又考了第一名。
B：这孩子不能夸奖，一夸他就翘尾巴。
例2：A：他刚作出点儿成绩就翘尾巴了。
B：人一定要谦虚，不能一取得成绩就沾沾自喜、翘尾巴。

[提示] 常用于告诫人不要骄傲。含幽默、诙谐意。

可以说"翘起了尾巴"、"尾巴翘得很高"、"有点儿翘尾巴"、"翘什么尾巴"、"从来没翘过尾巴"、"翘着尾巴"等。

[相关链接] 夹尾巴 [to tuck one's tail]

"夹尾巴"形容像狗逃跑一样,常用来形容坏人狼狈的、灰溜溜的样子,也指为人处事得小心谨慎。可以说"夹着尾巴逃跑了/走了"、"夹起尾巴来……"、"夹着尾巴做事/做人"、"夹紧尾巴做人"等。如:爸爸总是对我说:"做人不要太骄傲,有时候要学会夹起尾巴做人。" / 我们把敌人打败了,他们夹着尾巴逃跑了!

199 清一色 qīngyīsè [all of the same colour; all of one suit]

[释义] 原为麻将用语,某家的牌全部由一种花色组成。比喻颜色一样或者全部由一种成分构成或全部是一个样子。

[示例]
例1:A:我们这里的老师清一色都是女的。
B:幼儿园嘛！女老师比较耐心。
例2:A:今天是什么日子,你们怎么清一色的红装?
B:我们今天歌咏比赛,必须统一着装。

[提示] 常用于强调没有例外,全部相同。可以说"清一色的服装"、"清一色女生"等。

200 秋老虎 qiūlǎohǔ [autumn tiger: a spell of hot weather after the beginning of autumn]

[释义] 秋天的老虎。在中国北方,指立秋以后仍然十分炎热的天气。

[示例]
例1:A:你们那里有没有"秋老虎"的说法?
B:有啊,就是秋天以后天气也很热的意思。
例2:A:这两天的秋老虎真是厉害,比夏天还热。
B:可不是,一走路就出汗。

[提示] 可以说"秋老虎可真厉害啊"、"你看看今天这个秋老虎"等。

练习十

一、连线

第一组

1. 形容胆子小。　　　　　　　　a. 碰钉子
2. 比喻心地善良。　　　　　　　b. 吹喇叭
3. 形容人的胆子大。　　　　　　c. 硬心肠
4. 比喻不容易被感动。　　　　　d. 泼冷水
5. 比喻替别人吹嘘、捧场。　　　e. 豹子胆
6. 比喻打击别人的热情。　　　　f. 兔子胆
7. 比喻遭到拒绝或受到斥责。　　g. 菩萨心肠

第二组

1. 比喻杰出的人才。　　　　　　　a. 说风凉话
2. 比喻男的怕老婆。　　　　　　　b. 碰破头
3. 比喻做无关紧要的工作。　　　　c. 泼脏水
4. 比喻遭到严重的挫折或失败。　　d. 跑龙套
5. 比喻从来没有过,第一次。　　　e. 破天荒
6. 说不负责任的话讽刺、挖苦人。　f. 气管炎
7. 比喻捏造事实,毁坏别人名声。　g. 千里马

二、填空

拍马屁	攀高枝儿	碰钉子	碰一鼻子灰
黑心肠	敲警钟	气管炎	泼冷水
泼脏水	破天荒	秋老虎	牵红线
敲边鼓	敲门砖		

1. 考托福、雅思、GRE 是很多人出国的(　　　　)。

2. 我的父母是他们老师(　　　)谈起恋爱来的。

3. 九月份的天气并不凉爽,因为有(　　　)在作怪。

4. 我从来没见过这么(　　　)的人,怎么能这样对待自己的亲生儿子呢?

5. 他想劝服大将军投降,结果(　　　),被大将军大骂一顿。

6. 这件事不是我做的,是有人故意往我身上(　　　)。

7. 虽然他经常(　　　)老板的(　　　),可是老板一点都不喜欢他。

8. 我毕业以后找工作总是(　　　),寄出去的简历也都没有回音。

9. 他不努力工作,一天到晚做白日梦,希望能(　　　),做董事长的女婿。

10. 老板早就给我们(　　　),如果这个项目完不成,年底的奖金就别指望了。

三、阅读理解

1. 今年的秋老虎真厉害?
   A. 老虎在秋天比较厉害　　B. 秋天的老虎
   C. 秋天天气很热　　　　　D. 只在秋天出现的老虎

2. 我们周末要去拜见一下我们的月老?
   A. 在月亮下见老人　　　　B. 爷爷
   C. 岳父　　　　　　　　　D. 牵红线的人

3. 我在公司就是个跑龙套的,没什么大的前途。
   A. 骨干人物　　　　　　　B. 台柱子
   C. 顶梁柱　　　　　　　　D. 跑腿儿打杂

4. 丈夫这个周末休假破天荒带我和孩子去爬山。
   A. 经常　　　　　　　　　B. 头一回
   C. 兴奋　　　　　　　　　D. 不得已

5. 我们班的学生今天清一色红装,不知道有什么活动。
   A. 只有一种颜色　　　　　B. 绿色和红色
   C. 绿色　　　　　　　　　D. 全部

四、阅读选择

1. 下面哪一项不表示拍马屁？（　　）
   A. 马屁精   B. 戴高帽
   C. 戴绿帽子   D. 吹鼓手

2. 下面哪一项表示敲诈？（　　）
   A. 敲警钟   B. 敲边鼓
   C. 敲门砖   D. 敲竹杠

3. 下面哪一项表示打击人的热情或积极性？（　　）
   A. 泼脏水   B. 泼冷水
   C. 穿小鞋   D. 背黑锅

4. 下面哪一项不表示遇到麻烦？（　　）
   A. 碰钉子   B. 碰一鼻子灰
   C. 一个鼻孔出气   D. 碰壁

5. 下面哪一种动物表示吝啬鬼？（　　）
   A. 铁公鸡   B. 夜猫子
   C. 秋老虎   D. 哈巴狗

201 人来疯 rénláifēng [childish pranks in the presence of guests; make a show of]

[释义]①指小孩儿在有客人来时撒娇、胡闹、使性子。
②指喜欢在别人面前逞能。

[示例]
例1：A:这孩子是人来疯,家里一来人就到处乱跑乱跳的。
B:孩子都这样,喜欢热闹。

例2：A:家里一有客人来小明人就闹,真不懂事儿。
B:孩子嘛,都是人来疯,希望大家关注他。

[提示]常用于说孩子在客人面前调皮,也指喜欢出风头的人。
可以说"他又人来疯"、"这孩子总是人来疯"等。

202 塞红包 sāi hóngbāo [to give the red paper bag of reward]

[释义]红包是包着钱或者贵重物品的红纸包。比喻为了达到某种目的,赠送钱物。

[近义词语]递红包;送红包

[示例]
例1：A:为了竞争这个职位,他想给评委塞红包,结果吃了闭门羹。
B:他怎么能通过这种手段竞争呢?

例2：A:听说去医院做手术得给医生塞红包才行。
B:那都是哪辈子的老黄历了,现在医院严格规定不允许收授红包。

[提示] 常用于奖励、送礼或行贿。多含有贬义。可以说"给……塞/递红包"、"把红包塞给……"、"递不上这个红包"、"递过三次红包"等。

[相关链接] 红包

"红包"旧时指主人给下人、老板给店员的赏钱或长辈给儿孙的压岁钱,因用红纸包裹(表示吉利)而称为"红包"。如:快要过年了,单位给每个人都发红包。/ 这个春节我挣了不少红包。现在一般人结婚或有喜事时,亲戚朋友也常送红包。当然也有人把喜事的请帖幽默地称为"红色的罚款单"。不过,"送红包"、"递红包"、"塞红包"还指送礼或行贿等行为。

203 三只手 sānzhīshǒu [pickpocket]

[释义] 比喻从别人身上偷东西的小偷、扒手。

[近义词语] 小偷小摸;扒手

[示例]

例1:A:逛商场的时候一定要提防那些三只手。
B:可不是,春节逛商场的人多,小偷也多。

例2:A:我今天坐公共汽车的时候让人给偷了。
B:这条线路的车上经常有三只手出没。

[提示] 含有贬义,有轻蔑、鄙视意味。可以说"这个三只手"、"小心三只手"、"别让三只手跑了"等。

[相关链接] 梁上君子

东汉时期,有个县官叫陈实,在地方上很有声望。一天夜里,一个小偷进了陈实的家里,躲在房梁上,被陈实发现了。他没有声张,而是把子孙们叫到跟前,严肃地讲了一番做人的道理。他说每个人都应该自尊自爱严格要求自己。干坏事的人并不是生来就坏,只是平常不学好,慢慢养成了恶习,本来可以是正人君子的却变成了小人。躲在梁上的小偷听了后,跳下来连连向陈实磕头认罪,陈实看他不像坏人而且有悔改的决心,就送给他两匹绢,劝他改邪归正。小偷非常感激他,表示要重新做人。后来"梁上君子"被用作小偷、窃贼的代称。"梁"是房梁,"君子"是古代对有教养的读书人的称呼,用在这里含有幽默的意思。

204 杀风景 shā fēngjǐng [to spoil the fun; to be a blot on the landscape]

[释义] 破坏美丽的景物。比喻在高兴的场合使人扫兴。

[近义词语] 煞风景

[示例]

例1：A：昨天王丽过生日，我们正高兴的时候，李明来了，他告诉王丽要参加补考。

B：他也真是的，他就不能等王丽过完生日再说，真是煞风景。

例2：A：这么漂亮的旅游风景区，到处都是废塑料袋、快餐盒的，真是大杀风景！

B：我们应该呼吁游客们注意保护自然环境。

[提示] 常用于埋怨人在兴致很高的时候被人或事扫兴。

可以说"真是大杀风景"、"杀尽了风景"、"别杀风景"、"杀风景的事"等。

205 伤脑筋 shāng nǎojīn [to cause sb enough headaches; bothersome]

[释义] 比喻事情难办，费心思。

[示例]

例1：A：这批货卖不出去，我们经理为此很伤脑筋。

B：要不先放在我们店，我们帮你们代销吧！

例2：A：我为孩子的事情伤透了脑筋。

B：什么事儿这么让你头疼？我看我能不能帮上忙。

[提示] 常用于遇到为难的事情。

可以说"伤透了脑筋"、"为/替/让……伤脑筋"、"伤了不少脑筋"等。

206 上台面 shàng táimiàn [on the table]

[释义] 台面：借指正式场合，"上台面"指能够拿出场面的。
[反义词语] 不上台面；摆不上台面；上不了桌面
[示例]
　　例1：A：你也太上不了台面了，在台上讲话怎么老出错？
　　　　B：我当时太紧张了。
　　例2：A：你别看他在下面挺能说的，可是一到镜头面前就傻了眼了。
　　　　B：这种人就是上不了台面。

[提示] 常用于赴宴会、出面应酬等。
　　　一般用否定说法"上不了台面"、"真不上台面"、"上不了台面的家伙"，也可用于反问说法"这样的人也能上得了台面"。

207 上贼船 shàng zéichuán [to board the pirate ship; to join a reactionary faction or a criminal gang]

[释义] 比喻加入坏人团伙做坏事。贼船比喻罪恶团伙。
[示例]
　　例1：A：我不该为了挣钱跟着他们干违法的事情。
　　　　B：谁让你当初不听我的劝，跟着他们上了贼船呢？
　　例2：A：我真不该和他们合伙做生意，都怪我当时耳朵软。
　　　　B：你现在是上了贼船了。

[提示] 常用于被蒙骗或引诱而跟别人一起干坏事，经常表示后悔做某事。含有贬义，有悔恨意味。有时候含有幽默、戏谑意味。

可以说"上了/过他的贼船"、"不该上贼船",也经常说"上贼船容易,下贼船难"。

208 烧高香 shāo gāoxiāng [to burn incense and pray: be grateful]

[释义]在佛像面前烧高香,祈求或感谢神佛的保佑。比喻庆幸或感激。

[示例]

例1:A:你有什么事儿就找我吧,我能帮你一定帮你。
　　　B:你不给我添麻烦,我就烧高香了,哪里还敢指望你帮忙啊!

例2:A:老李的儿子可真争气,竟然考上了北京大学,还是第一名。
　　　B:他们家那么贫寒还培养出了个高考状元,不知在哪儿烧的高香!

[提示]常用于感叹事情使人满意或真诚地向人致谢。可以说"烧了高香"、"烧了不少高香"、"烧烧高香"、"这柱高香得烧一烧"等。

209 势利眼 shìliyǎn [snobbishness; snob]

[释义]根据别人势力或势利而决定对待态度的人。

[近义词语]势利小人

[示例]

例1:A:小刘听说王晓华当上了主任,马上和他关系近了起来。
　　　B:他可真是一个势利眼。

例2:A:王书记一倒台,那些以前常围着他转的人都躲得远远的了。
　　　B:那些人真是一群势利眼。

[提示]常用于说某人根据财产、地位等来分别对待人的态

度。含有贬义,有轻蔑鄙视意。
可以说"是个势利眼"、"这种势利眼的人"、"势利眼小人"等。

210 受夹板气 shòu jiābǎnqì [to be blamed by both parties; to be caught between two fires; to suffer wrong from the boards]

[释义] 比喻处于对立的双方中间,承受来自这两方面的责难。
[相关词语] 风箱里的老鼠——两边受气(歇后语)
[示例]
例1:A:结婚的男人真可悲,总要在妻子和母亲之间受夹板气。
　　B:自古婆媳关系就不好处,男的夹在中间,两边不好做人。
例2:A:你怎么辞职不当这个主任了?
　　B:我这个不大不小的官儿,经常夹在中间受夹板气,受够了!

[提示] 常用于形容为难的处境,夹在中间受气,两头不讨好。含幽默、诙谐意。
可以说"受够了夹板气"、"受……的夹板气"、"这个夹板气可受够了/受不了了"、"受着他们的夹板气"、"受过不少夹板气"等。

211 书呆子 shūdāizi [bookful blockhead; bookworm]

[释义] 指只知死读书而缺乏与实际相联系的人。
[近义词语] 书虫子;书痴;两脚书橱
[示例]
例1:A:我儿子是个书呆子,成天就知道看书。
　　B:这孩子将来肯定会有出息的。

例2：A：他每天除了读书还是读书，简直就是个书呆子。
　　　B：读书其实也是一种享受。不过读书要讲究方法，不能死读书。

［提示］用于说死读书时含有贬义，用于爱读书的人时含有褒义。
可以说"书呆子气"、"是个书呆子"等。

212 竖大拇指 shù dàmǔzhǐ [to give the thumbs up]

［释义］把大拇指竖起来。表示对人的称赞。
［近义词语］挑大拇指；挑大母哥
［示例］
　　　例1：A：小刘这个人怎么样？
　　　　　B：说到小刘，没有不竖大拇指的。
　　　例2：A：你真是找到了一个好女婿，见到他的人都竖着大拇指说好。
　　　　　B：是女儿眼光好啊！

［提示］可以说"竖起了大拇指"、"竖着大拇指说"、"没有不竖大拇指的"等。

213 耍把戏 shuǎ bǎxì [to play a dirty game; to play a trick on sb.]

［释义］表演杂技的俗称。比喻玩弄、骗人的手段，也指卖弄小聪明的欺骗行为。
［近义词语］耍鬼把戏；玩把戏；耍花招；耍滑头
［相关词语］耍花招；耍滑头
［示例］
　　　例1：A：这么晚了，为什么不开灯？你耍什么把戏？
　　　　　B：祝你生日快乐！祝你生日快乐！
　　　例2：A：他想假冒别人的名义参加这次活动。
　　　　　B：他不要以为耍这种把戏就能混过去。

[提示] 常用于了解、看透了对方的意图。含有贬义,有轻蔑鄙视意味。

可以说"耍什么把戏"、"别耍把戏了"、"耍耍把戏"、"耍什么鬼把戏"、"哪敢耍把戏啊"等。

214 耍笔杆子 shuǎ bǐgǎnzi [be skilled in literary tricks; to sling a pen; to sling ink]

[释义] 用笔写作。代指从事文书工作。

[示例]

例1:A:我看了你写的几篇文章,你的文笔很不错嘛!
B:哪里哪里,我平时没事儿耍耍笔杆子当消遣。
A:你的消遣已经达到专业水平了。

例2:A:咱们一起合伙做点儿生意吧!
B:我是个耍笔杆子的,只能写点文章,别的不会干。

[提示] 可以说"耍耍笔杆子"、"耍过几年笔杆子"、"耍笔杆子的"等。

[相关链接] **爬格子;码字**

"格子"指稿纸上的方格子。**爬格子**指写作,"爬格子的"代指写作的人,搞文字工作的人。如:我这一辈子好像不能做别的,只能爬格子了。/他爬了五年的格子,做了五年的诗人,可是并没有人读过他的诗。**码字**指在有方格的稿纸上写字,比喻从事写作,多特指作家写小说。如:一早起来就闭门谢客,码字的成绩不小,完成了一篇小文章。

215 耍贫嘴 shuǎ pínzuǐ [to be garrulous; pay lip-service]

[释义] 不顾对方是否愿意听而说些无聊或玩笑的话。

[近义词语] 耍嘴皮子;耍嘴皮;卖嘴

[反义词语] 闷葫芦

[示例] 例1：A：小张在单位爱和那些未婚的姑娘们耍贫嘴。
　　　　B：可是到现在也没有哪个姑娘看上他。
　　　例2：A：等我有了钱，我就给你请保姆，你什么也不用干。
　　　　B：你最好多做少说，不要光耍嘴皮子功夫，先把垃圾给我倒了去。

[提示] 常用于光说不干实事的人没完没了地说废话或玩笑话，卖弄口才。常表示对这种人看不起或抱怨，也用于劝人少说些。含有贬义，有嘲讽、责备意味。
可以说"少耍贫嘴"、"耍了半天贫嘴"、"耍什么贫嘴"、"净耍贫嘴"、"跟……耍贫嘴"、"就知道耍嘴皮子的人"等。

216 甩手掌柜 shuǎishǒu zhǎngguì [a master asks only others to do, but without himself]

[释义] 比喻光指挥别人，自己什么事也不干的人。

[近义词语] 甩手大爷

[示例] 例1：A：我爷爷在家里是个甩手掌柜，家里什么家务也不干。
　　　　B：现在女性地位越来越高，男人要想在家里当甩手掌柜可越来越难了。
　　　例2：A：他这个总经理简直就是个甩手掌柜，什么也不管。
　　　　B：怪不得你们公司现在这么糟糕。

[提示] "掌柜"旧时称商店老板或负责管理商店的人。在方言中还可代指丈夫，也说"掌柜的"。

"甩手掌柜"含有贬义,幽默诙谐,有讽刺、责备、埋怨意味。

可以说"真是个甩手掌柜"、"这个甩手掌柜(大爷)"、"当甩手掌柜"等。

217 死对头 sǐduìtou [a deadly foe; a sworn enemy]

[释义] 指难以和解的仇敌。

[示例]

例1:A:老王和老李是多年的死对头,可这次偏偏又分到了一个办公室。
B:看来这个办公室又不安宁了。

例2:A:你看,刘丽和王军又吵起来了。
B:他俩是死对头,互相看着不顺眼。

[提示] 含有憎恨厌恶意味。可以说"是一对死对头"、"是……的死对头"等。

[相关链接] 冤家;穿一条裤子;穿连裆裤;一个鼻孔出气

"冤家"指仇人,也说"冤家对头"。在旧时戏曲或民歌中多用来称情人,让人又爱又恨,既给自己带来苦恼又舍不得的人。如:这是一对冤家对头,今天见面又吵起来了。/ 你这个冤家,让我说什么好呢?

"穿一条裤子",也说"穿连裆裤"。比喻两人关系密切,利害一致,遇事持同样的态度,也形容两个人或几个人互相勾结,互相庇护。可以说"好得穿一条裤子"、"他们是穿一条裤子的"、"简直就是穿一条裤子"等。如:他们俩好得像穿一条裤子似的。/ 他们两个可是穿连裆裤的,关系铁得不得了,你得罪了其中一个就等于得罪了俩。"一个鼻孔出气"也比喻两个人关系密切,利益一致。如:他们俩是一个鼻孔出气的,竟然一起来对付我,以后他们们等着瞧吧。

218 死脑筋 sǐnǎojīn [stubborn person; one-track mind]

[释义] ①比喻思想不灵活、不开窍。②比喻思想固执守旧的人。

[示例]

例1：A：他这个人做事非常认真。
B：认真是认真，就是有点儿死脑筋，办事不太灵活。

例2：A：这种办法我用过了，不行！
B：你真是一个死脑筋，这种方法不行你再想想别的办法嘛！

[提示] 含有贬义，有轻蔑、批评意味。可以说"是个死脑筋"、"太死脑筋了"等。

[相关链接] 死心眼；一根筋；老顽固[见143]；榆木疙瘩

"死心眼"指为人固执、不灵活或者固执的人。如：刘雪这个人很善良，就是心眼比较死，固执。"一根筋"指思考问题、做事不灵活。如：做事情不能一根筋。"老顽固"指十分固执的人。如：院长是个老顽固，他认定的事情谁也不能改变。"榆木疙瘩"指很硬的榆树根，比喻思想顽固，不易改变看法或主张的人。也说"榆木脑袋"。如：今天主任说我不灵活，是个榆木疙瘩。

219 随大流 suí dàliú [to follow the general trend; do as the other do; to be in the swim]

[释义] 顺着河流的水势漂流。比喻顺着多数人说话或办事。

[近义词语] 随大溜；顺大流

[示例]

例1：A：我这个人没有什么主见，比较喜欢随大流。
B：有时候随大流不一定是件坏事。

例2：A：你当初为什么报考研究生？
B：我当时也只是随大流，并没认真想过为什么。

[提示] 用于自己时表示不爱多考虑，不想与众不同；用于别人时觉得别人没有主见。多含有贬义。
可以说"随大流吧"、"随上大流"、"随了大流"、"随着大流"等。

220 随份子 suí fènzi [to share in group contributions to wedding gifts; share of expense for a joint action]

[释义] 亲朋好友有婚丧嫁娶或其他事情时,大家一起凑钱。

[近义词语] 随礼;凑份子;出份子

[示例]

例1: A:朋友下个月结婚,我又得随份子了。
B:咱们一个月的工资光随份子也不够用。

例2: A:这夫妻俩为什么吵架?
B:听说导火索是因为随份子的事儿。

[提示] 常用于人情走动,有时候含有无可奈何的语气。
可以说"不得不随份子"、"随不起这个份子"、"随过很多份子"、"随随份子"等。

[相关链接] 中国的红白喜事

在中国,男女结婚是喜事,高寿的人病逝叫喜丧,统称红白喜事。有时也说"红白事",泛指婚丧。在中国"红色"是代表吉利、喜庆的颜色。人们结婚生子、祝贺庆典的时候,都要以红色为主调,新娘要穿红装(现代婚纱除外),亲朋好友送礼金用红色的纸包着,也说红包。办婚事也可以说"办喜事"、"办红事"。办喜事的时候吃喜糖、喝喜酒、抽吸烟。人们常这样说:"小王,什么时候能吃到你的喜糖啊?""老张,这是给你的喜烟和喜酒。"相反如果家里办丧事,则用多用"白色",所以丧事也说"白事"、"白公事"。过去,办丧事的时候家人都要披麻戴孝,穿白色的衣服,带白色的帽子,挂白色的布,亲朋好友也多用白色的纸或信封随礼。

练习十一

一、连线

第一组

1. 小偷。　　　　　　　　　　　a. 耍笔杆子
2. 死读书的人。　　　　　　　　b. 穿一条裤子
3. 表示对人的称赞。　　　　　　c. 死对头
4. 指难以和解的仇敌。　　　　　d. 耍把戏
5. 比喻两人关系密切。　　　　　e. 竖大拇指
6. 比喻玩弄、骗人的手段。　　　f. 三只手
7. 代指从事文书工作的人。　　　g. 书呆子

第二组

1. 比喻事情难办，费心思。　　　　　　a. 受夹板气
2. 比喻加入坏人团伙做坏事。　　　　　b. 随大流
3. 比喻在高兴的场合使人扫兴。　　　　c. 死脑筋
4. 比喻思想固执守旧的人。　　　　　　d. 塞红包
5. 比喻为了达到某种目的，赠送钱物。　e. 伤脑筋
6. 比喻夹在对立的双方中间受气。　　　f. 上贼船
7. 比喻顺着多数人说话或办事。　　　　g. 杀风景

二、填空

上台面	杀风景	烧高香	耍把戏	势利眼
受夹板气	发红包	书呆子	耍笔杆子	顺大溜
死对头	死脑筋	随份子	甩手掌柜	

1. 经理的儿子要结婚了，我们要（　　　）。
2. 今年公司效益不错，年底老板肯定会给员工们多（　　　）的。
3. 两个领导关系不好，我在中间（　　　）。
4. 他是一个（　　　），看谁有权利就把谁当成靠山。
5. 他是个（　　　），你再怎么说，他也不会改变的。
6. 我们正在看热播的电视剧时突然停电了，真是（　　　）。

7. 你怎么把他俩分到一组去了,他们可是(　　　),见面就吵。

8. 他一看就没有经历过什么世面,做事一点儿也不大方,(　　　)不了(　　　)。

9. 丈夫回到家,什么也不管不问,简直就是个(　　　)。

10. 我弟弟从小就是个(　　　),现在靠(　　　)过日子,每个月挣的稿费也不少。

三、阅读理解

1. 这孩子就是<u>人来疯</u>,管不了他。
   A. 孩子疯了　　　　B. 来的人疯了
   C. 来人的时候疯了　D. 使性子

2. 小刘这个人没有一个人不对他<u>挑大拇指</u>。
   A. 批评　　　　　　B. 不满
   C. 赞扬　　　　　　D. 看不起

3. 这件事你不能去找小李,他和小王是<u>穿一条裤子</u>的。
   A. 死对头　　　　　B. 一家人
   C. 一个鼻孔出气　　D. 冤家对头

4. 小刘,什么时候能喝你的<u>喜酒</u>?
   A. 吃喜糖　　　　　B. 办丧事
   C. 白公事　　　　　D. 送红包

5. 王主任这个人很好,就是有点<u>死心眼</u>,一根筋,不灵活。
   A. 死脑筋　　　　　B. 伤脑筋
   C. 木头人　　　　　D. 老封建

四、阅读选择

1. 下面哪一项不表示说话多?(　　　)
   A. 耍贫嘴　　　　　B. 磨嘴皮
   C. 乱弹琴　　　　　D. 话匣子

2. 下面哪一项不表示一个人的品格?(　　　)
   A. 随风倒　　　　　B. 两面派

  C. 骑墙派   D. 随份子
3. 哪一项不表示骗人的方式？（　　）
  A. 耍把戏   B. 耍花腔
  C. 耍花招   D. 耍笔杆子
4. 下面哪一项不表示结婚？（　　）
  A. 吃喜糖   B. 喝喜酒
  C. 办喜事儿   D. 办白公事
5. 下面哪一项表示人没有主见？（　　）
  A. 梁上君子   B. 甩手大爷
  C. 随大流   D. 冤家对头

221 掏腰包 tāo yāobāo [to pay out of one's own pocket; to pick sb's pocket]

[释义]腰包即"荷包",随身携带的装钱的包。①比喻出钱请客。②指偷别人衣袋里的财物。

[近义词语]做东[见70];三只手[见203]

[示例]

例1:A:今天在哪儿吃的饭啊?
B:在北京饭店,老刘掏的腰包,他高升了,一起庆祝一下。

例2:A:今天坐车的时候我差点儿被人掏了腰包,幸亏被儿子发现了。
B:现在坐车可得小心。

[提示]可以说"我来掏腰包"、"掏——的腰包"、"掏了/过……的腰包"、"被人/让人/叫人掏了腰包"等。

222 桃花运 táohuāyùn [a man's luck in love affairs]

[释义]古人常把桃花比作美女,"桃花运"指男子在爱情方面的运气。也泛指好运气。

[近义词语]交桃花运;走桃花运

[示例]

例1:A:最近好几个女生给他打电话,和他约会。
B:看来他是交上桃花运了,很有艳福啊!

例2:A:没想到你也能走上桃花运!
B:哪个男人不希望自己能遇上桃花运啊?

[提示]可以说"交了桃花运"、"走了桃花运"、"遇上桃花运"、

"走起/上了桃花运"等。

[相关链接] 桃色新闻

"桃色新闻"指关于男女关系的传闻,多指不正当或不正常的男女关系。如:那些小报记者专门打探那些明星、名人的桃色新闻。

223 套近乎 tào jìnhu [to try to chum up with; to count kin with]

[释义] 为了某种目的,和不熟悉或不认识的人拉拢关系,表示亲近。

[近义词语] 拉近乎;拉关系[见128]

[示例]

例1:A:他总是喜欢和领导套近乎。
　　　B:大家都知道他爱拍马屁。

例2:A:他平时和你见面连个招呼也不打,可是现在有求于你了,就和你套近乎了。
　　　B:套近乎也不行,到时候还得按原则办事。

[提示] 含有贬义,有厌恶意味。可以说"和/跟……套近乎"、"套套近乎"、"套什么近乎"等。

224 踢皮球 tī píqiú [to pass the buck]

[释义] 比喻对事情相互推来推去,不想负责任。

[示例]

例1:A:这项修理工程其实是很简单,可是好几个单位互相踢皮球,谁都不管。
　　　B:他们也太不负责任了。

例2:A:你那档案的问题落实了吗?
　　　B:唉,别提了,几个部门互相踢皮球,到现在也没给我明确答复。

[提示] 含有贬义,有批评、指责意味。可以说"互相踢皮球"、"皮球踢来踢去"等。

[相关链接]打太极拳

　　太极拳是中国流传很广的一种拳术,动作柔和缓慢。"**打太极拳**"比喻推诿、拖拉的办事作风,也指互相推卸责任。可以说"打上/起了太极拳"、"打什么太极拳"、"给……打太极拳"、"打了半天太极拳"等。如:A:那个问题解决了吗? B:几个部门之间互相打太极拳,所以到现在也没解决。/ A:你说得那个事儿上面还得再研究研究。B:你就别给我打太极拳了,到底行不行,你就给我个话吧!

225 替罪羊 tìzuìyáng [scapegoat]

[释义]古代犹太教祭祀礼仪中,用羊代替人承担罪过。比喻代人受过、受难或承担罪责的人。

[示例]

　　例1:A:王志亮已经全部招供了,案子总算破了。
　　　　B:我看他只是个替罪羊,幕后一定还有大人物,我们还要继续调查。

　　例2:A:发生什么事情了,你脸色这么差?
　　　　B:人心真是险恶,他们出了经济问题,竟然想让我去当替罪羊!

[提示]常用于同情被冤枉的人。含有贬义,有同情意味。可以说"当/是替罪羊"、"……的替罪羊"、"这种替罪羊没人当"等。

[相关链接]替死鬼

　　"替罪羊"源自《圣经》故事:古代犹太教每年举行一次仪式,由祭司将手按在羊头上,表示本民族的过错已由此羊承担,然后把羊赶到野外,称为"替罪羊"。后来以"替罪羊"指代人受过的人。

　　"**替死鬼**"则是按中国迷信的说法,一个鬼魂如果托生到阳间,必须寻找一个人来代替他。这个人就叫"替死鬼"。现也常以"替死鬼"指代人受过或受害的人。如:他把这个和他长得一样的人留在身边,想说不定哪天就让他来当他的替死鬼。

226 跳火坑 tiào huǒkēng [to fall into the fiery pit; (of a woman) to get into prostitute's life; to fall into the living hell]

[释义] 比喻被迫进入一个最恶劣的环境。

[近义词语] 送进火坑；跳火海

[示例]
例1：A：那个地方比较危险，派谁去比较好呢？
B：你既然知道那里危险，就不要派人去跳这个火坑了！

例2：A：家里穷得揭不开锅了，女儿想到舞厅打工挣点儿钱。
B：那可不行，她这不是往火坑里跳吗？女孩子不能去那种地方。

[提示] 常用于指让别人去不好的地方、危险的地方，特别指女人嫁到不好的人家或到不好的地方做事。含有贬义。
可以说"让/叫……跳火坑"、"跳到/进火坑里"、"看着……跳火坑"、"这个火坑不能跳"、"把……推到火坑里"等。

227 捅娄子 tǒng lóuzi [to get into trouble through a blunder; to stir up trouble; to drop a brick; to make a mess of sth.]

[释义] 引起纠纷，闯祸。

[近义词语] 捅漏子；捅乱子

[示例]
例1：A：我今天捅漏子了，把爸爸最珍爱的古董给打碎了。
B：这个漏子可捅大了，等着挨批吧！

例 2：A：你怎么这么紧张，发生了什么事？
　　　B：捅大娄子了，我把公司的重要资料给丢了，这回肯定会被炒鱿鱼了。

[提示] 常用于谈论人惹出麻烦时说。含有贬义。
可以说"乱捅娄子"、"捅了个大娄子"、"娄子捅大了"、"给……捅了个娄子"、"爱捅娄子"、"捅过娄子"、"捅出了个娄子"等。

[相关链接] 捅马蜂窝；戳马蜂窝
"捅马蜂窝"也说"戳马蜂窝"，比喻闯祸或得罪不好惹的人。多用于说不该得罪某人或做某事，或者后悔做某事，有时候也表示胆子大，敢于得罪人。可以说"捅了/过马蜂窝"、"这个马蜂窝不该捅"、"马蜂窝捅大了"、"这个马蜂窝你也敢捅"、"这个马蜂窝捅得好"等。如：她是咱们这里有名的泼妇，你没事儿不要捅这个马蜂窝。/ 你儿子今天又捅马蜂窝了，把一个学生的眼睛给打伤了。/ 你竟然打了老板，这个马蜂窝你也捅得太大了？

228 土包子 tǔbāozi [clodhopper; bumpkin; country cousin]

[释义] 对没有见过世面的人的蔑称。

[近义词语] 土豹子

[示例]
例 1：A：很多人都嫌他土气，说他是土包子。
　　　B：别看他长得土里土气的，他可是我们这里的能人。
例 2：A：我是个土包子，没什么文化，只是靠自己的双手建立了这么个公司。
　　　B：你太谦虚了，谁不知道你是我们这里知名的优秀企业家啊！

[提示] 常用于说对不熟悉都市生活，土里土气的人。用于别人，有轻蔑意；用于自己，有自谦意。

可以说"真是个土包子"、"这种土包子"、"土包子的做法/看法/想法/习惯"等。

[相关链接] 乡巴佬；土老帽儿

"乡巴佬"也说"乡下佬",指乡下人,农民。如:我刚来到这个城市的时候,很多人叫我"乡巴佬",一晃十几年过去了,我也成了这个城市的主人。"土老帽儿"指跟不上潮流、不合时宜的人,也指没见过大世面的人。如:来到香港这个时尚之都,才知道自己像个土老帽儿,穿戴都那么土气。/ 你连 mp3 都不知道,真是一个土老帽儿。

229 土皇帝 tǔhuángdì [local despot (tyrant); the king of the countryside]

[释义] 原指统治一方的军阀或大恶霸。现指在某一地方有势力的人物。

[示例]

例1：A：他只不过是一个村长,你们怎么这么害怕他?
B：别看他是个村长,在这里可是他的天下,他是这里的"土皇帝"。

例2：国有国法,家有家规,这些"土皇帝"违法同样会受到惩罚。

[提示] 常用于说地方上势力大的人不好得罪。含有贬义,有讥讽、戏谑意味。

可以说"这个土皇帝"、"是个/当土皇帝"、"做/当惯了土皇帝"、"土皇帝的做法"等。

[相关链接] 天王老子；土霸王

"天王老子"比喻权力极大的人物,有轻蔑意,也说"天王老子地王爷"。如:A：他爸爸是这里的土皇帝,你别得罪他。B：他爸爸是天王老子我也不怕!"土霸王"比喻在某一地方有权势的人。如:A：今天王军带着人把我打了一顿。B：他是这里有名的土霸王,你怎么得罪他了?

230 退堂鼓 tuìtánggǔ [to beat a retreat; to draw in one's horn]

[释义] 古时官吏停止办公,退出大堂时要击鼓。比喻遇到困

难或出现问题时中途改变主意、退缩或打算放弃。常说"打/敲退堂鼓"。

[示例]
例1：A：他们水平都那么高,这次比赛我不参加了。
　　　B：你怎么还没参加就打起退堂鼓了？你要对自己有信心。
例2：A：谈判才进行了一半,你们就不谈了,怎么能打退堂鼓呢？
　　　B：我们不是打退堂鼓,而是现在发现这个项目对我们没有多大价值。

[提示] 常用于责怪别人的退缩,也可以说自己没办法、没信心而改变主意。含有贬义。
可以说"打起/开/上了退堂鼓"、"不能打退堂鼓"、"我也曾打过退堂鼓"、"退堂鼓不能打"等。

231 拖油瓶 tuō yóupíng [a woman's children by a previous marriage]

[释义] 比喻女子再嫁时所带的与前夫生的子女。

[示例]
例1：A：她改嫁以后生活怎么样？
　　　B：她拖着个油瓶过日子,生活能好到哪儿去？
例2：A：你想拖着个油瓶嫁给那个人？我看,你还是把孩子送给他奶奶吧。
　　　B：那不行,孩子是我的命根子,我可不能不要。

[提示] 常用于说女的带着孩子麻烦,不容易。含有幽默、诙谐意味。
可以说"拖着个油瓶"、"拖了个油瓶"、"拖着两个油瓶"等。

232 挖墙角 wā qiángjiǎo [to cut the ground from under sb's feet; strike at the foundation of]

[释义] 比喻用破坏的手段使他人或集体倒台,或使事情不能顺利进行。

[近义词语] 挖墙脚;拆墙角

[示例]

例1：A：我们队的主力队员被他们挖墙脚挖走了。
B：那你们队损失可就大了。

例2：A：我们公司的骨干都被他们公司挖墙角挖走了。
B：他们这样挖你们的墙角,你们怎么不想想办法啊?

[提示] 常用于指拉走别人的主要人员、骨干力量,或弄走人家的重要设备。含有贬义。
可以说"挖……的墙脚"、"把……墙脚挖走"、"被人挖了墙脚"、"挖了/着/过……的墙脚"等。

233 万金油 wànjīnyóu [a balm (for treating headaches, scalds and other minor ailments); jack-of-all trades, master of none]

[释义] 旧称清凉油,一种药物,应用范围很广,但不能医治大病。比喻什么都能做,但什么都不擅长的人。

[示例]

例1：A：他原来是教物理的,现在又让他教语文去了。
B：学校师资比较匮乏,所以老师都成了万金油,让教什么就得教什么。

例2：A：我看这个人在很多公司都干过，从事的行业也比较多，就聘用他吧！
B：我们这里专业性比较强，需要引进的是专业性人才，而不需要万金油。

[提示] 常用于什么都不精通，但什么都懂一点，什么都能应付一下的人。含有贬义，有嘲讽、戏谑意味。有时也表示谦虚。
可以说"万金油式的人物"、"是个万金油"、"变成了万金油"等。

234 王婆卖瓜 wángpó mài guā [to ring one's own bell]

[释义] 有个姓王的老婆婆摆摊卖西瓜，总是夸自己的西瓜好，说别人的西瓜不好，以为这样就能招揽顾客。结果顾客还是货比三家，买了别人的瓜。比喻自己夸自己。

[示例]
例1：A：他们这些搞推销的总是说自己的产品如何如何好。
B：他们都是王婆卖瓜。
例2：A：你看我的字写得多好啊！
B：你别在这里王婆卖瓜了。

[提示] 由"王婆卖瓜，自卖自夸"缩略而来。常用于自我吹嘘的人。含有诙谐、讥讽意味。
可以说"你别王婆卖瓜了"、"看，他又王婆卖瓜了"、"他这是王婆卖瓜"等。

235 忘年交 wàngniánjiāo [friendship between generations; good friends despite great difference in age]

[释义] 指年岁相差大或辈分不同但是友谊深厚的朋友。

[示例]

例1：A：我有个一个忘年交的朋友，他比我大三十多岁。
B：友谊是超越年龄界限的。

例2：A：李教授是我的忘年交，从他身上我学到很多。
B：这样的人可能对你一生都会有影响。

[提示]常用于说明超越年龄界限的友谊。含有褒义，有亲昵意味。

可以说"A 和 B 是忘年交"、"他是我的忘年交"、"我们是忘年之交"等。

[相关链接]老交情；生死交

"老交情"指长期保持的友谊。如：A：听说你们俩是老交情了，这件事能不能帮我说句好话。B：这种事你最好亲自找他谈一谈，我恐怕帮不上什么忙。A：连这么小的忙都不帮，还算什么老交情？B：帮忙要看什么事情，这种事局外人怎么好说话呢？"生死交"指能共生死的交情，比喻有深厚的友谊。也说"生死之交"。如：他是我生死之交的朋友。

236 窝里斗 wōlidòu [internal conflict]

[释义]比喻家族或团体内部互相争斗。

[近义词语]窝里反；窝里翻

[示例]

例1：A：他们队不是挺有实力的吗？怎么不参加比赛？
B：他们队的几个队员最近窝里斗，大家都没心情参加比赛。

例2：A：我们可千万别像他们那样都搞窝里斗。
B：对啊，团结才是力量嘛！

[提示]常用于说明不团结。含有贬义，有戏谑、嘲讽意味。

可以说"他们最近在搞窝里斗"、"不能窝里斗"、"窝里斗可不好"等。

237 窝囊废 wōnángfèi [cowardly weakling; nebbish; hopelessly stupid fellow]

[释义] 比喻没有本事、不中用的人。

[近义词语] 窝囊货

[示例]

例1：A：你真是个窝囊废，连这么简单的事儿也办不成！

B：你才是个窝囊废呢！

例2：A：我今天出去转了一圈儿，还是没找到工作。

B：我怎么嫁给了你这个窝囊废呢？

[提示] 常用于称呼怯懦无能的人。含有贬义，有讥讽、蔑视的意味。

可以说"真是个窝囊废"、"你这个窝囊废"等。

[相关链接] 蠢货；木头；废物；草包；饭桶；酒囊饭袋

关于"笨人"，汉语有很多词语，一般都带有贬义、骂人的成分，比如笨蛋、傻瓜、二百五、白痴等。再如"**蠢货**"，也可以说"蠢材"、"蠢人"，一个人所做的愚蠢的事就可以说"蠢事"。"木头人"比喻愚笨或不灵活的人，也说"**木头**"。"**废物**"本指失去原有使用价值的的东西，用来比喻没用的人，也说"废物点心"。"**草包**"本指装着草的袋子，"**饭桶**"本指装饭的桶，"**酒囊饭袋**"本指盛酒装饭的口袋，它们都用来比喻无能、没用的人。如：这点儿事都办不了，真是草包一个。／你这个饭桶，还不赶快给我滚！／他们这些酒囊饭袋，除了吃饭，还能干点儿什么？／真是一个废物点心，光会给我惹祸。

238 乌纱帽 wūshāmào [black gauze cap; official position]

[释义] 古代官吏戴的一种帽子。比喻官职。

[近义词语] 乌纱

[示例]

例1：A：我们去找找王部长，他一定能帮我们解决这个问题。

B:他能冒着丢乌纱帽的风险帮我们?

例2:A:这件事如果你不彻底调查清楚我就把你的乌纱帽给摘了。

B:我们一定尽快调查清楚。

[提示] 可以说"戴上/摘下/丢了乌纱帽"、"戴着这顶乌纱帽"、"把乌纱帽摘下来"、"乌纱帽的作用"、"戴过几年乌纱帽"、"戴着乌纱帽"、"保住/看重这顶乌纱帽"、"头顶乌纱帽"等。

[相关链接] "乌纱帽"的故事

在古代,帽子不仅是一种遮阳、挡雨的用具,也是一种身份等级的标志。到了唐代,乌纱帽正式成为官服的组成部分,官员们朝见皇帝、参加宴会、会见宾客时必须穿戴。由于乌纱帽两边的硬翅各有一尺多长,走起路来上下颤动,所以官员们走路都养成了小心翼翼的习惯。传说北宋时期一位大臣微服私访,在路上遇到一位老翁,老翁见到他就跪拜迎送,十分恭敬。大臣很奇怪,故意问他:"老人家,我不是朝中大臣,你为什么对我这么客气?"老翁笑着说:"大人不要再瞒我了,刚才你过窄巷时,左看右看,生怕碰着你的头顶,说明你是戴乌纱帽的。现在虽然没穿官服,但我还是能看出你的身份。"

239 乌鸦嘴 wūyāzuǐ [crow mouth]

[释义] 指说不吉利话的嘴巴。

[相关词语] 八哥嘴;鹦鹉学舌

[示例]

例1:A:如果飞机失事咱们就回不了家了!

B:你这个乌鸦嘴,张口就说这么不吉利的话。

例2:A:过年了,大家都说祝贺的话,他却老说一些和"倒霉"有关的事情。

B:他那个人就是张乌鸦嘴,哪句话难听他说哪句。

[提示] 常用于多话而令人讨厌的人。含有贬义,有厌恶、轻蔑鄙视意味。引起"倒霉"的联想。

可以说"真是张乌鸦嘴"、"你这个乌鸦嘴"、"他这张乌鸦嘴"等。

[相关链接] 乌鸦;喜鹊;鹦鹉

不同的民族,动物有不同的象征意义和文化内涵,这种文化也体现在语言的运用中。在汉民族文化中,乌鸦被认为是不吉利的一种动物,如果听到乌鸦叫,预示着可能会有倒霉的事情或不幸的事情发生,因此人们不喜欢听到乌鸦的叫声。相反,喜鹊则被认为是一种吉利的动物,听到喜鹊的叫声预示着有喜事发生。因此人们用"乌鸦嘴"形容多嘴、爱说不吉利话的人,用"喜鹊"形容那些"唧唧喳喳"说话的人,其中含有亲昵的意味。而鹦鹉(也称为"八哥")是一种可以学人说话的鸟,人们常用"鹦鹉学舌——人云亦云"形容没有自己主见的人,用"八哥嘴"形容口才好,能说会道的人,有时也指多嘴多舌。

240 无底洞 wúdǐdòng [a bottomless hole; something that can never be filled up]

[释义] 永远填不满的洞。比喻满足不了的物质要求、欲望等。

[示例]

例1:A:人永远没有满足的时候,有了房子就想要汽车。
B:可不是,人的欲望就像无底洞。

例2:A:任何一个问题都是一个无底洞,都需要不断地钻研。
B:这需要一个人的毅力和耐力。

[提示] 一般含贬义。可以说"是个无底洞"、"填不满的无底洞"、"填无底洞"等。

[相关链接] 填窟窿

"填窟窿"填补窟窿,比喻填补亏空的债。如:当年小李为了给父亲治病借了很多钱,到现在这个窟窿也没填完。B:要不说人一生病花钱就像个无底洞嘛！/ 为买房我向很多亲戚借钱，到现在还借了东家还西家，这个窟窿一直还没填完呢。

练习十二

一、连线

第一组

1. 比喻官职。　　　　　　　　a. 老交情
2. 引起纠纷，闯祸。　　　　　b. 王婆卖瓜
3. 比喻出钱请客。　　　　　　c. 窝囊废
4. 比喻代人受过的人。　　　　d. 替罪羊
5. 长期保持的友谊。　　　　　e. 掏腰包
6. 比喻自己夸自己。　　　　　f. 乌纱帽
7. 比喻没有本事的人。　　　　g. 捅娄子

第二组

1. 说不吉利话的嘴巴。　　　　　　　a. 忘年交
2. 比喻对事情相互推脱责任。　　　　b. 无底洞
3. 没有见过世面的人的蔑称。　　　　c. 土包子
4. 比喻无法满足的欲望。　　　　　　d. 窝里斗
5. 在某一地方有势力的人物。　　　　e. 土霸王
6. 比喻家族或团体内部互相争斗。　　f. 乌鸦嘴
7. 年岁相差大但是友谊深厚的朋友。　g. 踢皮球

二、填空

老交情	桃花运	套近乎	踢皮球	替罪羊	忘年交
（打）退堂鼓	无底洞	窝里斗	窝囊废	挖墙角	乌纱帽
土老帽	捅娄子	王婆卖瓜	拖油瓶		

1. 你连手机都不会用，真是一个（　　　　）。
2. 我刚进考场时就想（　　　　），但最终还是进去了。

3. 我和刘经理是(　　)了,这件事他肯定会帮忙的,你就放心吧。
4. 他最担心丢掉自己的(　　),所以从来不敢得罪领导。
5. 那个人的胃口是个(　　),你给他多少钱他都不嫌多。
6. 你这个(　　),怎么连这么简单的事情也办不好?
7. 他总想和我拉关系,(　　),其实他的目的我很清楚。
8. 他被抓起来了,其实这件事是别人干的,他只是个(　　)罢了。
9. 小李最近交了(　　)了,很多漂亮女孩子来找他。
10. 我今天可(　　)了,竟然把公司的重要文件弄丢了。

三、阅读理解

1. 这件事两个部门之间一直<u>打太极拳</u>,问题到现在也没解决。
   A. 练习太极拳　　　　　B. 比赛
   C. 互相推诿责任　　　　D. 打拳
2. 这种<u>桃色新闻</u>我听得多了,一点也不觉得奇怪。
   A. 粉红色的新闻　　　　B. 新鲜的新闻
   C. 关于男女关系的传闻　D. 很特别的新闻
3. 你别看他好像什么都懂,其实就是个<u>万金油</u>罢了。
   A. 没有专长的人　　　　B. 一万斤油
   C. 油很多　　　　　　　D. 油很好吃
4. 她这是<u>王婆卖瓜</u>,其实她的东西不怎么样。
   A. 她是王婆　　　　　　B. 王婆是个卖瓜的
   C. 王婆的瓜很好　　　　D. 自己认为自己东西好
5. 虽然我们俩差别很大,但却成了<u>忘年交</u>。
   A. 交往的时候忘了时间　B. 交往很长时间了
   C. 忘了联系　　　　　　D. 年龄差距大,友谊深厚

四、阅读选择

1. 下面哪一项代表官职?(　　)
   A. 乌纱帽　　　　　　　B. 戴高帽

  C. 戴绿帽   D. 假面具
2. 下面哪一项不表示有权利的人？（　　）
  A. 太上皇   B. 天王老子
  C. 土皇帝   D. 土包子
3. 下面哪一项不表示人土气？（　　）
  A. 土包子   B. 乡巴佬
  C. 土老帽   D. 土皇帝
4. 下面哪一种动物与多嘴多舌有关？（　　）
  A. 鹦鹉   B. 夜猫子
  C. 喜鹊   D. 乌鸦
5. 下面哪一项表示惹了麻烦？（　　）
  A. 酒囊饭袋   B. 捅马蜂窝
  C. 替死鬼   D. 拆墙脚

241 西洋景 xīyángjǐng [peep show; raree show]

[释义] 一种民间娱乐装置,是若干幅可以左右推动的画片,观众从透镜中可以看放大的画面,画片多是西洋景物。表示对新东西感到新鲜、好奇,也指骗人的手段。

[示例]
例1:A:这些小孩子见到这架充气飞机模型就像见到西洋景似的都围了上来。
B:孩子们对这些新鲜的东西就是感兴趣。

例2:A:警察同志,我们真的是无辜的。
B:证据都在我们手中,你们的西洋景早已经被我们拆穿了,别假装可怜了。

[提示] 可以说"看西洋景似的"、"看什么西洋景呢"、"拆穿他的西洋景"、"戳穿他的西洋景"、"西洋景被拆穿了"等。

[相关链接] 西洋镜
"西洋镜"俗称拉大洋片,起源于清末民初,属街头卖艺人一种行当。卖艺人边拉ػ片,边敲小锣,边唱小调,很热闹。看西洋镜的人坐在凳上(小孩立在地上),从镜孔中观看,一般一文钱一次。西洋镜中的内容有中国传统"十怕妻"、"小丈夫"等民间戏说,也有反映外国风光、交通、习俗、服饰等内容的。而"拆穿西洋镜"则比喻骗人的伎俩被人发现了、揭穿了,也说"戳穿西洋镜"。如:只要拆穿他们的西洋镜,他们在这里就混不下去了。

242 瞎指挥 xiā zhǐhuī [to order about arbitrarily; command carelessly]

[释义] 闭着眼睛指挥。表示不了解情况,凭主观想象胡乱地指挥、下命令。

［近义词语］乱弹琴［见158］

［示例］

例1：A：应该往东走！不，往西走！不不不，是往南走！

B：你不知道就别在这里瞎指挥了。

例2：A：新经理上台后咱们这里更乱了。

B：他根本不懂管理，在这里瞎指挥，公司早晚得毁在他手里。

［提示］常用于被指责的人对不懂或不知道的事情发表意见。含有贬义，有嘲讽意味。

可以说"不懂别瞎指挥"、"瞎指挥什么呀"、"净瞎指挥"等。

243 下马威 xiàmǎwēi [warn against insubordination by enforcing strict disciplinary action when one first takes office]

［释义］原来指新官到任时故意向下属显示威风。泛指一开始就向对方显示的威力。

［示例］

例1：A：我们换了个厂长，他刚来就给我们来了一个下马威，撤了几个部门经理。

B：新官上任三把火嘛！

例2：A：你们的新班主任怎么样？

B：看来挺厉害，刚来就给我们来了一个下马威，把迟到的学生给批了一顿。

［提示］可以说"给……一个下马威"、"来了一个下马威"等。

［相关链接］新官上任三把火

"新官上任三把火"指新官刚刚上任时，都会做一些事情显示自己的才能与热情。如：俗话说"新官上任三把火"，刘书记刚一上台就要进行改革，先从调整领导班子开始。／A：刚到任的CEO怎么样？B："新官上任三把火",热情挺高的,但不知道水平怎么样。

244 下坡路 xiàpōlù [a downhill path; a downhill journey; decline]

[释义] 由高处通向低处的道路。比喻向衰落或灭亡的方向发展。

[示例]
例1：A：最近咱们公司的效率不好,越来越走下坡路了。
B：可不是,看来不改革是不行了。
例2：A：刘老板这几年不像前几年那么风光了。
B：他现在是往下走下坡路了。

[提示] 常用于表示不如以前。含有贬义。
可以说"走下坡路"、"走起/上了下坡路"、"下坡路不能走"等。

[相关链接] 上坡路
"**上坡路**"由低处通向高处的道路。比喻向好的或繁荣的方向发展的道路。可以说"走起/上了上坡路"、"要走上坡路"等。如：这几年家乡的发展越来越好,一直都走上坡路,老百姓的生活也越来越好了。/我们公司前几年经济滑坡,一直走下坡路,这几年恢复了一些,开始走上坡路了。

245 下台阶 xià táijiē [to get out of a predicament or an embarrassing situation]

[释义] 从台阶上走下来。比喻摆脱困难窘迫的处境。

[示例]
例1：A：今天经理当着这么多人的面指责老刘,真不给面子。
B：要不是你给老刘找个台阶下,老刘可真就下不来台了。

例2：A：今天记者们问的问题真够刁难人的。
　　　B：可不，要不是秘书给我打圆场，给我找个台阶下，我可真顶不住了。

[提示] 常用于人难堪时帮忙。多用否定式。
　　　可以说"找个台阶下"、"顺着台阶下来了"、"给……个台阶下"、"给自己找台阶下"，否定说法"下不了台阶"、"没法下台阶"、"让我下不了台阶"等。

[相关链接] 下台；上台；上台阶
　　　"下台"指从舞台或讲台上下来，比喻摆脱困难窘迫的处境，即"下台阶"，多用于否定"下不了台"、"下不来台"、"无法/没法下台"等。"下台"还比喻比喻卸去公职或交出政权。如：张经理终于下台了，大家心里都暗暗高兴。反义词语"上台"指到舞台或讲台上去，比喻出任官职或掌权。如：现在我们请主席上台讲话，大家欢迎。／新领导上台没几天就要进行大的改革了。"上台阶"比喻社会发展、工作、生产等达到一个新的高度。如：今年我市的经济比去年同期又上了一个新台阶。

246 献殷勤 xiàn yīnqín [to do everything to please; solicitous; to pay court]

[释义] 为了讨好、巴结某人故意热情周到。
[近义词语] 拍马屁
[示例]
例1：A：他每天向我们咱们的班花献殷勤，可是她根本就没把他看在眼里。
　　　B：他这是自作多情。
例2：A：他总是给领导献殷勤。
　　　B：可是这一次选拔干部的时候领导根本没有考虑过他。

[提示] 常用于男的向女的或向领导讨好。含有贬义，有轻蔑意味。
　　　可以说"向/对/为……献殷勤"、"大献殷勤"、"献什么

殷勤"等。

247 香饽饽 xiāngbōbō [popular; well-liked]

［释义］饽饽,由面做成的馒头、糕等食物。比喻受欢迎、受喜爱的人或物。

［示例］
例1：A：这次被裁的人当中也有王洪刚。
B：他在领导面前可是香饽饽啊,怎么能把他也裁掉了呢?

例2：A：我们这个专业的学生今年都找到了比较理想的工作。
B：你们专业最近几年成了香饽饽,到处都需要。

［提示］含有褒义,有喜爱、亲昵的意味。
可以说"真是一个香饽饽"、"成了个香饽饽"、"是香饽饽"等。

［相关链接］吃香；吃得开；大红人
"吃香"指受欢迎,受重视。如：这种新产品在市场上很吃香,很快就变成了抢手货。／只要你有技术,肯吃苦,在什么地方都会吃香的。／最近这两年这个专业不怎么吃香了。"吃得开"也指行得通,受欢迎,反义词"吃不开"。如：你的那老一套现在已经不时兴了,吃不开了。／他总是和经理对着干,你说他在公司能吃得开吗？"**大红人**"也说"红人"指受宠信或重用的人。如：刘刚工作能力强,人也热心,刚来几个月就成了公司的大红人。

248 象牙塔 xiàngyátǎ [ivory tower; aloofness from practical life]

［释义］原是19世纪法国文艺批评家圣佩韦批评同时代消极浪漫主义诗人维尼的话。比喻脱离群众和生活的文学家、艺术家的人等知识分子的小天地。

［近义词语］象牙宝塔
［示例］
例1：A：这些学生天天只知道读死书,社会经验一点

也没有。

　　　　B:其实大学生不能只呆在象牙塔里,还应该走
　　　　　向社会,参加社会实践活动。
　　例2:A:博士毕业以后你还想继续呆在高校里做学问吗?
　　　　B:我可不愿意继续呆在这象牙宝塔里了,读书
　　　　　读够了,我想进公司。

[提示]含有贬义,有幽默、讥讽意味。
　　　　可以说"象牙之塔"、"呆在象牙塔里"、"躲进象牙塔
　　　　里"、"走进象牙塔"、"走出象牙塔"等。

249 小报告 xiǎobàogào [gossip; unhonest information made known to the superiors]

[释义]指向上级反映问题的书信或口头报告。比喻私下向
　　　　领导反映的有关别人的情况。

[近义词语]小汇报

[示例]
　　例1:A:他经常在领导面前给人打小报告。
　　　　B:所以你少得罪他,省得他到时候给你穿小鞋。
　　例2:A:肯定是有人向老板打小报告了,要不老板怎
　　　　　么知道我的事情的呢?
　　　　B:你别看我,我可没和老板说过。

[提示]常用于指不怀好意地汇报别人的言行。含有贬义,有
　　　　厌恶憎恨意味。
　　　　可以说"打小报告"、"给……打小报告"、"打了个小报
　　　　告"、"打打小报告"、"爱打小报告的人"等。

[相关链接]上眼药
　　　　"上眼药"比喻说人坏话,罗列别人的过错或罪名,使人遭受谴责或
　　　　陷害。如:A:这件事院长怎么会知道?B:准是王杰在院长面前给咱们
　　　　上的眼药。/办公室的小刘经常给王明上眼药,这次选拔干部王明就

没被选上。

250 小菜一碟 xiǎocài yī dié [a small dish of food; easy job]

[释义] 小碟盛的下酒菜,很容易做。形容轻而易举,很容易的事情。

[近义词语] 小菜

[示例]
例1:A:老李,你能不能帮我弟弟在你们那儿安排个工作?
B:这件事小菜一碟,你让他下星期一到我公司来吧!

例2:A:你能帮我翻译一下这封信吗?
B:没问题,小菜一碟。

[提示] 常用于说不费事,简单。有幽默、诙谐意味。可以说"小菜一碟的事儿"、"对……而言小菜一碟"等。

[相关链接] 小事一桩

"小事一桩",形容事情很简单,不复杂,很容易办到。如:A:我托他的这件事他能办成吗?B:这件事对他来说小事一桩,你就放心吧。/A:我把他的电子词典弄丢了,怎么办呢?B:这还不是小事一桩,你再买一个还他不就是了。

251 小插曲 xiǎochāqǔ [songs in a film or play; episode]

[释义] 穿插在电影、话剧中较有独立性的乐曲。比喻事情发展中插入的特殊片断或故事。

[示例]
例1:A:我和他相识的时候还有一段小插曲呢!
B:那一定很浪漫了,说说听听。

例2：A：听说你们俩之间曾经发生过误会。
　　　B：对，这是发生在奥斯卡颁奖晚会之前的一个小插曲。

［提示］可以说"一段小插曲"、"一个小插曲"、"耐人寻味的小插曲"等。

252 小道消息 xiǎodào xiāoxi ［grapevine telegraph; hearsay; back-alley news］

［释义］比喻非正式途径来的消息、传闻。
［示例］
例1：A：听说咱们公司的股票要跌了！
　　　B：这是小道消息，不可信。
例2：A：我听小道消息说咱们公司要裁员了。
　　　B：真的，你这消息确实吗？要裁多少人呢？

［提示］常用于说不可信、不确定的消息。可以说"是小道消息"、"不可信的小道消息"等。

［相关链接］马路新闻；马路消息
　　　"马路新闻"也说"马路消息"，指道听途说的消息。如：这些马路新闻是不可信的。／A：听说咱们这儿的居民楼要拆了。B：你又从哪儿听到的这些马路消息？

253 小动作 xiǎodòngzuò ［little trick; petty and mean actions］

［释义］指在暗地里做的干扰别人或集体的动作。
［示例］
例1：A：上课的时候总有学生在下面做小动作，扰乱课堂秩序。
　　　B：对这些学生要好好引导，让他们集中精力学习。

例2：A：每次检查都有人搞小动作，这次我们绝对不允许这种事情发生。

B：这次进行突击检查就是为了防止某些单位搞小动作，弄虚作假。

[提示] 有时也用于为某种目的而进行的某些不正当的活动，如拉关系、请客送礼、弄虚作假，行贿等。含有贬义，有轻蔑、嘲讽意味。

可以说"搞/做小动作"、"小动作太多"、"搞什么小动作"等。

254 小肚鸡肠 xiǎo dù jī cháng [narrow-minded]

[释义] 比喻气量小，计较小事，不顾大局。

[近义词语] 鼠肚鸡肠

[示例]

例1：A：我比他多拿了一百块奖金，他好像有意见。

B：这个人小肚鸡肠，心胸窄，而且经常嫉妒别人。

例2：A：她因为卖菜的少给了她一两韭菜就吵了起来。

B：女人就这么小肚鸡肠，斤斤计较。

[提示] 含有贬义，有嘲讽、轻蔑意味。可以说"真是小肚鸡肠"、"这种小肚鸡肠的人"等。

255 小儿科 xiǎo'érkē [department of paediatrics; kid's stuff; easy task]

[释义] 医院中治疗儿童疾病的科。①比喻价值小、水平低，不值得重视的事物。②比喻极容易做到的事情。③形容小气，被人看不上。

[示例]

例1：A：做米饭应该放多少水？

　　　　　B:这种小儿科的常识你也不知道?
　　例2:A:我不会写文章,可对老张来说是小儿科。
　　　　　B:那你能不能让他帮我写一篇?
　　例3:A:好朋友结婚,他就送了五十元礼金。
　　　　　B:这也太小儿科了吧。

[提示] 含有贬义,含幽默、诙谐、嘲讽意。可以说"小儿科的问题/事情"、"这个太小儿科了"、"不过是小儿科罢了"等。

256 小辣椒 xiǎolàjiāo [small capsicums; a girl or woman who is bold, hot and quick-tempered with a sharp tongue]

[释义] 比喻说话泼辣、难以对付的年轻女子。

[示例]
　　例1:A:这个女孩子嘴巴真厉害。
　　　　　B:简直就是个小辣椒。
　　例2:A:她的儿媳妇是个小辣椒,得理不饶人。
　　　　　B:怪不得她总和婆婆闹矛盾呢!

[提示] 常用于形容既泼辣又厉害的女人。含有亲昵、戏谑意味。
可以说"真是个小辣椒"、"像个小辣椒似的"、"这个小辣椒"等。

257 小气鬼 xiǎoqìguǐ [penny pincher]

[释义] ①小气的,不大方的人。②比喻心胸狭窄、没有度量的人。

[示例]
　　例1:A:李斌今天请我们吃饭就点了两个菜,我都没吃饱。
　　　　　B:他可真是个小气鬼。

例2：A：这个大老板很有钱,却是个小气鬼,连水果都舍不得买着吃。
B：人家这不叫小气,叫节约。

[提示] 对吝啬鬼的蔑称。含有贬义,有轻蔑、戏谑意味。可以说"真是个小气鬼"、"这个小气鬼"等。

[相关链接] 抠；抠门儿；老抠儿；小家子气；大手大脚

"抠"、"抠门儿"指小气、不大方,可以说"抠死了"、"抠得很"、"太/非常/特别/特抠门儿"、"抠门儿的人"等。对小气的人也戏称"**老抠儿**"。如：老王这个人抠得很。／ A：咱们老板也太抠门儿了,过年就发一百块钱的奖金。B：要不大家都叫他"老抠儿"呢！"**小家子气**"指不大方,不气派,吝啬,胸襟不宽。如：A：这个人真是小家子气,我借他五块钱他都不借。B：他是个铁公鸡,你怎么去找他借钱？"**大手大脚**"形容花钱、用东西不节省。如：你花钱要节省点儿,不能大手大脚的。

258 笑面虎 xiàomiànhǔ [a smiling tiger: an outwardly kind but inwardly cruel person]

[释义] 比喻外面装得很善良而内心毒辣的人。

[示例]

例1：A：科长真是个笑面虎,没想到他竟然能做出这样的事情来。
B：他这个人总是当面一套,背后一套。

例2：A：我觉得他人挺好的,可是大家都说他是个笑面虎。
B：对啊,知人知面不知心,他表面对你好,背后就不一定了。

[提示] 含有贬义,有厌恶、轻蔑意。可以说"这个笑面虎"、"真是个笑面虎"等。

[相关链接] 笑里藏刀

"笑里藏刀"比喻外表和气,内心狠毒。如：我和他接触过一段时间,他是个笑里藏刀的人,你得提防着点儿。／我最讨厌那种笑里藏刀的人了,太可怕了。

259 绣花枕头 xiùhuā zhěntou [an embroidered pillow: a person good only in looks]

[释义]绣着花的枕头,外面很好看,而里面装的是草。①比喻外表好看却没有能力的人。②比喻外表好看而质量不好的货物。

[示例]

例1:A:刘莉莉找的男朋友很帅,可惜是个绣花枕头,连个工作都没有呢!

B:光长得帅有什么用?她长得这么漂亮,应该找个有能力的。

例2:A:这是我们公司新生产的产品,你们看看怎么样?

B:这种产品外观很漂亮,可惜是个绣花枕头,不实用。

[提示]常用于形容男的。含有贬义,有嘲讽、戏谑意。可以说"这个绣花枕头"、"真是个绣花枕头"等。

[相关链接]小白脸;中看不中用

"小白脸"外表漂亮、年轻风流的男子。也戏称皮肤白嫩的男子。如:听说她找了一个小白脸儿。/你怎么和这个小白脸在一起,他是个骗子你知不知道?"中看不中用"指东西外面好,但不实用,也指人外表好,但没有能力。如:这种东西中看不中用,样式不错,可是一用就坏。/你别看他长得一表人材的,其实是个中看不中用的家伙。

260 寻短见 xún duǎnjiàn [to commit suicide]

[释义]自杀。

[示例]

例1:A:失恋之后她寻短见了。

B:年纪轻轻的,怎么能这么想不开呢?

例 2：A：他得了艾滋病，觉得很丢人就想自寻短见。
B：为了防止他自寻短见，我们必须派人照顾他。

[提示] 常用于因某事想不开自杀。说法委婉，有戏谑意味。可以说"自寻短见"、"寻了短见"、"寻过短见"、"不能/不要自寻短见"等。

练习十三

一、连线

第一组

1. 想不开自杀。　　　　　　　　　　a. 小菜一碟
2. 比喻气量小。　　　　　　　　　　b. 大红人
3. 形容很容易的事情。　　　　　　　c. 献殷勤
4. 比喻说话泼辣的年轻女子。　　　　d. 小辣椒
5. 小气的，不大方的人。　　　　　　e. 寻短见
6. 指受宠信或重用的人。　　　　　　f. 小肚鸡肠
7. 为了讨好某人故意热情周到。　　　g. 小气鬼

第二组

1. 比喻非正式途径来的消息。　　　　a. 小汇报
2. 比喻摆脱困难窘迫的处境。　　　　b. 下台阶
3. 比喻外表好看却没有能力的人。　　c. 绣花枕头
4. 比喻向衰落或灭亡的方向发展。　　d. 香饽饽
5. 比喻受欢迎、受喜爱的人或物。　　e. 笑面虎
6. 比喻私下向领导反映别人的情况。　f. 小道消息
7. 比喻外面装得很善良而内心毒辣的人。　g. 下坡路

二、填空

西洋镜	瞎指挥	下台阶	香饽饽	献殷勤	下马威
下坡路	小报告	象牙塔	小插曲	小动作	小肚鸡肠
小儿科	小道消息	寻短见	小辣椒		

1. 你们不认真听讲,在下面搞什么(　　　)呢?
2. 小李是专门学电脑的,可竟然连安装电脑这种(　　　)的事情都不懂?
3. 你既然不懂管理,就不要在这里(　　　)了。
4. 新的总裁刚一上任就给我们来了个(　　　)。
5. 他们的(　　　)被警察拆穿了,大家才知道他们是骗子。
6. 这几年公司不景气,一直在走(　　　),换了几届领导也没有起色。
7. 读书学习不能只呆在(　　　)里,而对社会上的事情不管不闻。
8. 我们在拍这部电影时发生了很多有意思的(　　　)。
9. 你不用向她(　　　)自作多情了,人家下个月就举行婚礼了。
10. 这个人太(　　　)了吧,芝麻小的事儿也放在心上。

三、阅读理解

1. 他的女朋友简直就是个小辣椒?
   A. 女朋友喜欢吃辣椒　　　B. 嘴巴很厉害
   C. 卖辣椒　　　　　　　　D. 辣椒越小越辣

2. 这件事对我来说小菜一碟,你放心我帮你做!
   A. 菜很少　　　　　　　　B. 很容易
   C. 帮我做菜　　　　　　　D. 菜很简单

3. 我上个星期见到他还好好的,怎么就突然寻了短见了呢?
   A. 生病住院　　　　　　　B. 自杀
   C. 想不开要自杀　　　　　D. 得了绝症

4. 小刘说的都是些<u>马路新闻</u>，你也信。
   A. 小道消息　　　　　　B. 报纸上的新闻
   C. 信息确实　　　　　　D. 可靠的新闻
5. 他现在可是个<u>香饽饽</u>，因为懂技术各单位都抢着要他。
   A. 吃香受欢迎　　　　　B. 吃不开
   C. 没市场　　　　　　　D. 大红人

四、阅读选择

1. 下面哪一项表示男的长得好，但是没能力？（　　）
   A. 绣花枕头　　　　　　B. 花瓶儿
   C. 花架子　　　　　　　D. 耍花招
2. 下面哪一项表示不表示受到人的陷害？（　　）
   A. 打小报告　　　　　　B. 穿小鞋
   C. 泼冷水　　　　　　　D. 泼脏水
3. 下面哪一项不表示巴结奉承？（　　）
   A. 献殷勤　　　　　　　B. 摆架子
   C. 拍马屁　　　　　　　D. 哈巴狗
4. 下面哪一项不表示人很吝啬的？
   A. 抠门儿　　　　　　　B. 揩油水儿
   C. 铁公鸡　　　　　　　D. 守财奴
5. 下面哪一项表示达到了一个新的高度？（　　）
   A. 下台阶　　　　　　　B. 下台
   C. 上台　　　　　　　　D. 上台阶

261 眼中钉 yǎnzhōngdīng [a nail in eye; a thorn in one's flesh]

［释义］眼里的钉子。比喻心目中极其厌恶、痛恨的人或事物。

［近义词语］肉中刺；眼中刺；眼中钉，肉中刺

［示例］

例1：A：婆婆很不喜欢这个媳妇，对她很刁难，把她看成眼中钉、肉中刺。

B：婆媳之间一般是很难相处，但也不至于这样啊。

例2：A：小李手里有经理的把柄，经理把他看成是眼中钉，很想把他开掉。

B：怪不得最近经理总是找他的麻烦呢！

［提示］含有贬义，有厌恶、憎恨意味。

可以说"拔掉/除掉/去掉这颗眼中钉"、"把……当做/看作眼中钉"、"是……的眼中钉"等。

262 摇钱树 yáoqiánshù [a legendary tree that sheds coins when shaken: a ready source of money or income; the goose that lays the golden eggs]

［释义］原指神话中的一种宝树，一摇晃就有许多钱掉下来。比喻可以用来不断获得钱财的人或物。

［示例］

例1：A：那家人挺有钱的，既然他那么喜欢你，你就答应嫁给他吧！

B：你们可别把我当成摇钱树，我死也不会嫁给那个老头儿的！

例2：A：当地旅游部门对这座古寺重新修建,进行二次开发,想把这儿变成摇钱树。

B：可是他们过多的开发会破坏寺庙原有的风貌。

[提示] 含有贬义,有幽默、诙谐意。

可以说"把……当成/看成摇钱树"、"一棵摇钱树"、"不能把……当成摇钱树"、"摇钱树的作用"等。

[相关链接] 聚宝盆

"聚宝盆",传说中装满金银珠宝而且取之不尽的盆,比喻资源丰富的地方。如：我们这个地区可是一个聚宝盆,有丰富的矿产资源。/ 我们要好好利用这个聚宝盆,让它发挥应有的作用。

263 咬耳朵 yǎo ěrduo [to whisper in sb.'s ear]

[释义] 为了不让别人听见,对人贴着耳朵小声讲话,就是使用耳语。

[近义词语] 咬耳朵根子

[示例]

例1：A：那两个女人一直在那儿咬耳朵,不知道又在说什么悄悄话。

B：女人之间的秘密就是多。

例2：A：由于会议开得很沉闷,以致很多人在下面互相咬起了耳朵。

B：四个小时坐在那儿不动,也无聊了。

[提示] 含有幽默、诙谐意味。可以说"跟/和……咬耳朵"、"咬起了耳朵来"、"咬着耳朵"等。

264 一把手 yī bǎ shǒu [number one man]

[释义] 在某一方面才干出众的人,也指一个单位、组织的首要负责人。

[近义词语] 第一把手儿

[示例]

例1：A：谁是你们这里的一把手？

B：我们的一把手刚刚退休，现在几个人正在竞争这个位子呢！

例2：A：听说你的老公特别能干，里里外外一把手。

B：谁说的？外面他是一把手，家里我是一把手。

[提示]可以说"成了/当上了/变成了一把手"、"告诉/报告给一把手"、"一把手的作用"、"一把手还没来"、"这是我们的一把手"等。

[相关链接]顶头上司；头儿；老大

"顶头上司"指直接领导自己的人或机构。如：A：你对小林怎么这么热情？B：她哥哥是我的顶头上司，我当然也不敢怠慢了。/A：我的顶头上司三十出头，不仅业务能力强，人品也很好，几乎就是十全十美。B：我看你是爱上他了吧！"头儿"指头目、领导。如：我们把他们的头儿给抓住了。/你看到没有，那位穿黑色西服的人就是我们的头儿。"老大"指某些帮会和黑社会团伙对首领的称呼。如：照片上的这个人这就是他们的老大，现在他已经逃到国外去了。

265 一场空 yī chǎng kōng [futile; all in vain; to come to naught]

[释义]努力和希望完全落空。

[示例]

例1：A：我以为这次比赛会赢，结果最后一场空，输得很惨。

B：咱们队的实力比对方差远了。

例2：A：我希望儿子长大了有出息，结果盼来盼去一场空，孩子不成器，真让我失望。

B：其实每个父母都是"望子成龙"的。

[提示]源于歇后语"竹篮子打水——一场空"。

266 一锤子买卖 yī chuízi mǎimai [once-for-all deal: the one and only business deal to be made with sb (from which the greatest possible advantage is to be derived); to put all one's eggs in one basket]

[释义] 不考虑以后怎样,只顾一次交易的成效。

[示例]

例1：A：卖假货的人只是看到了眼前利益。
B：他们做的都是一锤子买卖,这次顾客上当了,下次肯定不会再买的。

例2：A：我们做生意不能搞一锤子买卖,所以我们的货你放心,货真价实!
B：那我们也得先验验货再说!

[提示] 常用于比喻不做长远考虑,一次性了结,如做生意只管这一次赚钱,不管以后。含有贬义。用于比喻关键的一次或事情只做一次,没有下一次,表示下大决心。不含贬义。

可以说"做/搞/是一锤子买卖"、"一锤子买卖可不行"、"咱们就一锤子买卖吧"等。

267 一刀切 yīdāoqiē [to cut it even at one stroke: to make everything rigidly uniform]

[释义] 比喻不顾实际情况,用同一方式处理问题。

[示例]

例1：A：我们改革要根据各地的实际情况制定方针政策,不能搞一刀切。
B：对,我们要实事求是,因地制宜。

例2：A：我们单位要求50岁必须下岗。
B：我觉得下岗年龄不能一刀切,对有技术的人员应该让他们晚几年。

[提示] 常用于应根据实际情况处理问题时用。含有贬义。可以说"来个一刀切"、"不能搞一刀切"、"一刀切的做法/结果"等。

268 一锅端 yī guō duān [to wipe out completely]

[释义] 本来指一下子全部拿掉、取出。①比喻一下子全拿出来,没有剩余。②比喻一下子全部消灭。

[近义词语] 一锅煮;连锅端

[示例]

例1:A:这些坏人作了那么多坏事,我们把他们一锅端了吧!

B:现在机会还不成熟,不能一锅端,我们还不能行动。

例2:A:我们已经找到他们的犯罪证据了。

B:现在只是掌握了部分犯罪证据,要想把他们一锅端了还需要更多的证据。

[提示] 常用于对敌人、坏人等。含有贬义,有幽默、诙谐意。可以说"把……一锅端了"、"被/让/叫……一锅端了"等。

269 一锅粥 yīguōzhōu [a pot of porridge: a complete mess]

[释义] 比喻混乱的现象。

[示例]

例1:A:你家里出事儿了,现在乱成了一锅粥,你快回去看看吧!

B:是嘛!那你先帮我把这里的事情处理处理吧,我先回去看看。

例2：A：老板在交通事故中死了，公司里现在是一锅粥。

B：真不知道以后咱们公司会怎么发展！

[提示] 常用于感叹局面不可收拾，也用于形容环境脏乱。含有贬义，有幽默、诙谐、嘲讽意。

可以说"乱成一锅粥"、"搞成一锅粥"、"真是一锅粥"、"一锅粥的局面"等。

[相关链接] 一团乱麻；一团糟；炸了锅；炸了窝

"一团乱麻"形容事情或心情乱到极点。如：这件事让他处理到现在变成了一团乱麻。／我现在心里是一团乱麻。"一团糟"形容非常混乱，不易收拾。如：父母不在家，孩子把家里弄得一团糟。／新上任的经理对业务不熟悉，许多有经验的职员又纷纷跳槽，所以最近公司是一团糟。"炸了锅"，也说"炸了窝"，比喻人多吵嚷不休，多指由于话语或决定引起的喧哗。如：代表会上，新一任委员的名单刚一宣布，会场上立刻就炸开了锅。

270 一盘散沙 yī pán sǎn shā [a sheet of loose sand; a state of disunity]

[释义] 像一盘沙子一样松散。比喻分散的、不团结的状态。

[示例]

例1：A：自从董事长退下去以后，咱们公司是一盘散沙。

B：可不，新上任的董事长好像什么也不懂，净瞎指挥！

例2：A：一个团队必须要有凝聚力，不能像一盘散沙。

B：对，团结就是力量，只有团结才能干出一番事业来。

[提示] 常用于形容人心不齐或管理混乱，人多却不团结、力量分散等。含有贬义，含幽默、诙谐意。

可以说"像一盘散沙"、"是一盘散沙"、"一盘散沙似的"等。

[相关链接] 一条心

"一条心"意志相同。否定说法"不一条心",有时也表示男女之间的感情有问题。如:A:这件事我看就交给小刘办吧。B:我看他和我们不是一条心,还是再找别人吧!/ 如果两个人不一条心了,那在一起过日子就没什么意思了。

271 一条龙 yītiáolóng [one continuous line; big-scale chain; like coordination]

[释义] 龙,古代传说中的一种动物。①比喻一个较长的行列。②比喻相关联的生产程序或工作环节。

[示例]

例1:A:春节快到了,这几天的火车票真难买。
　　B:可不是,售票口前面的人都排成一条龙了。

例2:A:这套系统很好,但对使用我还是心里没底。
　　B:请您放心,我们公司将为客户提供安装、调试和售后支持一条龙服务。

[提示] 可以说"一条龙服务"、"一条龙协作"、"生产、销售一条龙"等。

272 一头雾水 yī tóu wù shuǐ [unclear completely]

[释义] 形容完全弄不明白,搞不清楚。

[示例]

例1:A:今天一进办公室的门就被主任臭骂一顿,搞得我一头雾水。
　　B:不知道他又发什么神经了。

例2:A:老师今天讲的内容你听懂了吗?我怎么听得糊里糊涂的?
　　B:我也是一头雾水,没听明白。

[提示] 常用于因不了解原因而被搞糊涂了。含有贬义,含幽

默、诙谐意。

可以说"把……搞得/弄得/说得/整得一头雾水"、"真是让我一头雾水"、"被/让/叫……整得一头雾水"等。

[相关链接] 一盆浆糊；摸不着头脑

"**一盆浆糊**"形容糊涂，不明白。如：这个问题你越讲我越不明白，现在我脑子里是一盆浆糊。"**摸不着头脑**"指不清楚情况，做事情没有头绪。也说"摸不着门儿"。如：他突然说的这些话，让我一时摸不着头脑。／我刚开始工作很多事情还摸不着门儿。

273 一窝蜂 yīwōfēng [like a swarm of bees]

[释义] 形容人多声杂，乱哄哄地一拥而上或抢着说话。

[近义词语] 一窝风

[示例]

例1：A：一看到明星下车了，记者们一窝蜂似的涌了上去。
B：这些记者真让人难以招架。

例2：A：他们对主任有意见，今天下午一窝蜂似的涌进了主任的办公室。
B：可是他们这样做也不能解决问题啊！

[提示] 常用于形容没有秩序的样子。含有贬义，含幽默、诙谐意。

可以说"像一窝蜂一样/似的"、"一窝蜂地跑过来/围上来/挤进来/下来"、"一窝蜂的做法"、"一窝蜂地闯进来"等。

274 一五一十 yī wǔ yī shí [whole story as it had happened; in full detail]

[释义] 指以五为单位，一五、一十、十五、二十……。比喻叙述时清楚有序而没有遗漏。

[示例]

例1：A：你们之间到底发生了什么事，你要一五一十地都告诉我。

B：说来话长，让我从哪说起呢？

例2：A：你能不能把他们发生在二十年前的事告诉我？

B：等我有时间我把那件事一五一十地讲给你听。

[提示] 常形容叙述事情像点数那样详细清楚。

可以说"一五一十地说/报告/告诉/谈……"。

275 一言堂 yīyántáng [one person alone has the say; one person lays down the law]

[释义] 旧时某些商店挂的牌子上写"一言堂"三个字，表示商品不二价。比喻领导缺乏民主作风，不能听取群众意见或相反的意见。

[反义词语] 群言堂

[示例]

例1：A：我们单位开会是一言堂，只有领导说话的份儿，没有我们发言的机会。

B：其实开会不能搞一言堂，大家有什么意见都提出来比较好。

例2：A：我们单位提倡平等公平，开会的时候从来不搞一言堂。

B：对，就应该搞群言堂，这样才能听到群众的声音。

[提示] 常用于由一个人说了算数，不听别人的意见。含有贬义，有不满、埋怨、厌恶意味。

可以说"搞一言堂"、"是一言堂"、"一言堂的作风"、

"一言堂不好"等。

276 硬骨头 yìnggǔtou [hard bone: a dauntless, unyielding person, steel-willed person]

[释义] ①比喻坚强不屈的人或精神。②比喻艰巨的任务。

[近义词语] 有骨气

[示例]

例1：A：敌人怎么拷打他，他都没投降。
B：他可真是一个硬骨头。

例2：A：这项任务比较艰巨，是个硬骨头，谁愿意做呢？
B：首长，这个硬骨头就让我来啃吧。

[提示] 用于人时常含有褒义，有颂扬意味。用于任务时，生动形象。

可以说"这个硬骨头"、"啃硬骨头"、"让……啃这个硬骨头"、"这样的硬骨头"等。

[相关链接] 软骨头

"软骨头"比喻没有气节的人。如：A：他这么欺负你，你也忍着，你可真是个软骨头！B：你觉得我有能力和他对抗吗？/ 我们要做有骨气的人，不能当软骨头。

277 硬碰硬 yìng pèng yìng [strong to strong; hard to hard; diamond cut diamond]

[释义] 硬的东西碰硬的东西。比喻用强力对付强力，用强硬的态度对付强硬的态度。

[示例]

例1：A：这件事我得找教练说清楚。
B：教练正在气头上，你不要和他硬顶，你们俩硬碰硬没什么好结果。

例2：A：这件事我劝你不要和领导硬碰硬，最好是冷静一下再说。
B：不合理的事我就得说。

[提示] 常用于强调双方态度都比较强硬，互不相让。含有贬义。

可以说"和/跟……硬碰硬"、"硬碰硬可不行"、"硬碰硬的事情不要做"等。

[相关链接] 拿着鸡蛋碰石头

"拿着鸡蛋碰石头"力量小的一方同力量大的一方较量，一定会吃亏，比喻自不量力。如：A：他欺负我，我要找人收拾收拾他。B：你这不是拿着鸡蛋碰石头吗？他是什么人你不知道啊？

278 硬着头皮 yìngzhe tóupí [to toughen one's scalp: to brace oneself; force oneself to do sth. against one's will]

[释义] 不得已勉强做某事。
[示例]
例1：A：我最讨厌请客送礼这一套了，可为了工作，我硬着头皮去求人。
B：有时候人不能那么顾面子。
例2：A：你今天晚上怎么又喝了这么多酒？
B：我不想喝，可是那帮同事非灌我，我只能硬着头皮喝了。

[提示] 常用于勉强去做难度较大或不想做的事情。
有时也表示不顾外界的阻拦或影响，不怕条件的限制，坚决做某事情。
常说"硬着头皮说/去/干什么"。

279 有板有眼 yǒu bǎn yǒu yǎn [to be well presented; in methodical order]

[释义] 形容言行有条理、有节奏、有层次。

[示例]

例1：A：他才三岁，可京剧唱得有板有眼的，赢得了满堂喝彩。

B：这孩子本来就招人喜欢！

例2：A：这件事儿他说得有板有眼，好像真的一样。

B：你不用听他胡说，他就喜欢吹牛。

[提示] 含有褒义。可以说"做起事来/说起话来/唱起戏来有板有眼"、"说得有板有眼"、"算账算得有板有眼"等。

[相关链接] 板眼

"板眼"指民族音乐和戏曲中的节拍，每小节最强的拍子叫板，其余的拍子叫眼。如：一板三眼（四拍子）、一板一眼（二拍子）。

280 有色眼镜 yǒusè yǎnjìng [blinkers]

[释义] 有颜色的眼镜。比喻成见或偏见。

[示例]

例1：A：他以前做过牢，你不要和他来往。

B：妈，你不能戴着有色眼镜看人啊，他已经改过自新了。

例2：A：人不可能不戴着有色眼镜啊，等你吃亏了你就知道了。

B：但是我想给他一个重新做人的机会。

[提示] 常用于带有偏见地看待人或事物。含有贬义，含幽默、讥讽意味。

可以说"戴有色眼镜"、"戴着有色眼镜"、"不要戴着有色眼镜看人"等。

练习十四

一、连线

第一组

1. 使用耳语。　　　　　　　　　　a. 一把手
2. 比喻混乱的现象。　　　　　　　b. 一场空
3. 比喻一下子全部消灭。　　　　　c. 硬着头皮
4. 不得已勉强做某事。　　　　　　d. 一团乱麻
5. 努力和希望完全落空。　　　　　e. 一锅端
6. 单位组织的主要负责人。　　　　f. 一锅粥
7. 形容事情或心情乱到极点。　　　g. 咬耳朵

第二组

1. 比喻成见或偏见。　　　　　　　a. 硬骨头
2. 比喻坚强不屈的人。　　　　　　b. 一盘散沙
3. 比喻用强力对付强力。　　　　　c. 一头雾水
4. 形容言行有节奏、有层次。　　　d. 有色眼镜
5. 比喻在心目中极其厌恶的人。　　e. 眼中钉
6. 比喻分散的、不团结的状态。　　f. 硬碰硬
7. 形容完全弄不明白,搞不清楚。　g. 有板有眼

二、填空

眼中钉	摇钱树	咬耳朵	夜猫子	硬碰硬
硬着头皮	一头雾水	一盘散沙	有板有眼	一条龙
一窝蜂	一锤子买卖	一刀切	一锅粥	一言堂
一场空				

1. 售票窗口一开,大家(　　　)都挤了上去。
2. 小强年龄小,可是说起相声来却(　　　)的。
3. 我们公司这次改革(　　　),五十五岁以上都退休。

4. 做生意要讲究诚信,不能搞(　　　)。

5. 我们公司的电器生产、加工、销售、售后(　　　)服务。

6. 自从这两家公司合并后,公司内部人心不齐,像(　　　)。

7. 因为女儿长得漂亮,所以家里总想把她当成(　　　),嫁给有钱人。

8. 白雪公主的后母很嫉妒她的美貌,所以一直把她当成(　　　)。

9. 你这样和父亲(　　　)解决不了问题,应该坐下来互相谈一谈。

10. 大家很不喜欢开会的时候(　　　),可是有些领导就是不喜欢听群众的声音。

三、阅读理解

1. 我的丈夫就是我的<u>顶头上司</u>,在单位我听他的,在家里他听我的。
   - A. 在上面
   - B. 直接领导
   - C. 在头上
   - D. 两个人顶头

2. 你不能戴着<u>有色眼镜</u>去看待这些人?
   - A. 偏见
   - B. 眼镜是有颜色的
   - C. 太阳镜
   - D. 各种颜色的眼镜

3. 我们<u>头儿</u>正在给大家开会呢,你等一会儿再打电话过来吧!
   - A. 脑袋
   - B. 老大
   - C. 顶头上司
   - D. 一把手

4. 我知道自己做得不对,所以<u>硬着头皮</u>去找老板请求原谅。
   - A. 头疼
   - B. 头皮很硬
   - C. 不得已
   - D. 脸皮厚

5. 到底发生了什么事情,你要<u>一五一十</u>告诉我。
   - A. 数一数
   - B. 简单概括
   - C. 说实话
   - D. 详细具体

四、阅读选择

1. 哪一项表示人比较容易轻信别人的话？（　　）
   A. 软骨头　　　　　B. 软心肠
   C. 软耳朵　　　　　D. 吃软不吃硬

2. 下面哪一项表示说话做事有条理样子？（　　）
   A. 一头雾水　　　　B. 一条心
   C. 有板有眼　　　　D. 群言堂

3. 下面哪一项不表示人的性格坚强？（　　）
   A. 有骨气　　　　　B. 硬骨头
   C. 硬汉子　　　　　D. 吃软不吃硬

4. 下面哪一项表示情况比较糟糕？（　　）
   A. 一把手　　　　　B. 一刀切
   C. 一锅粥　　　　　D. 一言堂

5. 下面哪一项形容心情乱到了极点？（　　）
   A. 一团糟　　　　　B. 炸了锅
   C. 一团乱麻　　　　D. 一盆浆糊

281 占便宜 zhàn piányi [to be in an advantageous position; to gain extra advantage by unfair means]

[释义]①用不正当的方法,取得额外的利益。②比喻有优越的条件。

[相关词语] 沾光;揩油儿;揩油水儿;吃豆腐

[示例]

例1：A:找工作的时候,男的比女的占便宜。
B:可不是,很多工作单位"重男轻女"。

例2：A:听说李伟获得了这次比赛的冠军。
B:这次比赛你没参加,让那小子占了一个大便宜。

[提示]有时候特指男子戏弄女子。多含有贬义。有指责、讽刺意味。

可以说"占了/过/着……的便宜"、"占我的便宜"、"总是喜欢占别人的便宜"、"不占便宜"、"占不了什么便宜"等。

282 占上风 zhàn shàngfēng [to be on the windward side; win the advantage; get the upper hand (of sb.)]

[释义]上风:风刮来的那一方。比喻占据有利地位或具有一定的优势。

[反义词语] 占下风

[示例]

例1：A:现在这场足球比赛,大连队已领先两个球,占了上风,肯定他们会赢的。
B:不一定,比赛没有结束以前,谁也不知道最后的结果。

例2：A：恭喜你们辩论赛获得了冠军。

B：在这场辩论中我们只是略占上风而已，对方实力也很强。

[提示] 常指作战或比赛中处于主动状态。含有褒义。

可以说"占了上风"、"占到了上风"、"一直/总是占上风"、"占不了上风"、"不占上风"等。

283 找岔子 zhǎo chàzi [to find fault; to pick fault]

[释义] 岔子：事故，错误。指找缺点，破绽，挑毛病。

[近义词语] 找茬儿；找碴儿；找麻烦

[示例]

例1：A：他为什么总找你的麻烦？

B：我以前得罪过他，所以他故意找岔子报复我。

例2：A：处长总找我的岔子，今天又训了我一顿。

B：不怪处长找你的碴儿，只怪你自己做事太马虎。

[提示] 含有贬义，有厌恶、憎恶意味。可以说"找……的岔子"、"总/经常/净找……的岔子"等。

[相关链接] 挑刺儿；鸡蛋里挑骨头

"挑刺儿"指挑剔，故意找错儿。可以说"挑……的刺儿"、"故意挑刺儿"、"挑什么刺儿"等。如：我也没得罪他呀，他为什么总是挑我的刺啊？/他这个人很挑剔，经常挑别人的刺儿。

"鸡蛋里挑骨头"在鸡蛋里找骨头，比喻故意挑毛病。如：A：他这个人非常挑剔，鸡蛋里面也能挑出骨头来。/你就别在这里鸡蛋里挑骨头了。

284 枕头风 zhěntoufēng [pillow talk; curtain lecture]

[释义] 枕头上吹过来的风。指妻子给丈夫说的话。多指有关公务或与关涉别人的事。

[近义词语] 枕边风；枕旁风

[示例]
例1：A：她是局长夫人,有些话千万别传到她那儿去。
B：可不是,到时候她在局长面前吹吹枕头风,咱们就得吃不了兜着走了。

例2：A：院长对这件事的态度和以前大不一样了,看来咱们请他夫人吃饭很有效果。
B：当然了,她只要帮咱吹吹枕头风,事情就好说了。

[提示] 常用于说含有贬义,有幽默、嘲讽、戏谑意味。可以说"吹枕头风"、"吹吹枕头风"、"吹了/过/着枕头风"、"枕头风的作用"等。

[相关链接] 告枕头状；打枕头官司；开枕头会

夫妻关系密切无人可比,因此夫妻之间在枕边的话是很重要的。"告枕头状"指妻子向有权的丈夫告有关人员的状。(多是用权报私仇)如：你千万别得罪部长夫人,否则晚上就给你告枕头状。"打枕头官司"指夫妻俩争辩、吵架。如：他们夫妻俩为弟弟工作的事打起了枕头官司。"开枕头会"指夫妻间议论或商量问题。如：夫妻俩为了孩子转学的事情开了一晚上的枕头会。

285 纸老虎 zhǐlǎohǔ [paper tiger]

[释义] 纸做的老虎。比喻外表强大凶悍而实际空虚无力的人或集团。

[示例]
例1：A：张主任天天阴着个脸,是不是挺厉害的？
B：他呀,是个纸老虎,看上去厉害,其实人挺好的,不像李主任是个笑面虎。

例2：A：你老婆天天对你大喊大叫的,你是不是挺怕她的？
B：你别看她凶,其实她是个纸老虎。

［提示］常用于说某人某物表面上厉害，其实并不可怕，没什么了不起的。含有贬义，含幽默、讥讽、戏谑意味。可以说"他是个纸老虎"、"不怕这个纸老虎"、"纸老虎没什么可怕的"等。

286 重头戏 zhòngtóuxì ［an opera with much singing and acting; important part of an activity］

［释义］指唱工和做工很重的戏，指重要的戏曲剧目。比喻重要的任务、活动、阶段或组成部分。

［示例］
例1：A：这台晚会没什么意思，咱们走吧！
B：重头戏还在后面呢，你们不要着急。
例2：A：什么时候轮到我们表演？
B：你们的表演是重头戏，放在最后了。

［提示］可以说"……来演重头戏"、"他演的可是重头戏"、"重头戏放在后面"等。

［相关链接］压轴戏；压台戏

"压轴戏"，也说"压脚戏"、"压台戏"。指演出时排在最后的较为精彩的节目。比喻各项活动中最精彩、最重要、最吸引人的最后出现的项目。可以说"这次由你来唱压轴戏"、"这个压轴戏谁来唱"等。如：今天晚会的压轴戏是深受大家喜爱的京剧艺术家给我们带来的精彩节目。

287 逐客令 zhúkèlìng ［order for guests to leave］

［释义］原指秦始皇当秦国国王时下令驱逐异国门人说客，后泛指用某种方式让客人走的命令。

［示例］
例1：A：你怎么把小刘赶走了？
B：这个人太讨厌了，都坐了三个小时了还赖着不想走，我只好下逐客令了。

例2：A：给客人下逐客令多没有礼貌！
　　　B：可是他这人也太没眼色了，我已经给他说我还有事了。

[提示] 常用于不受欢迎的客人。含有贬义，有厌恶、指责意味。
　　　可以说"下逐客令"、"下了/过逐客令"、"下了两次逐客令"、"逐客令已经下出去了"等。

288 主心骨 zhǔxīngǔ [mainstay; one's own judgment; backbone]

[释义] ①指可以依靠、信赖的人或事物。②指主见、主意。
[示例]
例1：A：你们家谁说了算？
　　　B：当然是一家之主爸爸了，他可是妈妈的主心骨。
例2：A：你说咱们要派李华去，他能不能答应？
　　　B：这个孩子比较有主心骨，我们得看看他的想法再决定。

[提示] 有时也指主见、主意。含有褒义。
　　　可以说"有/没有/失去了主心骨"、"A是B的主心骨"、"找一个主心骨"、"把……当成/看成主心骨"等。

289 装洋蒜 zhuāng yángsuàn [to pretend not to know]

[释义] 比喻装糊涂、装腔作势。
[近义词语] 装蒜；装洋葱
[示例]
例1：A：这件事你明明知道，却在这里装洋蒜。
　　　B：谁装洋蒜了，不知道就是不知道！

例2：A：小李说他身体不太舒服，晚上的聚会不去了，我看他是找借口。
B：他不想去就算了，还假装生病，装什么蒜啊！

[提示] 常用于责备某人装模作样。含有贬义，有指责、戏谑意味。
可以"装什么洋蒜"、"少装洋蒜"、"跟/和……装洋蒜"、"装起了洋蒜"、"别装蒜了"等。

290 捉迷藏 zhuō mícáng [to hide-and-seek: to be tricky and evasive; to play hide-and-seek]

[释义] 一种儿童游戏，一个人的眼睛被蒙住之后捉身边的人。比喻说话兜圈子，让人难以捉摸。

[近义词语] 藏猫猫；藏马虎

[示例]
例1：A：他昨天来找我，聊了半天也没说他到底想干什么。
B：他这个人说话比较喜欢绕弯子、和你捉迷藏。
例2：A：李主任，我想和您谈点儿事，您看……
B：你有什么事儿就直说嘛，捉什么迷藏？
A：我不是捉迷藏，在这儿说这事不方便。

[提示] 常用于说某人说话不直接。含有贬义，有幽默、诙谐、指责意味。
可以说"跟/和捉迷藏"、"捉什么迷藏"、"别捉迷藏了"等。

291 走过场 zǒu guòchǎng [to be conducted in a perfunctory way; cross the stage]

[释义] 指戏剧中的角色上场以后不多停留，只穿过舞台，从侧面下场。比喻做事应付，走某种形式，不认真。

[示例]
　　　　例1：A：上面要来检查工作了。
　　　　　　B：不过就是走走过场罢了。
　　　　例2：A：这次考试以后还有面试。
　　　　　　B：面试只不过是走走过场而已,你不用担心。

[提示] 常用于对某种检查不认真,也用于说某些安排、举动只是做做样子。
　　　含有贬义,有指责意味。
　　　可以说"走走过场"、"走过场而已/罢了"、"走了走过场"等。

[相关链接] 走形式；走个过程
　　"走形式"指办事只图表面,不讲实效。如：A：听说领导要找我谈话,是不是我选调的的事情有问题？B：你已经被选调上去了,上面找你谈话只不过是走走形式罢了。"走个过程"即走个过程。如：A：省里派人来检查,我们的项目是不是没通过？B：省里已经批准了这个项目,他们来检查也只不过走个过程罢了。

292 走红运 zǒu hóngyùn [to have good luck; to be popular]

[释义] 指碰上好运气、好机会,事事顺利圆满。
[近义词语] 走运；走大运；走八字儿
[示例]
　　　　例1：A：他今年是走红运了,发了大财。
　　　　　　B：咱什么时候也能走上大运呢？
　　　　例2：A：你看人家老李,真是走红运了,刚当上处长,又中了50万大奖。
　　　　　　B：他今年是走上八字了,又升官儿又发财的。

[提示] 常用于形容一个人很顺利。含有褒义,有羡慕意味。
　　　可以说"……走红运了"、"走上/起了红运"、"正走着红运呢"、"走不了红运"等。

[相关链接] 走红；走背运；走背字；点儿背

"走红"指遇到好运气，也指受欢迎。常用来指明星出名。有时候一个歌星、影视明星可能会因为一部电视剧、一部电影或者一首歌曲儿走红全国，甚至全世界。如：他因为主演了这部电影而走红了全国。如果走红了，我们也常说他火了，人气很旺，有人气等等。如：这部电视剧在中央台播出以后火了，那几个演员最近人气也很旺。/他当了多年的演员，演戏也不错，可是一直就是火不起来。

"走背运"，也说"走背字"、"点儿背"指碰上不好的运气；倒霉。常用于埋怨运气不好。如：她今年走背运了，丈夫刚确诊得了癌症，儿子又出了交通事故。/我今年点儿背，事事不如意。

293 走捷径 zǒu jiéjìng [to take a shortcut]

[释义] 走近路。比喻通过取巧的方法较快达到目的。

[近义词语] 抄近路；抄近道

[示例]

例1：A：他们总想通过走捷径的方式取得成功。
B：其实成功是通过努力一步一步换来的，没有捷径可以走！

例2：A：认识大导演，和大公司合作可以使一个普通的演员一夜成名。
B：很多女演员想走这样的捷径，可是并不是每个人都这么幸运。

[提示] 可以说"走这样的捷径"、"通过走捷径……"、"没什么捷径可以走"、"走不了捷径"、"走了/过一次捷径"等。

[相关链接] 走弯路；走冤枉路

"走弯路"，也说"绕弯路"。比喻工作、学习因为方法不合适而遇到了麻烦或费了工夫。多在总结工作、学习的情况时说。如：我们公司在开始那几年由于缺乏经验走了不少弯路。/非常感谢你们提供的宝贵经验和教训，以后我们就可以少走些弯路了。"走冤枉路"指本来不必走而多走了的路。比喻做了多余的事或不必做的事，白费精力。多用来说后悔不该那么做或者劝别人不要那么做。如：A：我因为没听你的劝，走了很多冤枉路，现在想想真后悔。B：这就叫"不听老人言，吃亏在眼前"。／A：这边有近路你们怎么不走？B：你怎么不早说？让我们白白走了这么多冤枉路。

294 走马灯 zǒumǎdēng [a lantern adorned with a revolving circle of paper horses]

[释义] 指一种会转动的供玩赏的灯。①比喻接连不断、忙碌不停的情形。②比喻指有关人物不断更换。

[示例] 例1：A：你最近怎么老提以前的事情？
　　　　　B：我也不知道为什么，前几年的事情总是像走马灯一样浮现在眼前。
　　　例2：A：现在人才的流动性越来越大了。
　　　　　B：可不是，我们这里的人像走马灯似的换了一批又一批。

[提示] 常用于人员更换频繁。可以说"像走马灯一样"、"走马灯似的"等。

295 钻空子 zuān kòngzi [to exploit an advantage; to drive a coach and horses through]

[释义] 比喻利用漏洞进行对自己有利的活动。
[示例] 例1：A：这次活动你们一定要做好安全工作，不要给坏人空子钻。
　　　　　B：请首长放心，我们一定好好完成保卫工作！
　　　例2：A：这个工作一定要严格把关，当心有人钻空子。
　　　　　B：我们不会让任何人钻空子的。

[提示] 常用于提醒人要警惕，别被人找到可利用的机会，也

指被人钻了空子而遗憾。含有贬义。
可以说"让……钻空子"、"钻了一个大空子"、"钻了法律的空子"、"钻了我们的空子"、"钻不了……的空子"等。

296 钻牛角尖儿 zuān niújiǎojiānr [to take unnecessary pains to study an insignificant or insoluble problem]

[释义] ①比喻费力研究不值得研究或无法解决的问题。②比喻固执地坚持某种意见或观点。

[近义词语] 死脑筋；钻牛角；死心眼

[示例]

例1：A：这件事我怎么想也想不通。
B：既然想不通就不要在这里钻牛角尖儿了。

例2：A：这件事需要灵活解决，不能钻牛角尖儿。
B：可是他这个人喜欢钻牛角尖儿，有时候你怎么劝他，他都不听。

[提示] 常用于指人做事、看问题不灵活。含有贬义，有嘲讽、戏谑的意味。
可以说"爱钻牛角尖儿"、"别/不要钻牛角尖儿"、"净/专门/老是/总是/故意钻牛角尖"、"钻了半天的牛角尖儿"等。

297 钻死胡同 zuān sǐhútong [blind alley; dead end; turn into a blind alley]

[释义] 死胡同：只有一头有出入口，另一头走不通的胡同。比喻绝境、绝路。"钻死胡同"比喻眼界狭窄。

[近义词语] 死路一条

[示例]

例1：A：我们钻到死胡同里来了，前面没有路了，我们过不去。

　　　　B：那我们只能拐回去了。
　例2：A：这件事我劝了他半天也没有用。
　　　　B：我看他已经钻进死胡同了，你就别再为他上
　　　　　火了。

[提示] 常用于指某人不灵活。含有贬义，有嘲讽、戏谑意味。
可以说"钻进死胡同"、"走进死胡同"、"这是一条死胡同，走不通"等。

298 坐冷板凳 zuò lěngbǎndèng [to be neglect; hold a title without any obligations of office]

[释义] 冷板凳：旧时指私塾先生清苦的职业。①比喻因不受重视而担任无关紧要的闲职。②比喻长期受到冷遇。③比喻长期做寂寞清苦的工作。

[示例]
　例1：A：我想报考古代汉语的研究生。
　　　　B：这个专业可是需要人能做得住冷板凳才行。
　例2：A：最近李经理为什么没精打采的？
　　　　B：坐冷板凳了呗。新来的老总不欣赏他。

[提示] 常用于不受欢迎的专业、不受重视的人。含有贬义，有嘲讽意味。
可以说"坐过十年的冷板凳"、"坐了很长时间冷板凳"、"让/叫……坐冷板凳"、"这个冷板凳可不好坐"、"坐冷板凳的滋味可不舒服"等。

299 做手脚 zuò shǒujiǎo [mess/tamper with]

[释义] 指背地里进行安排，暗中作弊。
[近义词语] 耍花样
[示例]
　例1：A：孙杰被抓起来了，说是贪污公款。

B：他其实是被冤枉的，是有人做手脚故意害他。
例2：A：我在市场买了五斤苹果，可是感觉不够。
B：那家超市在电子秤上了做了手脚。

[提示] 含有贬义。可以说"做了什么手脚"、"做了不少手脚"、"偷偷/暗暗作了手脚"等。

[相关链接] 打埋伏

"打埋伏"这本是军事术语，表示在敌人经过的地方，秘密隐藏，找机会打击。比喻隐藏物资、人力或者隐瞒问题。常用来指隐瞒消息或情况。可以说"跟/和/向/给/替……打埋伏"、"打了/过/着埋伏"、"打了不少埋伏"、"打了什么埋伏"等。如：为了应付上面的检查，他们想在材料上打埋伏。/ 税务局怀疑我们公司在税收上打了埋伏，今天派人来查了一天的帐。

300 做文章 zuò wénzhāng [to make an issue of; make a fuss about]

[释义] 写文章。比喻抓住一件事发议论或在上面打主意。

[示例]
例1：A：很多汽车经销商借车展大做文章，通过各种促销活动吸引消费者。
B：这次车展的效果很不错。
例2：A：他们在账目上做了不少文章，但还是被审计局查了出来。
B：真的假不了，假的真不了。他们为了偷税这么做，胆子可真够大的！

[提示] 常用于对某一问题抓住不放或借用某件事进行发挥。含有贬义。
可以说"大做文章"、"做起了文章"、"做了不少文章"、"有什么文章可做"、"在这个问题上做文章"、"拿……做文章"等。

[相关链接] 做表面文章

"做表面文章"比喻办事搞形式主义,不讲求实际效果。如:市长王伟开会强调,关于城市建设问题我们决不能绝不能停留在口头上,做表面文章,而是要从根本上改善城市基础设施、提高城市管理水平、提升人民生活。

练习十五

一、连线

第一组

1. 指主见、主意。　　　　　　　　　a. 走过场
2. 比喻说话兜圈子。　　　　　　　　b. 找岔子
3. 比喻装糊涂、装腔作势。　　　　　c. 走红运
4. 比喻占据有利地位。　　　　　　　d. 主心骨
5. 指找缺点,破绽,挑毛病。　　　　e. 捉迷藏
6. 比喻做事应付,走某种形式。　　　f. 装洋蒜
7. 指碰上好运气,事事顺利圆满。　　g. 占上风

第二组

1. 比喻长期受到冷遇。　　　　　　　a. 走冤枉路
2. 指碰上不好的运气;倒霉。　　　　b. 走捷径
3. 比喻抓住一件事在上面打主意。　　c. 走马灯
4. 比喻通过取巧的方法达到目的。　　d. 钻牛角尖
5. 比喻做了多余的事或不必做的事。　e. 走背运
6. 比喻指有关人物不断更换。　　　　f. 做文章
7. 比喻固执地坚持某种意见或观点。　g. 坐冷板凳

二、填空

占……便宜	占上风	走捷径	枕头风	纸老虎	重头戏
下逐客令	装门面	装洋蒜	捉迷藏	走背字	走红运
走弯路	走马灯	钻空子	坐冷板凳		

1. 有些不法商人（　　　）法律的（　　　），买卖违法商品。
2. 她的保姆像（　　　）一样换了一个又一个，没一个让她满意的。
3. 你自己做的事情竟然不知道，别在这儿（　　　）了。
4. 不管什么事她总喜欢（　　　），一点儿亏也不吃。
5. 我今年（　　　），事事不顺心，没有一件让我开心的事。
6. 从目前的比分来看，我们队暂时领先，（　　　）。
7. 我们要多向他们学习，这样就可以少（　　　），早一点儿成功。
8. 你这个人怎么脸皮这么厚呢？我已经对你下（　　　）了，你怎么还不走？
9. 他最近（　　　）了，不仅生意上发了大财，而且还找了一位漂亮的女朋友。
10. 我妈妈看上去很凶，其实她是个（　　　），心肠很软的。

三、阅读理解

1. 你的事我早就知道了，你就不要跟我捉迷藏了？
   A. 游戏　　　　　　B. 兜圈子
   C. 藏起来　　　　　D. 找不到
2. 有他老婆在一旁吹枕头风，这件事肯定能成。
   A. 吹头发　　　　　B. 枕头上有风
   C. 枕头上有灰　　　D. 妻子的影响
3. 很多时候我们能走捷径就不要绕远路，多走冤枉路。
   A. 抄近路　　　　　B. 走弯路
   C. 快走　　　　　　D. 兜圈子

4. 怎么样,<u>坐冷板凳</u>的滋味不好受吧！我早知道他不会欣赏你这样的人的。
   A. 寂寞　　　　　　B. 不被重用
   C. 受到冷遇　　　　D. 板凳太凉了
5. 你别看她对你叫得那么凶,其实她是个<u>纸老虎</u>,你别怕。
   A. 纸做的老虎　　　B. 外表可怕,其实不可怕
   C. 玩具　　　　　　D. 自己叠的老虎

四、阅读选择

1. 下面哪种动物表示人表面温和内心狠毒？(　　)
   A. 乌鸦嘴　　　　　B. 应声虫
   C. 笑面虎　　　　　D. 纸老虎
2. 下面哪一项表示遇到不愉快的事情？(　　)
   A. 眼中钉　　　　　B. 肉中刺
   C. 碰钉子　　　　　D. 有板有眼
3. 下面哪一项表示人不走运？(　　)
   A. 走背字　　　　　B. 走八字儿
   C. 走红　　　　　　D. 走过场
4. 下面哪一项表示做事应付？(　　)
   A. 走弯路　　　　　B. 走后门
   C. 走回头路　　　　D. 走过场
5. 下面哪一项表示搞形式主义？(　　)
   A. 做表面文章　　　B. 走过场
   C. 做文章　　　　　D. 做手脚

听力理解练习一

(一) 1—20题,这部分听力都是一个人说一句话,第二个人根据这句话题一个问题,请你在ABCD四个答案中选择唯一恰当的答案。

1. A. 很高 B. 特别流利
   C. 懂一点 D. 很精通
2. A. 他家的锅太黑了,你不要为他背
   B. 这件事不是你做的,你不应该负责
   C. 这件事你应该负责
   D. 你应该替他负责任
3. A. 韩国队打败了意大利队
   B. 韩国队赢了意大利队
   C. 这次比赛的结果在人们的意料之中
   D. 这次比赛是国际性的比赛
4. A. 孩子受委屈了 B. 有人欺负孩子
   C. 孩子回家了 D. 家是最安全的地方
5. A. 劝告 B. 气愤
   C. 兴奋 D. 痛苦
6. A. 关系很不好 B. 都用一个鼻孔
   C. 关系很好 D. 互相生气
7. A. 对我很友好 B. 给他好吃的
   C. 总是拒绝他 D. 很热情
8. A. 干不成大事 B. 能成为气象学家
   C. 任何工作都做不好 D. 对气候现象不感兴趣
9. A. 他爱提问题 B. 常有难题

C. 总给别人找麻烦　　　　D. 别人总给他找麻烦
10. A. 给我们照奇怪的照片　　B. 使我们变得难看
　　C. 让我们丢面子　　　　　D. 让我们感到为难
11. A. 他总和大家的意见不一致
　　B. 他喜欢和大家一起唱歌
　　C. 他唱歌总跑调
　　D. 大家不愿意听他唱歌
12. A. 领导和群众住在一起　　B. 领导和群众关系融洽
　　C. 领导和群众互相打架　　D. 领导和群众互相商量
13. A. 随便　　　　　　　　　B. 马虎
　　C. 浪费　　　　　　　　　D. 高大
14. A. 他三十岁了　　　　　　B. 他为婚姻的事着急
　　C. 他已经结婚了　　　　　D. 他三十岁以前没结过婚
15. A. 被称赞　　　　　　　　B. 被保护
　　C. 被重视　　　　　　　　D. 被打扮
16. A. 参加考试　　　　　　　B. 退出考试
　　C. 打鼓　　　　　　　　　D. 进考场
17. A. 给运动员打针　　　　　B. 警告运动员
　　C. 批评运动员　　　　　　D. 看望生病的运动员
18. A. 可笑　　　　　　　　　B. 有意思
　　C. 让人恶心　　　　　　　D. 开心
19. A. 他的腿很粗　　　　　　B. 他喜欢抱着大腿爬
　　C. 他会巴结领导　　　　　D. 他喜欢爬
20. A. 他很听你的话　　　　　B. 时间来不及了
　　C. 浪费了蜡烛　　　　　　D. 说这些话没有用

　　(二)21—40题,这部分听力都是两个人的简短对话,第三个人根据对话提出一个问题,请你在ABCD四个答案中选择唯一恰当的答案。

21. A. 有压力　　　　　　　　B. 有信心

C. 高兴　　　　　　　　D. 很放松
22. A. 工作很好　　　　　　 B. 工作一年了
　　 C. 失业在家　　　　　　D. 在家做饭
23. A. 反对　　　　　　　　 B. 批评
　　 C. 不满　　　　　　　　D. 支持
24. A. 他喜欢拍马屁　　　　 B. 他被解雇了
　　 C. 董事长很喜欢他　　　D. 他很有能力
25. A. 男的要帮女的
　　 B. 男的给女的擦屁股
　　 C. 男的认为女的应该自己负责任
　　 D. 男的认为这件事和他没关系
26. A. 同意　　　　　　　　 B. 反对
　　 C. 支持　　　　　　　　D. 鼓励
27. A. 爬山　　　　　　　　 B. 考试
　　 C. 复习　　　　　　　　D. 买鸭蛋
28. A. 他早不想干了
　　 B. 他想找领导求情
　　 C. 不得已的情况下他才会走
　　 D. 他根本不相信这是事实
29. A. 和妈妈吵架了　　　　 B. 每天惹妈妈生气
　　 C. 每天唱歌不学习　　　D. 总是和妈妈对着干
30. A. 游山玩水　　　　　　 B. 学习知识
　　 C. 打妻子　　　　　　　D. 骂孩子
31. A. 不想再唱戏了　　　　 B. 非常重要
　　 C. 很饿了　　　　　　　D. 快要死了
32. A. 这个会很重要　　　　 B. 男的要求女的参加会议
　　 C. 女的要当主要演员　　D. 男的同意女的要求
33. A. 赞成　　　　　　　　 B. 反对
　　 C. 埋怨　　　　　　　　D. 气愤
34. A. 一般　　　　　　　　 B. 不怎么样
　　 C. 不好　　　　　　　　D. 极好

35. A. 马马虎虎 B. 认真对待
    C. 不用准备 D. 不能睡觉
36. A. 小李有对象 B. 小李找对象很挑剔
    C. 小李的对象对他不满意 D. 小李没谈过恋爱
37. A. 孩子跟同事每天吵架
    B. 孩子能跟同事打成一片
    C. 孩子跟同事的关系不太好
    D. 孩子很淘气
38. A. 说话人以前不相信中介公司
    B. 说话人打算今天出国
    C. 说话人丢了了三万块钱
    D. 说话人被骗了
39. A. 人很好 B. 喜欢给别人鞋
    C. 经常用刀子捅人的后背 D. 喜欢背地做坏事
40. A. 令人讨厌 B. 令人喜欢
    C. 很好 D. 很有意思

听力理解练习二

（一）1—20题，这部分听力都是一个人说一句话，第二个人根据这句话题一个问题，请你在ABCD四个答案中选择唯一恰当的答案。

1. A. 要刮风了　　　　　　B. 要听他的话
   C. 要多穿衣服　　　　　D. 他的话可以不听
2. A. 耳朵不好　　　　　　B. 很善良
   C. 没主见　　　　　　　D. 是个软耳朵
3. A. 看不见　　　　　　　B. 没仔细看
   C. 不愿意看　　　　　　D. 看不上
4. A. 高兴　　　　　　　　B. 害怕
   C. 生气　　　　　　　　D. 满意
5. A. 他把我的鸽子给放飞了　B. 今天看电影他迟到了
   C. 今天他没有赴约　　　　D. 我们俩吵架了
6. A. 弟弟还没结婚　　　　B. 弟弟事业不好
   C. 和我有矛盾　　　　　D. 生活很困难
7. A. 害怕　　　　　　　　B. 很喜欢
   C. 很厉害　　　　　　　D. 很依赖
8. A. 挺漂亮　　　　　　　B. 很呆板
   C. 有心计　　　　　　　D. 很可爱
9. A. 小明有很好的前途　　B. 小明学习很用功
   C. 将来找不到工作　　　D. 长大以后到西北去工作
10. A. 当月佬　　　　　　　B. 当中间人
    C. 和稀泥　　　　　　　D. 打圆场
11. A. 他比我强　　　　　　B. 忌妒心比较强

C. 眼睛不好；有病　　　D. 喜欢给别人鞋
12. A. 这个人很坏　　　　B. 他有保护伞
    C. 大家都怕他　　　　D. 他的身体很硬朗
13. A. 脑子受过刺激　　　B. 狗咬过他
    C. 不喜欢狗　　　　　D. 大脑有问题
14. A. 喜欢打电话　　　　B. 喜欢听收音机
    C. 爱说话　　　　　　D. 爱看电视
15. A. 没有人喜欢去偏僻的饭店
    B. 去了这家饭店以后还想再去
    C. 很少有人去
    D. 我不经常去
16. A. 老李很坚持原则　　B. 老李不是领导
    C. 老李很马虎　　　　D. 老李经常无原则的调和矛盾
17. A. 他很会办事　　　　B. 他很会说话
    C. 总经理很欣赏他　　D. 他这个人物很奇怪
18. A. 我家很有钱　　　　B. 我们不想借钱给你
    C. 我们家现在穷得很　D. 我们家没有锅了
19. A. 我要吃饭
    B. 我的语法基础不好，补也不容易
    C. 我的语法不好，但是可以好好补一补
    D. 语法太多了，补起来太麻烦
20. A. 刘伟比以前胖了　　B. 刘伟的肚子大了
    C. 刘伟现在是将军了　D. 刘伟当上总经理了

（二）21—40题，这部分听力都是两个人的简短对话，第三个人根据对话提出一个问题，请你在ABCD四个答案中选择唯一恰当的答案。

21. A. 值得同情　　　　　B. 想和她分手
    C. 假装可怜　　　　　D. 可以原谅他
22. A. 男的很有钱　　　　B. 男的喜欢旅游

C. 男的经常说大话　　　　D. 男的应该吃饭了
23. A. 男的帮助过李林　　　　B. 李林的工作不错
　　 C. 李林忘恩负义　　　　　D. 现在不知道李林在哪儿
24. A. 佩服　　　　　　　　　 B. 不服气
　　 C. 认输　　　　　　　　　 D. 高兴
25. A. 王红要请男的喝酒　　　B. 他们下个星期六有聚会
　　 C. 王红要结婚了　　　　　D. 男的不能参加王红的婚礼
26. A. 女的喜欢打孩子　　　　B. 孩子不好好学习
　　 C. 女的很生气　　　　　　D. 女的希望孩子成才
27. A. 小李确实和王教授很熟悉
　　 B. 小李喜欢和认识的人打招呼
　　 C. 小李和别人见面以后自来熟
　　 D. 小李不太喜欢交际场合
28. A. 赵小涛不专心
　　 B. 赵小涛不会游泳
　　 C. 赵小涛和两个姑娘谈恋爱
　　 D. 赵小涛这样做早晚会倒霉的
29. A. 高兴　　　　　　　　　 B. 意外
　　 C. 生气　　　　　　　　　 D. 莫名其妙
30. A. 生气　　　　　　　　　 B. 高兴
　　 C. 喜欢　　　　　　　　　 D. 满意
31. A. 常常后悔　　　　　　　B. 听不进自己的话
　　 C. 悄悄进来了　　　　　　D. 跑到前面去了
32. A. 老张发财了　　　　　　B. 老张发胖了
　　 C. 老张的孩子都结婚了　　D. 老张现在很轻松
33. A. 不像话　　　　　　　　B. 太坏了
　　 C. 很可爱　　　　　　　　D. 话太多
34. A. 爸爸不让　　　　　　　B. 没拿到考试卷子
　　 C. 他的画画得不好　　　　D. 数学没考好
35. A. 女的想自己去　　　　　B. 女的不会游泳
　　 C. 女的想吃鸭子　　　　　D. 女的有事儿

36. A. 看的人有一些   B. 很受欢迎
    C. 观众不太多   D. 不卖座
37. A. 他对我很友好   B. 他喜欢抓我的头发
    C. 他总是抓住我的把柄 D. 他放开了我
38. A. 我和这件事没有关系 B. 我很清楚这件事
    C. 这件事只有我知道   D. 我和他们都参与了这件事
39. A. 找到了饭碗
    B. 捡到了一块金子
    C. 找到了很好的工作
    D. 心里高兴得好像捡到了金子一样
40. A. 很高兴   B. 有点儿高兴
    C. 不反对   D. 很不高兴

听力理解练习三

（一）1—20题，这部分听力都是一个人说一句话，第二个人根据这句话题一个问题，请你在ABCD四个答案中选择唯一恰当的答案。

1. A. 要给他提供方便   B. 要打开交通绿灯
   C. 批评他   D. 要让他通过
2. A. 夜间开车   B. 夜间坐车
   C. 熬夜学习   D. 晚上出去玩儿
3. A. 请李老师帮助孩子   B. 请老师单独给孩子上课
   C. 不要给孩子单独上课   D. 孩子学习很好
4. A. 很喜欢找别人的茬   B. 喜欢占便宜
   C. 喜欢要别人的油   D. 喜欢喝别人的水
5. A. 喝酒   B. 爬山
   C. 聊天儿   D. 砍树
6. A. 经常给别人假钱   B. 经常给别人开支票
   C. 经常说空话   D. 经常借别人钱不还
7. A. 很细心   B. 很吝啬
   C. 很大方   D. 很负责
8. A. 不说话   B. 不吃饭
   C. 哭鼻子   D. 离家出走
9. A. 找妈妈替她报仇   B. 找妈妈哭
   C. 找妈妈告状   D. 找妈妈的鼻子

10. A. 这种笑话太可笑了   B. 我从来没听过这种笑话
    C. 第一次听,很新鲜   D. 听得太多了,不以为然
11. A. 公司不派他出国
    B. 公司派他出国的事儿还没定下来
    C. 他不想出国
    D. 他出国的事儿已经定下来了
12. A. 这个工程有问题   B. 这个工程可以得到很多好处
    C. 这个工程需要很多油   D. 这个工程花费了他很多精力
13. A. 敢于承担责任   B. 经常不负责任
    C. 很有责任感   D. 遇到困难就克服
14. A. 这里很安全
    B. 这件事会被人发现的
    C. 别人已经知道了这件事
    D. 这件事很保密,肯定不会被人知道
15. A. 弹琴不好   B. 故意捣乱
    C. 胡扯   D. 弹琴很内行
16. A. 我没带伞   B. 我全身被淋湿了
    C. 我现在很狼狈   D. 我喜欢下雨吃鸡
17. A. 我相信了他的话   B. 他让我和他一起做坏事
    C. 他让我去游泳我不去   D. 他非要拉着我下水游泳
18. A. 住房问题是个难以解决的问题
    B. 人口多了,住房也多了
    C. 人口多,但是住房没问题
    D. 城市的发展让住房成为一个难题
19. A. 他花钱很节省   B. 他的钱比较多
    C. 他想拉对方一把   D. 他想向对方借钱
20. A. 不知道害羞   B. 看不出表情变化
    C. 脸部不易受伤   D. 妆化得太浓

(二)21—40题,这部分听力都是两个人的简短对话,第三个人根据对话提出一个问题,请你在ABCD四个答案中选择唯一恰当的答案。

21. A. 比较小气　　　　　　B 比较大方
　　C 待人热情　　　　　　D 非常好客
22. A. 睡觉　　　　　　　　B. 开夜车
　　C. 刷牙　　　　　　　　D. 起床
23. A. 明明上课很认真　　　B. 明明上课时精神不集中
　　C. 明明上课专心听讲　　D. 明明上课的时候爱玩儿
24. A. 不给他们办这件事儿　B. 像老虎一样厉害
　　C. 不灵活　　　　　　　D. 很坚持原则
25. A. 商人　　　　　　　　B. 推销员
　　C. 大学教授　　　　　　D. 公务员
26. A. 小王害怕老婆　　　　B. 小王做家务
　　C. 小王遇到了老虎了　　D. 小王下班后马上走
27. A. 任何专业都行　　　　B. 外语专业
　　C. 只上经贸专业　　　　D. 只上师范专业
28. A. 老板对自己的父母很大方
　　B. 老板花钱很大方,很牛气
　　C. 老板其实很小气
　　D. 老板有不少有钱的朋友
29. A. 一定改　　　　　　　B. 以后改
　　C. 明天改　　　　　　　D. 改不了了
30. A. 感谢　　　　　　　　B. 高兴
　　C. 不满意　　　　　　　D. 无奈
31. A. 紧张　　　　　　　　B. 渴望
　　C. 催促　　　　　　　　D. 兴奋

32. A. 孩子的做法让人生气　　B. 妈妈给他钱上网吧
　　C. 孩子没买书　　　　　　D. 孩子不听话
33. A. 孩子喜欢学习音乐
　　B. 孩子的行为妈妈觉得很奇怪
　　C. 孩子的爸爸正在吃饭
　　D. 孩子的妈妈不会同意孩子的要求
34. A. 男的会帮女的　　　　　B. 男的对这件事没有十足的把握
　　C. 这件事男的肯定能办了　D. 女的求男的办事
35. A. 答应帮女的修电脑　　　B. 不懂电脑
　　C. 对电脑很精通　　　　　D. 懂一点电脑知识
36. A. 同意　　　　　　　　　B. 反对
　　C. 质问　　　　　　　　　D. 怀疑
37. A. 刘国华知道这件事了　　B. 刘国华很难受
　　C. 刘国华还不知道这件事　D. 刘国华受骗了
38. A. 女员工做事很慢　　　　B. 女员工工作很努力
　　C. 女员工工资高　　　　　D. 女员工觉得不公平
39. A. 小王不应该交钱　　　　B. 小王不能把东西拿走
　　C. 小王应该从别人那儿拿　D. 门没有了，可以随便拿
40. A. 准备节目　　　　　　　B. 准备体育比赛
　　C. 准备唱戏　　　　　　　D. 准备唱歌

听力理解练习四

（一）1—20题，这部分听力都是一个人说一句话，第二个人根据这句话题一个问题，请你在ABCD四个答案中选择唯一恰当的答案。

1. A. 一把手很生气　　　　　B. 一把手在拍板子
   C. 只有一把手才能决定　　D. 这件事必须告诉一把手
2. A. 非常详细　　　　　　　B. 考虑得很全面
   C. 这个计划不能实现了　　D. 通过了
3. A. 他们把我身上弄脏了　　B. 他们把脏的水泼在了我身上
   C. 他们故意诬陷我　　　　D. 他们对我很友好
4. A. 遭到拒绝　　　　　　　B. 帮他做事
   C. 不好意思　　　　　　　D. 态度坚决
5. A. 我知道李主任很关心我　B. 我早就看见李主任了
   C. 我对李主任不满意　　　D. 李主任让我喝凉水
6. A. 她不喜欢任何运动　　　B. 她今天只是看我打球
   C. 她第一次陪我打球　　　D. 她天天陪我打球
7. A. 钟敲响了　　　　　　　B. 我考试考了第十名
   C. 这个假期我只能在家里　D. 警告我必须考好
8. A. 喜欢玩　　　　　　　　B. 容易骄傲
   C. 不谦虚　　　　　　　　D. 不用功
9. A. 喜欢撒谎　　　　　　　B. 是个骗子
   C. 随风倒　　　　　　　　D. 被人利用了
10. A. 我很马虎　　　　　　　B. 我喜欢骑马
    C. 我喜欢戴眼镜　　　　　D. 我的眼镜丢了
11. A. 一只老虎要进来了

B. 秋天以后的热天气

C. 老虎要吃了我们，快躲进屋里

D. 屋里有空调

12. A. 卖竹杠　　　　　　　B. 敲诈客人
    C. 可人很多　　　　　　D. 没有客人
13. A. 开心　　　　　　　　B. 无奈
    C. 可惜　　　　　　　　D. 幸福
14. A. 邻居家有人结婚　　　B. 我违规被罚款了
    C. 我给邻居送礼金　　　D. 我不喜欢去，但是又没办法
15. A. 大声说话　　　　　　B. 吹牛
    C. 谈重要的事　　　　　D. 骗人
16. A. 很要好的朋友　　　　B. 死对头
    C. 普通朋友　　　　　　D. 兄弟
17. A. 不想太有个性　　　　B. 没有个性不舒服
    C. 做事随着别人很累　　D. 太有个性的人很累
18. A. 大家在看热闹　　　　B. 大家说打击他的话
    C. 他现在很难受　　　　D. 大家都帮助他
19. A. 我一定会超过你的　　B. 我赶不上你
    C. 我看不起你　　　　　D. 我对你竖起了大拇指
20. A. 小兰有个孩子　　　　B. 小兰要结婚了
    C. 小兰这样做对自己不好　D. 小兰没有为自己的将来考虑

(二)21—40题，这部分听力都是两个人的简短对话，第三个人根据对话提出一个问题，请你在 ABCD 四个答案中选择唯一恰当的答案。

21. A. 很顺利　　　　　　　B. 得了病
    C. 正在留学　　　　　　D. 没有成功
22. A. 男的碰破了头　　　　B. 男的应聘不顺利
    C. 男的应聘了一次　　　D. 男的对自己很有信心
23. A. 盖房　　　　　　　　B. 买房

     C. 求人办事   D. 找对象
24. A. 女的认为男的想占她便宜
    B. 男的对女的没兴趣
    C. 男的认为女的想占他的便宜
    D. 女的认为男的耍流氓
25. A. 为人很好   B. 为人一般
    C. 为人很差   D. 不清楚
26. A. 男的不可能和小丽结婚   B. 男的可能会死掉
    C. 男的心已经死了   D. 小丽已经有男朋友了
27. A. 母子关系   B. 上下级关系
    C. 同事关系   D. 夫妻关系
28. A. 表扬   B. 责骂
    C. 同情   D. 不满
29. A. 下定决心   B. 心里很难受
    C. 心中很烦   D. 心凉了
30. A. 没有刘凤丽上场也没关系
    B. 女的很意外,也很着急
    C. 刘凤丽不能上场了
    D. 刘凤丽是我们团唱主角的
31. A. 男的故意和她唱反调   B. 男的说的有道理
    C. 男的找人抬东西   D. 男的对问题的看法和女的一致
32. A. 同意   B. 答应
    C. 拒绝   D. 赞成
33. A. 时间太短,解决不了   B. 只有法院才能解决
    C. 因为大家都去踢球了   D. 两个部门互相推卸责任
34. A. 刘元今天要做东   B. 刘元平时很吝啬
    C. 刘元今天很特别   D. 刘元很喜欢掏钱请客
35. A. 对情况掌握得很清楚   B. 说得很有道理
    C. 乱说   D. 实话实说
36. A. 勉强答应   B. 支持
    C. 反对   D. 同意

37. A. 孩子可能在外面闯祸了　B. 孩子平时很喜欢打闹
    C. 孩子可能被马蜂蜇了　　D. 孩子闯祸以后很安静
38. A. 女的班里的人都剃了光头
    B. 女的班里考上了一个学生
    C. 女的觉得很没面子
    D. 女的觉得很高兴
39. A. 责备　　　　　　　　　B. 鼓励
    C. 批评　　　　　　　　　D. 表扬
40. A. 商人　　　　　　　　　B. 农民
    C. 工人　　　　　　　　　D. 教师

听力理解练习五

（一）1—20题，这部分听力都是一个人说一句话，第二个人根据这句话题一个问题，请你在ABCD四个答案中选择唯一恰当的答案。

1. A. 他的嘴不好 　　　　　　B. 他经常说不吉利的话或坏消息
   C. 他经常说好消息 　　　　D. 经常能听到他的好消息
2. A. 请瞎子指挥 　　　　　　B. 胡乱指挥
   C. 闭着眼睛指挥 　　　　　D. 在暗中指挥
3. A. 十分高兴 　　　　　　　B. 下不了主席台
   C. 非常没面子 　　　　　　D. 不能继续开会
4. A. 两个孩子 　　　　　　　B. 两个朋友
   C. 年轻恋人 　　　　　　　D. 年轻夫妇
5. A. 她失恋了 　　　　　　　B. 她自杀了
   C. 她被杀了 　　　　　　　D. 她和男朋友吹了
6. A. 他很善良 　　　　　　　B. 他当面一套，背后一套
   C. 他很阴险 　　　　　　　D. 他背后给人捅刀子
7. A. 外表好看 　　　　　　　B. 他可以用来当枕头
   C. 长得不好看 　　　　　　D. 有本事
8. A. 这个领导是新上任的 　　B. 这个领导很软弱
   C. 这个领导骑着马来的 　　D. 这个领导有能力
9. A. 很详细 　　　　　　　　B. 很快
   C. 很简单 　　　　　　　　D. 很紧张

10. A. 主任揪住了李秘书的小辫子
    B. 主任非常喜欢李秘书
    C. 李秘书不知道主任的秘密
    D. 主任很讨厌李秘书
11. A. 睡懒觉   B. 晚上早睡觉
    C. 晚上养猫   D. 开夜车
12. A. 吃大锅饭   B. 多劳多得
    C. 不搞平均主义   D. 按能力分配
13. A. 不能用带着眼镜看犯错误的同志
    B. 对犯错误的同志不能带有偏见
    C. 不能歧视犯错误的同志
    D. 不能批评指责犯错误的同志
14. A. 手很有力   B. 手很好看
    C. 只用一只手   D. 能力很强
15. A. 小王想买一部车 B. 小王很有能力
    C. 小王的车没花钱 D. 小王的车与众不同
16. A. 丽丽只有一只手 B. 丽丽不会做菜
    C. 我没吃过丽丽做的菜 D. 丽丽做菜的手艺很好
17. A. 我遭到了拒绝   B. 我坐在外面很冷
    C. 她同意了我的求婚 D. 我进了她的家
18. A. 私生活   B. 婚姻
    C. 工作   D. 财产
19. A. 她不仅演电影，还唱歌 B. 她现在受欢迎
    C. 她在国外很有名   D. 她刚刚有名气
20. A. 没有最精彩的节目
    B. 精彩的节目一直没出现
    C. 最好的节目出来前气氛就很热烈了
    D. 大家用热烈的掌声欢迎最重要的节目

(二)21—40题,这部分听力都是两个人的简短对话,第三个人根据对话提出一个问题,请你在 ABCD 四个答案中选择唯一恰当的答案。

21. A. 你比老李能干　　　　　B. 你比老李还窝囊
　　C. 你们俩一样能干　　　　D. 你们俩一样窝囊
22. A. 可以去开办公司　　　　B. 领导不会放你走
　　C. 别在学校教书了　　　　D. 你不是个好教授
23. A. 舞蹈演员　　　　　　　B. 歌唱演员
　　C. 戏曲演员　　　　　　　D. 相声演员
24. A. 男的很讨厌刘建军
　　B. 女的认为男的对刘建军带有偏见
　　C. 男的戴的眼镜是有颜色的
　　D. 女的与男的意见不一致
25. A. 老中医只能看这种病　　B. 老中医擅长治这种病
　　C. 老中医工作很努力　　　D. 老中医只有一只手
26. A. 为人不好　　　　　　　B. 经常头疼
　　C. 遇事能灵活处理　　　　D. 这个人死脑筋
27. A. 恋爱自由了才有离婚的　B. 过去的人很不幸
　　C. 父母的话必须听　　　　D. 不能简单地下结论
28. A. 爷爷　　　　　　　　　B. 爷爷的朋友
　　C. 奶奶　　　　　　　　　D. 爷爷朋友的爱人
29. A. 工厂　　　　　　　　　B. 商店
　　C. 剧团　　　　　　　　　D. 宾馆
30. A. 爸爸去北京了　　　　　B. 爸爸是公司负责人
　　C. 爸爸忙得团团转　　　　D. 爸爸一只手
31. A. 可以考虑这种做法
　　B. 同意成交
　　C. 不同意男的做法
　　D. 信誉很重要,但是挣到钱更重要
32. A. 男的不想去,但没办法　B. 妈妈让他去见对象

     C. 男的很喜欢见对象   D. 男的去相亲
33. A. 家里的粥熬坏了   B. 家里出事了
     C. 男的打牌打得很好   D. 男的可以在这里继续打牌
34. A. 男的不想辞退女的,但是没办法
     B. 女的威胁男的
     C. 女的很生气
     D. 女的被辞退了
35. A. 王立看着她不顺眼   B. 王立没事儿也找她的麻烦
     C. 王立得罪过她   D. 王立找她有事儿
36. A. 男的有后台所以进来了   B. 女的没有什么能力
     C. 女的通过后门进来的   D. 男的靠自己的本事进来的
37. A. 怕部长出事儿   B. 怕别人知道
     C. 怕有人利用这件事   D. 怕别人写文章
38. A. 不长眼睛   B. 不认字
     C. 是个瞎子   D. 是个文盲
39. A. 和以前一样走形式   B. 要认真对待
     C. 很严格   D. 很重要
40. A. 觉得李明真莫名其妙   B. 想知道李明真发生了什么事
     C. 李明真可能生病了   D. 李明真说了不该说的话

听力理解录音文本一

(一)
1. 要说李大夫的英语水平啊,也就是半瓶子醋。
   问:李大夫的英语怎么样?
2. 既然这件事是他自己做的,怎么能让你替他背黑锅呢?
   问:这句话是什么意思?
3. 这次世界杯足球赛,韩国队大败意大利队,爆出一个大冷门。
   问:下面哪句话是错误的?
4. 孩子,要是在外面受到委屈了你就回来,家永远都是你的避风港。
   问:从这句话中可以知道什么?
5. 你为什么总是跟我唱对台戏,我到底哪儿得罪你了?
   问:说话人的语气怎么样?
6. 我刚才说的话你千万别告诉小王,小王和小李是一个鼻孔出气的。
   问:小李和小王之间怎么样?
7. 每次他来找我,我都让他吃闭门羹。
   问:我对他的态度怎么样?
8. 我知道自己成不了气候,但还是想努力努力。
   问:他认为自己怎么样?
9. 他常常给别人出难题,真是太讨厌了。
   问:他喜欢干什么?
10. 你要再出我们的洋相,我们就不客气了。
    问:他对我们做了什么?
11. 他总喜欢跟大家唱反调,所以没人和他在一起。

问:这句话是什么意思?
12. 领导应该同群众打成一片,这方面你要多注意一些。
    问:这句话是什么意思?
13. 她这个人哪儿都好,就是爱大手大脚的。
    问:说话人认为她怎么样?
14. 我都三十了,还是一个单身贵族,我好着急。
    问:下面哪种说法不正确?
15. 一般说来,人们都喜欢被戴高帽。
    问:一般人喜欢怎么样?
16. 他准备了三个月的汉语水平考试,结果明天就要进考场了,他打起了退堂鼓。
    问:他准备干什么?
17. 比赛之前我先提前给你们打好预防针,这次只能赢,不能输,否则就再也没机会了。
    问:说话人在干什么?
18. 我们正在吃饭呢,你讲这么个故事,真让我们倒胃口。
    问:这个故事怎么样?
19. 他最善于抱粗腿了,所以爬得这么快。
    问:下面那句话正确?
20. 你跟他说这些话是白费蜡,走吧!
    问:这句话什么意思?

(二)

21. 女:你看,我们中国队的队员怎么那么严肃。
    男:这些年一直没有进入世界杯决赛,所以背的心理包袱比较大。
    问:中国队的队员现在心情怎么样?
22. 女:你在哪儿高就呢?
    男:我在家吃白饭已经一年了。
    问:男的现在怎么样?
23. 女:刚来的张新华设计的方案很有新意。

男：现在的青年人敢想敢做，我们不要扯他的后腿。
问：男的对张新华的设计方案是什么态度？

24. 女：小李总是跟在董事长后面唱高调，其实他什么也不干。
男：所以，他现在被炒鱿鱼了。
问：下面哪一项不是关于小李这个人的？

25. 女：我刚来，很多事情不清楚，你看这件事能不能算了。
男：你自己做的事情别人不会替你擦屁股的。
问：男的是什么意思？

26. 女：张科长，李主任同意不同意这个方案？
男：他好像故意跟我唱对台戏，成心和我过不去。
问：李主任对这个方案的态度是什么？

27. 女：李强，咱们明天去爬山好不好？
男：快考试了，不好好复习非得吃鸭蛋不可。
问：明天李强要干什么？

28. 女：我听经理说，公司老板打算炒你的鱿鱼，你快去看看吧。
男：正好，我还想炒了他呢！
问：第二个人的意思是：

29. 女：现在的孩子太难管了，总是和你唱反调。
男：他们正在青春期，逆反心理是很正常的。
问：女说话人的孩子怎么了？

30. 女：吃、喝、玩、乐他什么都干。
男：我也听说了，听说他还打骂妻子，孩子也常常是他的出气筒。
问：哪件事他可能不干？

31. 女：你怎么停下来不走了？
男：肚子唱了一天的"空城计"，再走就要休克了。
问：男的怎么了？

32. 女：这会我下午就不参加了吧。
男：你可得来，还指着你唱主角呢，你不在怎么能行？
问：下面哪个说法是正确的？

33. 女：我想参加这次厂长的竞选。
男：出什么风头啊！

问：男的什么态度？

34. 女：小王和小李的关系不怎么样吧？
    男：你算错了，他们俩关系好的像穿一条裤子。
    问：小王和小李的关系怎么样？

35. 女：这次谈判对我们公司来说非常重要，你们千万不能打马虎眼。
    男：我们已经做好了充分的准备。
    问：女的要求我们怎么样？

36. 女：小李怎么到现在还打光棍？
    男：他谈了几个对象都不成功，总之是没有一个他满意的。
    问：下面哪句话正确？

37. 女：爸，今天我跟同事吵了一架。
    男：你这孩子，都这么大了还这么冲动，你现在当了领导应该跟自己的同事打成一片，不然谁还听你的？
    问：从这句话中我们可以知道什么？

38. 女：小王，你不是出国了吗？
    男：唉，别提了，我让中介公司给骗了，我那三万块钱全打了水漂。
    问：关于这两个人的对话，下面哪项是正确的？

39. 女：老李这个人当面对人很好，可是背后就喜欢给别人穿小鞋了。
    男：我最讨厌这种背后捅刀子的人了。
    问：老李这个人怎么样？

40. 女：我真是再也看不下去了，这个电视真让人倒胃口。
    男：是吗？我们家的人倒是看得津津有味。
    问：女的觉得这个电视节目怎么样？

听力理解录音文本二

（一）
1. 他说的话很重要，你千万不要当耳边风。
   问：这句话是什么意思？
2. 我妈这个人很善良，就是耳根子软，别人说什么都信，没自己的主见。
   问：下列哪一项不是我妈妈的性格？
3. 单位里这么多漂亮的女孩子，他都没把她们看在眼里。
   问：他对女孩子的态度怎么样？
4. 你以为这件事我不知道是你在背后放的冷箭吗？
   问：说话人什么态度？
5. 今天看电影他又放了我的鸽子，真气死我了，我以后再也不理他了。
   问：我为什么生气？
6. 我弟弟这些年一直忙于事业，很多事情都耽误了，至今个人问题都没解决。
   问：弟弟现在怎么样？
7. 他遇事没主见，如果我不在他身边，他就只会干瞪眼了。
   问：他对我怎么样？
8. 别看他人小，可满脑子都是鬼主意。
   问：他这人怎么样？
9. 小明，别看你现在玩得开心，长大以后你就等着喝西北风吧！
   问：从这句话中你可以知道什么？
10. 老刘要给他们当和事佬儿，这可不是聪明的做法。
    问：老刘要给他们干什么，下面哪一项不对？

11. 他有红眼病,你还是少和他在一起比较好,省得到时候给你穿小鞋。
    问:他这个人怎么样?
12. 他经常欺负人,但是大家都不敢得罪他,听说这个人的后台很硬。
    问:下面哪一项不是说明这个人的?
13. 因为一条狗过马路,他出了车祸,脑子也留下了后遗症,所以现在一看到狗就害怕。
    问:他为什么害怕狗?
14. 我的男朋友总说我是个话匣子,打开就关不上。
    问:男朋友认为我怎么样?
15. 这家饭店虽然位置比较偏僻,但是回头客却不少,我也很喜欢吃这里的饭菜。
    问:从这句话中我们可以知道什么?
16. 老李,你作为领导应该坚持原则,不能够遇到什么事情都和稀泥。
    问:这句话说明老李怎么样?
17. 在总经理眼中,他可是个人物,不但会办事,嘴还甜得很,红得发紫当然就不足为怪了。
    问:下面哪句话是不正确的?
18. 我们家现在都揭不开锅了,哪有钱借给你?
    问:这句话什么意思?
19. 你基本的语法知识没学好,所以现在成了夹生饭,想补也比较麻烦。
    问:这句话是什么意思?
20. 刘伟,几天不见,将军肚起来了!当总经理的感觉还是很不错的吧!
    问:下面哪一项不是刘伟现在的情况?

（二）

21. 男：你向刘冰提出分手,他难受得都哭了。
    女：他那是鳄鱼的眼泪,他这个人我还不清楚？我是不会原谅他的。
    问：女的认为刘冰怎么样？

22. 男：我要是有了钱一定带你周游全球。
    女：你又在这里放空炮了,快点儿起床做饭。
    问：女的认为男的怎么样？

23. 男：要不是我帮李林找到这么好的一个工作,他现在还不知道在哪儿呢！
    女：现在他竟然翻脸不认人,真是个白眼儿狼。
    问：下面哪一项不正确？

24. 男：不管怎么着,人家小丽也是喝过几年洋墨水的,你争得过她吗？
    女：洋墨水怎么了,洋墨水就比中国墨水好？
    问：女的是什么语气？

25. 男：王红,什么时候能吃到你的喜糖啊？
    女：下个星期六我请你喝喜酒,不知道你能不能赏光啊？
    问：他们在谈论什么事情？

26. 男：你怎么天天打孩子啊？
    女：这个不成器的家伙,每天不去学校去网吧,你说让我生不生气？
    问：下面哪一项不正确？

27. 男：你看小李好像和王教授很熟。
    女：他呀,是见面熟,认识的不认识的都打招呼。
    问：从这段对话我们可以知道小李怎么样？

28. 男：赵小涛和这个姑娘还没散,又和另一个姑娘谈上了。
    女：他最近是交上桃花运了,不过脚踏两只船早晚掉到河里。
    问：下面哪一项不正确？

29. 男：真是活见鬼,我的书包呢？

女:谁知道你又放哪儿去了?

问:男的什么语气?

30. 男:你怎么总是喜欢揭别人的老底儿呢?

女:你有什么老底儿可以揭?

问:男的对女的什么态度?

31. 男:妈,你就不要罗嗦了,我自己的事情我知道怎么办!

女:对我说的话你不要总是这个耳朵进去,那个耳朵出来了,到时候你后悔就来不及了。

问:女的觉得男的怎么样?

32. 女:老张你现在可发福了。

男:孩子们一成家,再也没什么可操心的事了。

问:关于这段对话,下面哪种理解是错误的?

33. 男:没想到他也会有这一天,哈哈!

女:朋友有了困难,你不帮助他,反而却在这儿说风凉话,也太不够朋友了。

问:女的认为男的怎么样?

34. 男:李凯怎么还不回家?

女:他爸爸说了,要是他考试再交白卷就给他点颜色看看,这不,今天刚发了昨天的数学考试卷子,他不敢回去。

问:小山为什么不回家?

35. 男:今天太热了,咱们去海边游泳吧!

女:你们去吧,我可是个旱鸭子。

问:女的是什么意思?

36. 男:最近比较火的那个话剧你看了吗?怎么样?

女:那个话剧很叫座儿,每场观众都爆满,场场赢得满堂彩。

问:那个话剧怎么样?

37. 男:你脸色怎么这么差?

女:气死我了,我又没得罪主任,他为什么总是揪住我的小辫子不放?

问:主任对女的怎么样?

38. 男:这件事你一定很清楚吧。

女：这件事情他们参与过,而我只是个局外人。
问：这件事和我的关系是……?
39. 男：小王这几天非常兴奋,听说是抱上了金饭碗。
女：怪不得呢！
问：小王怎么了？
40. 男：最近我带孩子去南方旅行,小家伙高兴极了。
女：是吗？是该带孩子出去见见世面,长长见识了。
问：小孩子对旅行的态度怎么样？

听力理解录音文本三

（一）
1. 交通规则人人都能遵守，怎么能给你开绿灯呢？
   问：说话人什么意思？
2. 他平时不努力学习，昨天晚上又开夜车了。
   问：昨晚他干什么？
3. 既然孩子自己不喜欢辅导，李老师业余就不要给她开小灶了。
   问：说话人什么意思？
4. 她是一个不受欢迎的人，因为她总是喜欢揩别人的油水儿。
   问：她这个人怎么样？
5. 老战友们聚在一起特别喜欢侃大山。
   问：他们喜欢在一起干什么？
6. 你总是这样给别人开空头支票，还希望别人相信你吗？
   问：他这个人经常干什么？
7. 他这个人抠门儿得很，你和他借钱肯定借不出来。
   问：这个人的性格怎么样？
8. 丽丽最近得了相思病，因为妈妈不同意她和男朋友交往，现在她想用绝食反抗。
   问：丽丽打算做什么？
9. 哥哥一欺负她，她就找妈妈哭鼻子。
   问：妹妹找妈妈干什么？
10. 这种笑话我听过老鼻子了。
    问：我对这种笑话的态度是什么？
11. 公司派他出国是铁板上钉钉的事儿了。
    问：这句话什么意思？

12. 他在这个工程上捞了不少油水。
    问：这个工程怎么样？
13. 这个人的责任感不强，遇到困难就撂挑子。
    问：这句话什么意思？
14. 你还是早点儿离开这里吧，这件事早晚都会露马脚的。
    问：这句话什么意思？
15. 这些东西你又不懂，就不要在这里乱弹琴，添乱了。
    问：说话人觉得他怎么样？
16. 回家的路上突然下了阵雨，我被淋成了落汤鸡。
    问：下面哪一项不是我现在的情况？
17. 你千万别相信他的话，否则会被他拉下水。
    问：这句话什么意思？
18. 随着城市的发展，人口越来越多，住房成为一个老大难问题。
    问：下面哪一句不正确？
19. 大哥，最近我手头比较紧，欠了债，你能不能拉我一把？
    问：说话人是什么意思？
20. 我真没想到你的脸皮这么厚。
    问：他的脸怎么了？

（二）

21. 男：李晓平他丈夫那个人怎么样？
    女：那个人样样都好，就是太抠门。
    问：根据对话内容，李晓平丈夫的怎么样？
22. 男：快睡吧，别开夜车了，不然明天早晨起不来了。
    女：好吧，我马上刷牙。
    问：男的要女的做什么？
23. 男：明明最近表现得怎么样？
    女：他呀，上课的时候爱开小差儿。
    问：女的是什么意思？
24. 男：这件事到了老刘那里就办不了了，他可真是我们的拦路虎。

女：他这个人什么事都照章办事，不过有时也太死板了。
问：下面哪一项不是关于老刘的？

25. 男：在过去的几十年里，他当过推销员、公务员、大学教授。
女：那都是老黄历了，他现在下海经商了，生意做得还凑合。
问：他现在干什么？

26. 女：怎么刚下班就找不到小王了？
男：早回去报到做饭去了。你没听说他家那位是母老虎嘛！
问：哪一项不正确？

27. 女：小刘，今年高考的热门专业是经贸，你想考什么专业？我看师范、外语也都不错。
男：管他什么热门、冷门，能上大学就行。
问：小刘想上什么专业？

28. 男：那个老板，朋友多，交际广，出手大方，牛气得很。
女：如果你知道他对待他父母那吝啬鬼的样子，你肯定不会这么认为。
问：第二个人的话暗示了什么？

29. 女：老王，你哪一天才能把这牛脾气改一改呀！
男：等着下辈子吧！
问：男说话人是什么意思？

30. 男：这件事你如果提前跟我说一下，我就帮你办了。
女：你这不是马后炮嘛，现在说有什么用？
问：女的什么语气？

31. 女：你们知道是谁送我回来的吗？
男：你快说吧，别在这里卖关子了！
问：男的什么语气？

32. 女：我那孩子，给他钱让他去买书，他却跑到网吧去玩了，真不成气候？
男：孩子就是孩子。
问：下面哪一项不正确？

33. 女：孩子学音乐的事从一开始我就被蒙在鼓里，你说气不气人？
男：要是你知道，孩子敢报名学吗？

问：第二个人的意思是什么？
34. 女：大哥，这件事全靠你了。
    男：咱们是老交情了，这件事我肯定尽全力帮你，但能不能成我心里也没谱儿。
    问：下面哪句话不正确？
35. 女：小李，帮我修修电脑吧！
    男：我在电脑方面可是个门外汉。
    问：男的什么意思？
36. 女：我的男朋友是个闷葫芦，和他在一起真没意思。
    男：那你还一天不见就想得慌。
    问：男的什么语气？
37. 女：这件事应该让刘国华知道真相了，不能让他再蒙在鼓里了。
    男：但是我怕他承受不了。
    问：这句话告诉我们什么？
38. 女：公司的女员工做事怎么总是懒洋洋的，没有积极性？
    男：她们觉得给她们的待遇比男员工少，所以在这儿磨洋工呢！
    问：下面哪一项正确？
39. 女：我告诉你小王，想不交钱就把东西从我这儿拿走，没门儿！
    男：那咱们就等着瞧！
    问：女说话人是什么意思？
40. 女：下个月我们学校举行元旦晚会，请大家把自己的拿手戏都亮出来吧！
    男：好，到时候咱们一比高低，看谁的最精彩！
    问：她们要干什么？

听力理解录音文本四

（一）
1. 这件事儿非常重要，必须由一把手拍板儿才行。
    问：这句话什么意思？
2. 由于这个计划考虑不太周到，没有通过审批，所以泡汤了。
    问：这个计划怎么样？
3. 这件事不是我干的，是他们故意给我身上泼脏水。
    问：这句话是什么意思？
4. 这个人只顾自己，不顾别人，你要他帮忙，准得碰钉子。
    问：在这里的"碰钉子"是什么意思？
5. 我早就看出来了，李主任是假关心我，实际上是给我泼冷水。
    问：下面那种理解正确？
6. 她从来不喜欢球类运动，可是今天破天荒陪我一起打篮球。
    问：下面哪一句话正确？
7. 我可给你提前敲警钟，你这次考试达不到前10名，这个假期就哪里也别去了。
    问：这句话什么意思？
8. 我发现你这孩子一取得好成绩就翘尾巴，这样可不好，一定要虚心才行。
    问：孩子有什么特点？
9. 他是骑墙派，谁对他有利他就听谁的。你们千万别相信他。
    问：他这个人怎么样？
10. 我到处找眼镜，其实眼镜就戴在我的头上，真是骑马找马。
    问：从这句话我们可以知道什么？
11. "秋老虎"来了，热死我们了，快进屋！家里真应该买一台空调。

问:这句话什么意思?
12. 这家商店总是敲客人的竹杠,所以回头客特别少。
    问:这家商店怎么样?
13. 现在很多男人一结婚后就变成了气管炎,这些男人啊!唉!
    问:说话人什么语气?
14. 今天邻居家办喜事儿,你看,又是一张红色罚款单。得了,我得赶紧随份子去。
    问:下面哪一项不正确?
15. 他这个人除了爱说大话,没什么本事,所以没人跟他做朋友。
    问:他这个人爱干什么?
16. 谁说我俩是死对头?我们俩是名副其实的"铁哥们儿"。
    问:我俩是什么关系?
17. 有的人总想让自己比较特别,有个性,可我觉得还是随大流好。
    问:说话人是什么观点?
18. 他已经够痛苦的了,你不要在这里说风凉话了,赶快走吧你们!
    问:下面那句话不正确?
19. 你别看不起我,早晚有一天我要让你对我挑大拇指的。
    问:说话人是什么意思?
20. 小兰,你看你拖着个油瓶,以后可怎么再嫁人呢?你怎么不多为自己的将来考虑考虑?
    问:下面哪一项不正确?

(二)

21. 女:老王不是想让孩子出国留学吗?不知道现在怎么样了?
    男:哎,别提了,他儿子得了一场大病以后一切都成了白日梦。
    问:这段对话中老王的儿子留学的结果怎么样?
22. 男:今天我又去应聘去了。
    女:一看你这个样子就知道碰钉子了。
    问:通过这段对话我们知道什么?
23. 女:你都37岁了,还不该安个家吗?

听力理解录音文本四　　273

男:是呀,这事儿就拜托你了。你认识的人多,就给我牵个红线儿吧!
问:他们在谈论什么?
24. 女:你怎么偷吃我的豆腐?流氓!
男:我偷吃你的豆腐?就你这个样子,我还怕你吃我的豆腐呢?
问:下面哪一项不正确?
25. 男:小王这个人怎么样?
女:他这个人呀,谁见了谁竖大拇指。
问:女的认为小王怎么样?
26. 男:我太爱小丽了,我这辈子一定要和小丽结婚。
女:你就死了这条心吧,别单相思了。
问:女的是什么意思?
27. 男:你怎么又和小李吵架了?
女:他在家什么家务也不干,纯粹是个甩手掌柜,每天就知道和我耍贫嘴。
问:女的和小李什么关系?
28. 男:我早就看出来这是他们耍的把戏。
女:这件事你怎么不早说?总是当事后诸葛亮。
问:女的对男的什么态度?
29. 男:你们家怎么看待咱们俩的事儿?
女:全家人都不同意我们俩的婚事,说我当第三者早晚会后悔的,可是我已经铁了心了。
问:女的现在什么心情?
30. 男:刘凤丽住院了!
女:什么?她可是我们团的台柱子,她不上场,我们这个戏怎么唱?
问:下面哪一项不正确?
31. 男:你这样说是不客观的。
女:我说什么你偏和我对着干,你是专门找人抬杠呢!
问:女的认为男的怎么样?
32. 男:你能不能帮我一次忙?以后我一定重谢你。

女：我才不当你的替罪羊呢，你做的事情应该自己承担责任。

问：女的什么态度？

33. 男：两个部门对这件事互相踢皮球，所以一年了，这个问题也没解决。

女：这事要是再没人管，我就告到法院去。

问：为什么问题一年了还没解决？

34. 男：刘元今天发奖金了，他说要掏腰包请客。

女：今天太阳是从西边出来了，他可是咱们这里有名的铁公鸡啊！

问：下面哪句话不正确？

35. 男：我告诉你们，这件事完全是他们公司的错。

女：这件事你不了解情况，就不要在这儿乱弹琴了。

问：女的认为男的怎么样？

36. 男：咱不如把这孩子送到歌厅去吧！

女：你让她去这样的地方工作就等于让她跳火坑，要去你自己去！

问：女的什么态度？

37. 男：今天孩子怎么这么老实，不打不闹的？

女：肯定是在外面又捅娄子，每次捅了马蜂窝之后都是这样。等一会他自己会说的。

问：下面哪句话不正确？

38. 男：李老师，你们班今年情况怎么样？

女：这次高考我们班剃光头了，真丢人。

问：通过对话我们可以知道什么？

39. 男：我儿子在你们单位干得怎么样？

女：他现在可是我们这儿的技术骨干，在单位挑大梁呢！

问：女的用什么语气谈论男说话人的儿子？

40. 男：这位老先生是……

女：这位是王老先生，他可是我们商界的名人，是我们这一行业的开山祖。

问：从这句话中我们可以知道王老先生是做什么的？

听力理解录音文本五

（一）
1. 他真是个乌鸦嘴，从他嘴里肯定听不到什么好消息。
   问：这句话什么意思？
2. 他再继续这样瞎指挥是会出问题的。
   问：他在干什么？
3. 这次会议中，大家都七嘴八舌地纷纷给经理提意见，真让经理下不来台。
   问：他们让经理怎么样？
4. 小两口早上从来不锻炼，今儿破天荒一大早起来跑步去了。
   问：谁出去跑步去了？
5. 小兰男朋友和她分手后，她想不开寻短见了。
   问：下面哪一项不正确？
6. 他是个笑面虎，别看当面对你挺好，背后可能就给你穿小鞋。
   问：关于他这个人哪一项不正确？
7. 别看他长得挺帅，其实是个绣花枕头，中看不中用。
   问：关于他这个人正确的是哪一项？
8. 这个新领导刚上台就来了一个下马威，我倒看看他到底有什么本事。
   问：通过这句话我们知道这个领导怎么样？
9. 我把这两天发生的情况一五一十地告诉了他。
   问：这里的情况我怎么对他说的？
10. 李秘书抓住了主任的把柄，主任恨不得立刻拔掉这颗"眼中钉"。
    问：通过这句话我们可以知道什么？
11. 我从考大学那时候起养成了熬夜的习惯，到现在也还是经常当夜猫子。

问：我的习惯是什么？

12. 我们对员工要实行奖励措施，要按工作成绩奖励，不能搞一刀切。

    问：下面哪一项不是这句话要表达的意思？

13. 我们不能戴着有色眼镜对待犯了错误的同志。

    问：这句话什么意思？

14. 他干活从来都是一把好手。

    问：他干活的时候怎么样？

15. 小王这个人还真有两下子，没花多少钱就弄来一部车。

    问：说话人的意思是什么？

16. 别看丽丽年纪小，做菜却有一手儿，这一点我可以证明。

    问：丽丽怎么样？

17. 我去向她求婚，结果在他家门口坐了一天的冷板凳。

    问：这句话是什么意思？

18. 主任总是一见我就问："小刘，你个人问题解决了没有？"

    问：主任最关心我的什么问题？

19. 凭借这部电影和影片中的主题曲，她开始走红全国了。

    问：从这句话中我们可以知道下面哪一项不正确？

20. 今晚的演出不断爆发出热烈的掌声，可是重头戏还没出现呢。

    问：这句话是什么意思？

（二）

21. 男：老李真是个窝囊废！连这么小的事情也办不成。

    女：你还说老李是窝囊废，我看你们俩是半斤八两。

    问：女说话人什么意思？

22. 男：我打算办个公司，不想在学校教书了。

    女：你是我们院里的顶梁柱，领导是不会同意你走的，还是死了这条心吧！

    问：女的什么意思？

23. 男：我妹妹原来是剧团的台柱子，后来改行做服装生意去了。
    女：是吗？那专业不就用不上了吗？多可惜呀！
    问：我妹妹曾经干过什么？
24. 男：我一看刘建军的样子就反感，这样的人咱们单位怎么能要呢？
    女：你总是戴着有色眼镜看人。
    问：根据对话下面哪一项不正确？
25. 男：我最近胃疼得厉害，吃什么药也不见好。
    女：我认识一个老中医，他治这种病很有一手。
    问：女说话人是什么意思？
26. 男：你们为什么反对王涛当经理？
    女：这个人爱钻牛角尖儿，遇到问题不会灵活处理，不爱听别人的意见。
    问：王涛这个人怎么样？
27. 男：过去的人结婚必须经过月老牵线儿搭桥，要有媒人，人们不能自由恋爱。
    女：现在恋爱自由了，可离婚的也多了。
    问：通过对话我们知道什么？
28. 男：我奶奶那种病很难治，你能不能找个高明的大夫？
    女：听我爷爷说，他朋友的爱人看病很有两下子，我去给你问问。
    问：谁是高明的医生？
29. 男：你们怎么不多生产点这种样式的衬衫呢？
    女：对这种新式衬衣能不能打开销路，我们心中没底，所不敢大量生产。
    问：说话人很可能在哪儿工作？
30. 男：你爸爸怎么又不在家？
    女：爸爸现在是公司的一把手，所以每天忙得连轴转，今天又出差去北京了。
    问：下面哪一项不是关于爸爸的？
31. 男：反正他们是外国人，咱们把这批假货卖给他们吧，他们也不会回来的。

女:做生意要讲究信誉,不能总是搞一锤子买卖。
问:女的什么态度?

32. 男:我真不想见那位姑娘,但是妈妈非让我去,我硬着头皮去了。
女:感觉怎么样?
问:下面哪句话不正确?

33. 男:来来来,再来一盘!
女:现在家里都乱成一锅粥了,你还有心思在这里打牌!快回家吧!
问:女的什么意思?

34. 男:我是按照原则办事,炒你的鱿鱼也不是我一个人的意见。
女:这件事我和你没完,咱们走着瞧!
问:下面哪一项是不正确的?

35. 男:你怎么看着王立这么不顺眼?
女:我没得罪过他,但他却没事儿总找我的茬儿。
问:女的为什么讨厌王立?

36. 男:我如果不走后门,肯定找不到这么好的工作。
女:你有后台当然行了,我们可都是靠本事进来的。
问:通过对话我们知道什么?

37. 男:听说咱们部长出事儿了。
女:这件事千万别传出去,否则就会有人借此做文章了。
问:女的最担心什么?

38. 男:这里写着"停车",你没看见吗?简直就是个睁眼瞎。
女:你才是睁眼瞎呢!
问:男的认为女的怎么样?

39. 男:这次检查很严格,不是走过场,所以大家一定要认真对待。
女:每次检查都这么说,其实最后还不是一样走走形式算了。
问:女的认为这次检查怎么样?

40. 男:昨天李明真怎么回事?他在回来的路上说的话是什么意思?
女:你还问我,我到现在还是一头雾水呢。
问:女的对李明真是怎么想的?

参考答案

课后练习部分

练习一

一、连线

第一组:1. d   2. a   3. e   4. b   5. c   6. f

第二组:1. d   2. f   3. e   4. a   5. c   6. b

二、填空

1. 爱面子;矮半截儿   2. 摆(官)架子   3. 板上钉钉

4. 背包袱   5. 帮倒忙;绊脚石   6. 半瓶醋

7. 半边天   8. 背黑锅   9. 抱粗腿

10. 抱佛脚

三、阅读理解

1. B   2. A   3. D   4. B   5. A

四、阅读选择

1. A   2. D   3. C   4. D   5. D

练习二

一、连线

第一组:1. c   2. g   3. b   4. d   5. a   6. f

7. e

第二组:1. e   2. g   3. f   4. d   5. b   6. a

7. c

二、填空
    1. 吃闭门羹   2. 插杠子   3. 炒鱿鱼
    4. 擦屁股   5. 成气候   6. 唱对台戏
    7. 吃回头草   8. 唱白脸；唱红脸   9. 吃干醋
    10. 吃软饭

三、阅读理解
    1. C   2. C   3. C   4. D   5. B

四、阅读选择
    1. B   2. A   3. B   4. A   5. B

练习三
一、连线
    第一组：1. d   2. g   3. f   4. b   5. a   6. e
              7. c
    第二组：1. g   2. e   3. f   4. b   5. d   6. a
              7. c

二、填空
    1. 打成一片   2. 打保票   3. 打官腔   4. 打马虎眼
    5. 打游击   6. 打抱不平   7. 打光棍儿   8. 穿小鞋
    9. 出气筒   10. 开心丸儿

三、阅读理解
    1. C   2. C   3. B   4. B   5. A

四、阅读选择
    1. B   2. C   3. A   4. C   5. D

练习四
一、连线
    第一组：1. c   2. g   3. f   4. a   5. e   6. b
              7. d
    第二组：1. e   2. b   3. g   4. f   5. a   6. c
              7. d

二、填空

1. 放鸽子　2. 翻老账　　　　　3. 东道主
4. 单相思　5. 放暗箭　　　　　6. 耳朵长
7. 戴绿帽子　8. 耳根子软;鳄鱼的眼泪　9. 兜圈子;直肠子
10. 发横财;耳边风

三、阅读理解

1. C　2. C　3. C　4. A　5. C

四、阅读选择

1. B　2. C　3. A　4. B　5. D

练习五

一、连线

第一组:1. c　2. g　3. f　4. d　5. e　6. b
　　　　7. a
第二组:1. e　2. g　3. f　4. d　5. c　6. b
　　　　7. a

二、填空

1. 跟屁虫　2. 话匣子　3. 狗咬狗　　　　4. 哈巴狗
5. 后遗症　6. 红眼病　7. 和事佬儿;打圆场　8. 花瓶儿
9. 狐狸精　10. 喝(过什么)墨水儿;好好先生

三、阅读理解

1. C　2. D　3. C　4. D　5. C

四、阅读选择

1. D　2. D　3. D　4. A　5. D

练习六

一、连线

第一组:1. g　2. f　3. e　4. d　5. b　6. a
　　　　7. c
第二组:1. g　2. c　3. b　4. f　5. e　6. a
　　　　7. d

二、填空
　　1. 交白卷　　2. 局外人　　3. 寄生虫
　　4. 开绿灯　　5. 开场白　　6. 交际花
　　7. 揭不开锅　8. 夹生饭　　9. 开夜车
　　10. 开……倒车
三、阅读理解
　　1. D　2. D　3. B　4. C　5. B
四、阅读选择
　　1. B　2. A　3. D　4. A　5. D

练习七
一、连线
　　第一组:1. d　2. f　3. g　4. b　5. e　6. c
　　　　　7. a
　　第二组:1. g　2. d　3. c　4. f　5. e　6. a
　　　　　7. B
二、填空
　　1. 老大难　　2. 拉下水　　3. 老掉牙　　4. 拉一把
　　5. 哭鼻子　　6. 扣帽子　　7. 老鼻子　　8. 拦路虎
　　9. 老狐狸　　10. 空头支票
三、阅读理解
　　1. C　2. B　3. C　4. D　5. B
四、阅读选择
　　1. C　2. A　3. B　4. C　5. B

练习八
一、连线
　　第一组:1. d　2. f　3. g　4. e　5. c　6. a
　　　　　7. b
　　第二组:1. e　2. g　3. f　4. d　5. c　6. b
　　　　　7. a

二、填空
　　1. 吝啬鬼　　2. 老泰山　　3. 流水账　　4. 露马脚
　　5. 撂挑子　　6. 两面派　　7. 落汤鸡　　8. 老顽固；老眼光
　　9. 露原形　　10. 留一手
三、阅读理解
　　1. C　　2. C　　3. B　　4. D　　5. B
四、阅读选择
　　1. D　　2. B　　3. A　　4. D　　5. D

练习九
一、连线
　　第一组：1. c　　2. g　　3. f　　4. d　　5. a　　6. b
　　　　　　7. e
　　第二组：1. d　　2. f　　3. c　　4. g　　5. e　　6. a
　　　　　　7. b
二、填空
　　1. 摸底细　　2. 卖关子　　3. 磨嘴皮子　　4. 牛郎织女
　　5. 门外汉　　6. 马大哈　　7. 满堂（喝）彩　　8. 迷魂汤
　　9. 命根子　　10. 骑马找马
三、阅读理解
　　1. B　　2. C　　3. C　　4. A　　5. D
四、阅读选择
　　1. B　　2. C　　3. D　　4. C　　5. B

练习十
一、连线
　　第一组：1. f　　2. g　　3. e　　4. c　　5. b　　6. d
　　　　　　7. a
　　第二组：1. g　　2. f　　3. d　　4. b　　5. e　　6. a
　　　　　　7. c

二、填空
　　1. 敲门砖　　　2. 牵红线　　　3. 秋老虎　　　4. 黑心肠
　　5. 碰一鼻子灰　6. 泼脏水　　　7. 拍……马屁　8. 碰钉子
　　9. 攀高枝儿　10. 敲警钟
三、阅读理解
　　1. C　　2. D　　3. D　　4. B　　5. D
四、阅读选择
　　1. C　　2. D　　3. B　　4. C　　5. A

练习十一
一、连线
　　第一组：1. f　　2. g　　3. e　　4. c　　5. b　　6. d
　　　　　　7. a
　　第二组：1. e　　2. f　　3. g　　4. c　　5. d　　6. a
　　　　　　7. b
二、填空
　　1. 随份子　　　2. 发红包　　　3. 受夹板气　　4. 势利眼
　　5. 死脑筋　　　6. 杀风景　　　7. 死对头　　　8. 上……台面
　　9. 甩手掌柜　10. 书呆子；耍笔杆子
三、阅读理解
　　1. D　　2. C　　3. C　　4. A　　5. A
四、阅读选择
　　1. C　　2. D　　3. D　　4. D　　5. A

练习十二
一、连线
　　第一组：1. f　　2. g　　3. e　　4. d　　5. a　　6. b
　　　　　　7. c
　　第二组：1. f　　2. g　　3. c　　4. b　　5. e　　6. d
　　　　　　7. a

二、填空
1. 土老帽　　2.（打）退堂鼓　　3. 老交情　　4. 乌纱帽
5. 无底洞　　6. 窝囊废　　　　7. 套近乎　　8. 替罪羊
9. 桃花运　　10. 捅娄子

三、阅读理解
1. C　　2. C　　3. A　　4. D　　5. D

四、阅读选择
1. A　　2. D　　3. D　　4. D　　5. B

练习十三
一、连线
第一组：1. e　　2. f　　3. a　　4. d　　5. g　　6. b
　　　　7. c
第二组：1. f　　2. b　　3. c　　4. g　　5. d　　6. a
　　　　7. e

二、填空
1. 小动作　　2. 小儿科　　3. 瞎指挥　　4. 下马威
5. 西洋镜　　6. 下坡路　　7. 象牙塔　　8. 小插曲
9. 献殷勤　　10. 小肚鸡肠

三、阅读理解
1. B　　2. B　　3. B　　4. A　　5. A

四、阅读选择
1. A　　2. C　　3. B　　4. B　　5. D

练习十四
一、连线
第一组：1. g　　2. f　　3. e　　4. c　　5. b　　6. a
　　　　7. d
第二组：1. d　　2. a　　3. f　　4. g　　5. e　　6. b
　　　　7. c

二、填空
　　1. 一窝蜂　　2. 有板有眼　　3. 一刀切　　4. 一锤子买卖
　　5. 一条龙　　6. 一盘散沙　　7. 摇钱树　　8. 眼中钉
　　9. 硬碰硬　　10. 一言堂
三、阅读理解
　　1. B　　2. A　　3. D　　4. C　　5. D
四、阅读选择
　　1. C　　2. C　　3. D　　4. C　　5. C

练习十五
一、连线
　　第一组：1. d　　2. e　　3. f　　4. g　　5. b　　6. a
　　　　　　7. c
　　第二组：1. g　　2. e　　3. f　　4. b　　5. a　　6. c
　　　　　　7. d
二、填空
　　1. 钻……空子　　2. 走马灯　　3. 装洋蒜　　4. 占便宜
　　5. 走背字　　　　6. 占上风　　7. 走弯路　　8. 逐客令
　　9. 走红运　　　　10. 纸老虎
三、阅读理解
　　1. B　　2. D　　3. A　　4. C　　5. B
四、阅读选择
　　1. C　　2. C　　3. A　　4. D　　5. A

听力部分

听力理解录音文本一
（一）
1. C　2. B　3. C　4. D　5. D　6. C　7. C　8. A
9. C　10. C　11. A　12. B　13. C　14. C　15. A　16. B
17. B　18. C　19. C　20. D

(二)

21. A 22. C 23. D 24. B 25. C 26. B 27. C 28. A
29. D 30. D 31. C 32. B 33. C 34. D 35. B 36. B
37. C 38. D 39. D 40. A

听力理解录音文本二

(一)

 1. B   2. A   3. D   4. C   5. C   6. A   7. D   8. C
 9. C 10. A 11. B 12. D 13. A 14. C 15. B 16. D
17. D 18. C 19. B 20. C

(二)

21. C 22. C 23. D 24. B 25. C 26. A 27. C 28. B
29. D 30. A 31. B 32. A 33. A 34. D 35. B 36. B
37. C 38. A 39. C 40. A

听力理解录音文本三

(一)

 1. C   2. C   3. C   4. B   5. C   6. C   7. B   8. B
 9. C 10. D 11. D 12. B 13. B 14. B 15. B 16. D
17. B 18. C 19. D 20. A

(二)

21. A 22. A 23. B 24. B 25. A 26. C 27. A 28. C
29. D 30. C 31. C 32. B 33. D 34. C 35. B 36. D
37. C 38. D 39. B 40. A

听力理解录音文本四

(一)

 1. C   2. C   3. C   4. A   5. C   6. C   7. D   8. B
 9. C 10. A 11. B 12. B 13. B 14. B 15. B 16. A
17. A 18. D 19. A 20. B

(二)

21. D 22. B 23. D 24. C 25. A 26. A 27. D 28. D
29. A 30. A 31. A 32. C 33. D 34. D 35. C 36. C
37. C 38. C 39. D 40. A

听力理解录音文本五

(一)

1. B 2. B 3. C 4. D 5. C 6. A 7. A 8. A
9. A 10. D 11. D 12. A 13. B 14. D 15. B 16. D
17. A 18. B 19. C 20. C

(二)

21. D 22. B 23. C 24. C 25. B 26. D 27. D 28. D
29. A 30. D 31. C 32. C 33. B 34. A 35. B 36. A
37. C 38. A 39. A 40. A

词语索引
（核心惯用语和近义、反义、相关词语及链接）

（索引数字为本书词条序号）

A

矮半截儿	1
矮三分	1
矮一截	1
矮一头	1
爱脸面	2
爱面子	2

B

《北梦琐言》	188
八哥嘴	239
扒手	203
白瞪眼	81
白费劲	3
白费口舌	3
白费蜡	3
白脸儿狼	5
白马王子	41
白日梦	4
白日做梦	4
白天鹅	41
白雪公主	41
白眼儿狼	5
百事通	13
摆不上台面	206
摆高姿态	27
摆官架子	52
摆架势	6
摆架子	6
摆龙门阵	122
摆谱子	6
扳倒醋缸	34
班花	107
板上钉钉	7
板眼	279
半边天	8
半吊子	9
半吊子	10
半拉子	9
半瓶醋	10
半瓶子	10
半瓶子醋	10
半生不熟	102
半桶水	10
绊脚石	11

绊脚石	131	藏马虎	290
帮倒忙	12	藏猫猫	290
帮一把	130	草包	237
傍大款	39	插杠子	23
包打听	13	插一脚	23
包袱	18	插一手	23
煲电话粥	122	插足	23
保护伞	14	拆墙角	231
保护神	14	长舌妇	24
抱不平	50	长舌头	24
抱粗腿	15	唱白脸	25
抱打不平	50	唱独角戏	29
抱大腿	15	唱对台	26
抱佛脚	16	唱对台戏	26
豹子胆	181	唱反调	26
爆冷门儿	17	唱高调	27
背包袱	18	唱黑脸	25
背黑锅	19	唱红脸	25
背后一刀	75	唱空城计	28
背十字架	19	唱主角	184
闭门羹	32	唱主角	29
闭门红	116	唱主角儿	29
避风港	14	抄近道	293
变色龙	20	抄近路	293
不成气候	31	炒鱿鱼	30
不成器	31	扯后腿	11
不上台面	206	陈芝麻烂谷子	139
		闯事业	59
C		闯天下	59
		撑门面	6
擦边球	21	成大器	31
擦屁股	22		

词语	页码	词语	页码
成气候	31	出风头	42
成器	31	出冷门儿	17
吃白饭	35	出难题	43
吃白食	35	出气筒	44
吃闭门羹	32	出洋相	45
吃醋	34	除非太阳从西边出来	4
"吃醋"的来历	34	"穿小鞋"的故事	46
吃得开	247	穿连裆裤	217
吃豆腐	33	穿小鞋	46
吃豆腐	281	穿一条裤子	217
吃干醋	34	传声筒	47
吃干饭	35	创始人	117
吃后悔药	36	"吹牛皮"的来历	48
吃回头草	37	吹大牛	48
吃空气	89	吹灯了	98
吃老本	38	吹鼓手	182
吃老底儿	38	吹喇叭	182
吃零蛋	106	吹冷风	186
吃迷魂汤	172	吹牛皮	48
吃嫩豆腐	33	戳马蜂窝	227
吃软饭	39	蠢货	237
吃西北风	89	瓷饭碗	61
吃闲饭	35	雌老虎	178
吃现成饭	35	凑份子	220
吃香	247	醋坛子	34
吃小灶	119		
吃鸭蛋	106	**D**	
吃哑巴亏	40		
丑八怪	41	搭鹊桥	180
丑小鸭	41	搭鹊桥	192
出份子	220	打包票	49
		打保票	49

打抱不平	50	大红人	247
打边鼓	194	大龄男青年	53
打成一片	51	大男子主义	191
打对台	26	大舌头	24
打官腔	52	大手大脚	257
打光棍儿	53	大嘴巴	24
打棍子	126	"戴绿帽子"的由来	63
打哈哈	54	戴高帽儿	62
打幌子	55	戴高帽儿	182
打江山	59	戴高帽子	62
打冷枪	75	戴绿帽子	63
打马虎眼	54	戴绿头巾	63
打埋伏	299	戴帽子	126
打旗号	55	戴帽子	46
打气儿	186	担担子	150
打强心剂	186	担担子	68
打入冷宫	56	单身贵族	53
打水漂儿	57	单身汉	53
打算盘	58	单相思	64
打太极拳	224	胆小鬼	181
打天下	59	当王八	63
打铁算盘	58	当乌龟	63
打下手	12	当主角	29
打小算盘	58	挡箭牌	65
打一枪换一个地方	60	倒插门	67
打游击	60	倒喝彩	167
打预防针	195	倒胃口	66
打圆场	100	倒栽葱	78
打枕头官司	284	递红包	202
打肿脸充胖子	2	第三者	111
大锅饭	61	第一把手儿	264

词语索引(核心惯用语和近义、反义、相关词语及链接)

点儿背	292	**F**	
垫脚石	196	发大财	38
吊胃口	165	发福	105
掉金豆儿	127	发高烧	76
钉是钉,铆是铆	54	发横财	38
顶梁柱	68	发酒疯	77
顶梁柱	184	发神经	76
顶头上司	264	翻船	78
定心丸儿	69	翻跟头	78
丢面子	2	翻旧账	79
东道主	70	翻老账	79
东郭先生和狼	5	饭桶	237
兜圈子	71	饭碗	61
肚子里有货	88	放暗箭	75
对胃口	66	放白鸽	80
对着干	26	放鸽子	80
		放空炮	125
E		放冷箭	75
鳄鱼的眼泪	72	放冷枪	75
耳边风	73	放下架子	6
耳朵长	74	放羊	80
耳朵根硬	74	放野马	80
耳朵尖	74	废物	237
耳朵起茧子	73	风箱里的老鼠——两边	
耳朵软	74	受气(歇后语)	210
耳根子软	74		
耳根子硬	74	**G**	
耳旁风	73	干瞪眼	81
二把刀	10	干着急	81
		高人一等	1

293

高人一头	1	喝迷魂药	172
高姿态	27	喝墨水儿	88
告枕头状	284	喝西北风	108
跟屁虫	82	喝西北风	89
狗皮膏药	83	合口味	66
狗头军师	84	合胃口	66
狗腿子	84	和事老(佬)	87
狗咬狗	84	和事佬	90
骨干人物	68	和稀泥	100
关系户	128	核心人物	68
关系网	128	黑心肠	189
关系学	128	红包	202
关于"单身"	53	红娘	192
关于"狗"	83	红牌警告	97
关于"死"的委婉语	98	红眼病	91
关于女性的多言	24	后台	14
观音菩萨	178	后台老板	14
灌米汤	172	后遗症	92
光棍儿汉	53	狐狸精	93
鬼把戏	85	狐魅子	93
鬼点子	85	糊涂虫	124
鬼花招儿	85	糊涂虫	161
鬼心眼	85	护犊子	94
鬼主意	85	花架势	95
		花架子	95
H		花瓶儿	107
		花瓶儿	95
哈巴狗	84	话匣子	96
喊倒好儿	167	换口味	66
旱鸭子	86	皇历	139
好好先生	87	黄牌警告	97
好好先生	90		

幌子	55	经风雨	104
灰姑娘	41	揪辫子	110
回老家	98	揪尾巴	110
活见鬼	99	酒鬼的故事	77
活菩萨	189	酒囊饭袋	237
		局内人	111
J		局外人	111
机关枪	96	聚宝盆	262
鸡蛋里挑骨头	283	卷铺盖	30
嫉妒	91	嚼舌根	24
挤牙膏	96	嚼舌头	24
挤牙膏	122		
寄生虫	101	**K**	
夹生饭	102		
夹尾巴	198	开场白	112
家庭妇男	190	开倒车	113
假面具	103	开房间	114
见鬼了	99	开红灯	115
见上帝	98	开后门	128
见世面	104	开了眼	104
见阎王	98	开绿灯	115
将军肚	105	开门红	116
交白卷	106	开门红	168
交际花	107	开山鼻祖	117
交桃花运	222	开山老祖	117
揭不开锅	108	开山始祖	117
揭底子	109	开山祖	117
揭老底儿	109	开山祖师	117
揭内幕	109	开小差儿	118
金/银饭碗	61	开小灶	119
京剧脸谱	25	开心果	44
		开心丸儿	44

开夜车	120	拉关系	223
开枕头会	284	拉近乎	223
揩油	121	拉下水	129
揩油儿	121	拉一把	130
揩油儿	281	癞蛤蟆	41
揩油水儿	121	癞皮狗	84
揩油水儿	281	拦路虎	131
侃大山	122	捞外快	132
侃爷	122	捞一把	132
砍大山	122	捞油水	132
看家本领	179	"老泰山"的来历	142
看家戏	179	老鼻子	133
靠边儿站	123	老搭档	134
靠山	14	老大	264
磕头虫	124	老大难	135
瞌睡虫	124	老底儿	109
可怜虫	124	老掉牙	136
空头支票	125	老封建	137
抠	257	老古板	137
抠门儿	257	老古董	137
扣帽子	126	老光棍儿	53
扣帽子	46	老规矩	139
扣屎盆子	126	老好人	87
哭鼻子	127	老好人	90
夸海口	125	老狐狸	138
夸海口	48	老皇历	139
宽心丸儿	44	老黄历	139
宽心丸儿	69	老黄牛	140
		老交情	235
L		老抠儿	257
拉关系	128	老来俏	141

老脑筋	137	亮一手儿	157
老婆舌	24	撂担子	150
老手儿	170	撂挑子	150
老泰山	142	临时抱佛脚	16
老套	146	临阵磨枪	16
老套套	146	吝啬鬼	151
老套子	146	吝啬鬼和乞丐	151
老顽固	143	留后路	152
老顽固	218	留后手儿	152
老学究	144	留尾巴	153
老眼光	145	留一手儿	152
老一套	146	流水账	154
老油条	147	露底儿	109
老油子	147	露狐狸尾巴	156
冷门儿	17	露两手儿	157
冷门儿货	17	露两下子	157
连锅端	268	露马脚	155
连轴转	148	露马脚的故事	155
连珠炮	96	露尾巴	156
脸皮薄	2	露馅儿	156
恋爱的"三草"主义	37	露一手	157
梁上君子	203	露原形	156
两边倒	193	乱弹琴	158
两脚书橱	211	乱弹琴	242
两面光	149	落水狗	159
两面派	149	落汤鸡	160
两厢情愿	64		
亮底儿	109	**M**	
亮红灯	115	马大哈	161
亮红牌	97	马后炮	162
亮黄牌	97	马拉松	163

马拉松的来历	163	迷魂汤	172
马路消息	252	棉花耳朵	74
马路新闻	252	明代冯梦龙《古今谭概·癖嗜·好好先生》	87
马屁精	182		
码字	214	命根子	173
骂大街	164	摸不着头脑	272
卖关子	165	摸底儿	174
卖嘴	215	摸底细	174
满堂彩	167	摸底子	174
满堂灌	166	磨牙	176
满堂红	116	磨洋工	175
满堂红	168	磨嘴	176
忙得不可开交	148	磨嘴皮	176
忙得不知道东南西北	148	磨嘴皮子	176
忙得团团转	148	抹鼻子	127
猫哭耗子	72	抹稀泥	100
没出息	31	莫须有	177
没面子	2	母老虎	178
没脑子	161	母夜叉	178
没头苍蝇	169	木头	237
没文化	88		
没有架子	6	**N**	
没遮拦	71		
美女蛇	93	拿架子	6
门外汉	170	拿手的	179
闷葫芦	122	拿手好戏	179
闷葫芦	96	拿手戏	179
闷葫芦	215	拿着鸡蛋碰石头	277
闷在鼓里	171	闹笑话	45
闷在葫芦里	171	内行	170
蒙在鼓里	171	泥饭碗	61
		牛郎织女	180

词语索引(核心惯用语和近义、反义、相关词语及链接)

牛脾气	140		
女人能顶/撑半边天	8		
女妖精	93		

P

爬格子	214		
怕老婆	190		
怕死鬼	181		
拍马	182		
拍马溜须	182		
拍马屁	182		
拍马屁	246		
攀高枝	183		
炮筒子	71		
跑龙套	184		
跑腿儿	184		
赔老本儿	38		
碰壁	185		
碰钉子	185		
碰破头	185		
碰软钉子	185		
碰一鼻子灰	185		
碰硬钉子	185		
皮包骨头	105		
啤酒肚	105		
泼冷水	186		
泼污水	187		
泼脏水	187		
破天荒	188		
菩萨心肠	189		

Q

妻管严	190
骑马找马	161
骑墙派	149
气管炎	192
契诃夫《变色龙》	20
千里驹	191
千里马	191
千里足	191
牵红线	192
牵线	192
牵线搭桥	192
墙头草	193
抢手货	17
"敲竹杠"的故事	197
敲边鼓	194
敲警钟	195
敲门砖	196
敲竹杠	197
翘尾巴	198
清一色	199
请客	70
秋老虎	200
去见马克思	98
去天堂了	98
鹊桥会	180
群言堂	275

R

绕弯子	71

绕弯子	71	上贼船	207
热锅上的蚂蚁	169	烧高香	208
热门儿	17	射冷箭	75
热门儿货	17	神侃	122
人来疯	201	生手儿	170
人在心不在	118	生死交	235
肉中刺	261	实话实说	48
孺子牛	140	实事求是	48
入赘	67	使绊子	75
软耳朵	74	事后诸葛亮	162
软骨头	276	势利小人	209
软心肠	189	势利眼	209
		守财奴	151
S		受夹板气	210
		受气包	44
撒酒疯	77	书痴	211
塞红包	202	书虫子	211
三只手	203	书呆子	211
三只手	221	鼠肚鸡肠	254
杀风景	204	竖大拇指	212
煞风景	204	耍把戏	213
伤脑筋	205	耍笔杆子	214
《三国志·蜀书·诸葛亮		耍鬼把戏	213
传·空城计》	28	耍花样	299
上不了桌面	206	耍花招	213
上门女婿	67	耍滑头	213
上坡路	244	耍酒疯	77
上台	245	耍贫嘴	215
上台阶	245	耍嘴皮	215
上台面	206	耍嘴皮子	215
上西天	98	摔交	78
上眼药	249		

词语索引(核心惯用语和近义、反义、相关词语及链接)

甩包袱	18		
甩手大爷	216		
甩手掌柜	216		
顺大流	219		
顺风耳	13		
说大话	125		
说大话	48		
说风凉话	186		
说梦话	4		
说实话	48		
摔跟头	78		
死对头	217		
死路一条	297		
死脑筋	218		
死脑筋	296		
死心眼	218		
死心眼	296		
送红包	202		
送进火坑	226		
馊点子	85		
馊主意	85		
算旧账	79		
算账	79		
算总账	79		
随大溜	219		
随大流	219		
随份子	220		
随风倒	193		
随礼	220		
踏脚板	196		
踏脚石	196		

T

台柱子	184		
抬轿子	182		
掏腰包	221		
桃花运	222		
桃色新闻	222		
套近乎	223		
踢皮球	224		
剃光头	106		
剃秃头	106		
替死鬼	225		
替罪羊	225		
天王老子	229		
填窟窿	240		
填鸭式教学	166		
舔屁股	182		
挑刺儿	283		
挑大梁	68		
挑大梁	150		
挑大母哥	212		
挑大拇指	212		
挑担子	68		
挑重担	68		
跳板	196		
跳火海	226		
跳火坑	226		
铁板钉钉	7		
铁饭碗	61		
铁公鸡	151		
铁石人	189		

301

铁石心肠	189	窝里翻	236
捅娄子	227	窝里反	236
捅漏子	227	窝囊废	237
捅乱子	227	窝囊货	237
捅马蜂窝	227	"乌纱帽"的故事	238
头儿	264	乌纱	238
头脑发热	76	乌纱帽	238
头脑清醒	76	乌鸦	239
秃头了	106	乌鸦嘴	239
土霸王	229	无底洞	240
土包子	228		
土豹子	228	X	
土皇帝	229	西洋景	241
土老帽儿	228	西洋镜	241
兔子胆	181	喜鹊	239
退堂鼓	230	瞎指挥	242
拖下水	129	下马威	243
拖油瓶	231	下坡路	244
		下台	245
W		下台阶	245
挖墙角	232	掀不开锅	108
挖墙脚	231	掀老底儿	109
歪主意	85	献殷勤	246
外行	170	乡巴佬	228
玩把戏	213	相思病	64
万金油	233	香饽饽	247
王老五	53	象牙宝塔	248
王婆卖瓜	234	象牙塔	248
忘年交	235	消息通	13
文盲	88	小白脸	259
窝里斗	236	小报告	249

小菜	250	哑巴吃黄连——有苦	
小菜一碟	250	说不出（歇后语）	40
小插曲	251	眼中刺	261
小道消息	252	眼中钉,肉中刺	261
小动作	253	眼中钉	261
小肚鸡肠	254	演白脸	25
小儿科	255	演空城计	28
小封建	137	养老女婿	67
小广播	47	摇钱树	262
小汇报	249	咬耳朵	263
小家子气	257	咬耳朵根子	263
小喇叭	47	要面子	2
小辣椒	256	夜猫子	120
小气鬼	257	一把手	264
小事一桩	250	一百顶高帽儿	62
小偷小摸	203	一边倒	193
校花	107	一场空	265
笑里藏刀	258	一锤子买卖	266
笑面虎	258	一刀切	267
卸下包袱	18	一个鼻孔出气	217
新官上任三把火	243	一根筋	218
新三从四德	190	一锅端	268
新手儿	170	一锅粥	269
行家	170	一锅煮	268
行家里手	170	一盘散沙	270
绣花枕头	259	一盆浆糊	272
寻短见	260	一是一,二是二	54
		一条龙	271
Y		一条心	270
压台戏	286	一头热	64
压轴戏	286	一头雾水	272

一团乱麻	269	占便宜	281
一团糟	269	占便宜	33
一窝风	273	占上风	282
一窝蜂	273	占下风	282
一五一十	274	站在……一边	193
一言堂	275	障碍物	131
应声虫	124	招女婿	67
鹦鹉	239	找茬儿	283
鹦鹉学舌	239	找碴儿	283
硬骨头	276	找岔子	283
硬碰硬	277	找麻烦	283
硬心肠	189	枕边风	284
硬着头皮	278	枕旁风	284
有把刷子	157	枕头风	284
有板有眼	279	睁眼瞎	88
有骨气	276	睁一只眼,闭一只眼	54
有两下子	157	直肠子	71
有墨水儿	88	直筒子	71
有色眼镜	280	纸老虎	285
有一手儿	157	中国的红白喜事	220
榆木疙瘩	218	中国女性的地位	8
冤家	217	中国人的面子	2
月老	192	中看不中用	259
月下老人	192	重头戏	286
岳飞的故事	177	逐客令	287
		主人	70
Z		主心骨	288
砸饭碗	61	抓把柄	110
栽跟头	78	抓辫子	110
炸了锅	269	抓尾巴	110
沾光	281	抓小辫	110

拽下水	129	走桃花运	222
拽一把	130	走弯路	293
装白脸	25	走形式	291
装蒜	289	走冤枉路	293
装洋葱	289	走运	292
装洋蒜	289	钻空子	295
装在鼓里	171	钻牛角	296
捉迷藏	290	钻牛角尖儿	296
走八字儿	292	钻死胡同	297
走背运	292	《左传·僖公三十年》	70
走背字	292	左耳朵进,右耳朵出	73
走大运	292	作幌子	55
走个过程	291	坐冷板凳	298
走狗	84	做把戏	213
走过场	291	做白日梦	4
走红	292	做表面文章	300
走红运	292	做东	221
走后门	128	做东	70
走回头路	37	做手脚	299
走捷径	293	做文章	300
走马灯	294		

参考文献

参考词典

陈光磊 《中国惯用语》,上海文艺出版社,1991。
李　茂 《汉语惯用语辞典》,汉语大词典出版社,2004。
李淑娟 《最新中国俚语》,新世界出版社,2006。
王德春 《新惯用语词典》,上海辞书出版社,1996。
王瑞晴　王宇欣　《汉英大词典》,外语文出版社,2006。
温端政 《通用惯用语词典》,语文出版社,2002。
徐宗才 《惯用语例释》,北京语言学院,1985。
　　　　《外国人说熟语》,北京语言文化大学出版社,2004。
杨兴发 《汉语熟语辞典》,四川辞书出版社,2005。
尹邦彦 《汉语熟语英译词典》,上海外语教育出版社,2006。
　　　　《汉英词典》,商务印书馆,2006。
张旺熹 《实用俗语小辞典》,世界图书出版公司,2005。
张学英　张　会　《汉英英汉习语大全》,清华大学出版社,2005。
中国社会科学院语言研究所词典编辑室　《现代汉语词典》(第5版)
　　　商务印书馆,2005。
周培兴 《汉语惯用语新解》,青岛海洋大学出版社,1995。

参考模拟题集

陈田顺 《HSK汉语水平考试模拟试题集》(高等),北京语言文化大
　　　学出版社,2000。
陈田顺 《中国汉语水平考试(HSK)模拟试题》(初中等),北京语言
　　　文化大学出版社,2000。
郭玉玲 《HSK考前强化训练》,新世界出版社,2000。
红　尘 《HSK汉语水平考试模拟试题集》,(初、中等)华语教学出

版社,2006。

刘颂浩　《汉语水平考试(HSK)模拟试题集》,华语教学出版社,1995。

倪明亮　《水平考试应试指南》(初、中、高等),北京语言文化大学出版社,1997。

王碧霞　《HSK中国汉语水平考试(高等)听力理解》北京语言文化大学出版社,2001。

王海峰　《HSK速成强化教程》(初、中等),北京语言文化大学,1997。

袁　冰　《HSK汉语水平考试模拟试题集》,(初、中等)北京大学出版社,2000。

赵　菁　《HSK8级精解》(听力),北京语言文化大学出版社,2003。

朱子仪　《HSK听力自测》(初中高等),北京语言文化大学出版社,2000。